孔祥骅 著

国学入门

（第四版）

上海人民出版社

第四版前言

本书为著者多年学习国学的总结，它的特点是集众多经典为一书，采集提炼群经诸子的最具代表性的经典话语，同时吸取了近百年许多国学大师的心得，并且结合本人的研究心得和新时代人群之追求，对众多国学经典作出简明而直接的诠释，本书的主要特点是明白易懂，便于初学者入门。读者可根据自己的兴趣爱好，自一经而及他经，自一子而及他子，自一史而及他史，自一集而及他集，依次学读。希望读者在读完本书之后，对国学有一个总体的印象和感悟，觉得国学不是高不可攀的深不可测的，国学就在我们的身边，就在我们的心中！

近百年来，我们的先辈如章太炎、梁启超、钱穆、王国维等诸位国学大师，从清末民初到 1949 年，就一直在提倡这门学问。国学教育在 1949 年后的大陆内地，差不多有半个世纪的中断，但古籍的整理，文史哲的研究，一直在进行中。

在中国港台地区，亚洲的日本、韩国、新加坡等地以及海外华人文化圈里，长期以来，都很重视国学经典的基本训练。随着我国经济文化的飞速发展，近年来一些有识之士、大学精英、成功的企业家与国家干部纷纷开始了他们的"文化担当"，许多著名大学办起国学院，各地也多有各种形式的读经尝试，新一轮的"国学热"正在悄然兴起！

国学为何"热"了起来？这是因为国学是我们的民族精神、我们的历史文化、我们的优秀传统的精华之所在！“邯郸学步”说的是一位燕国人为了学赵国人的走路姿势，却忘了自己原来是怎么走路的，只好爬回老家。“数典忘祖”说的是连自己祖先留下的典籍也忘了！为什么我国的历代封建王朝制度生命延续达两千年之久？为什么我们中华民族是爱好和平的民族？为什么我们中华民族总是坚持祖国的统一、维护民族的团结而搞分裂的人总是不得人心，身败名裂？为什么我们的祖国一定会实现伟大的民族复兴？

要知道答案的话，就一定要从我们的国学中去寻找。

中国近百年的巨变，既促成中国社会的进步，也导致传统文化的断层。在中华民族与世界接轨的现代化过程中，我们不能失去自我，不能失去我们的民族记忆，不能失去自己的本色，中华文明不是轻易会消失的文明，因为中华文明是以国学为其根源、为其灵魂的！

五千年的中华文明，是一种自强不息、厚德载物的文明，中华民族几千年来历尽天灾人祸而不被打垮，能越挫越奋，在自力更生的基础上光复旧物，自立于世界民族之林，实现中华民族的伟大复兴，不能不回到我们的中华经典所孕育的民族精神，这精神是由我们祖国的博大精深的经史子集作为载体传承下来的孔孟之道，老庄之学，以及诸子百家的学说，也就是通常所说的国学。

王国维先生在《与友人论〈诗〉〈书〉中成语书》中说过：“《诗》《书》为人人诵习之书，然于六艺中最难读。以弟之愚暗，于《书》所不能解者殆十之五，于《诗》亦十之一二。此非独弟所不能解也，汉魏以来诸大师未尝不强为之说，然其说终不可通，以是知先儒亦不能解也。”于此可见，国学入门不难。但深造也是很不容易的。

本书自 2006 年 3 月初版，2008 年 10 月再版。2012 年 3 月又出第三版，这次，又出第四版。可见国人对国学的关注、重视和提倡，也预示我中华文化复兴的到来！

这里，我向上海人民出版社的李伟国先生、罗湘女士、罗俊华女士以及曾为本书的策划、修改、审定作了大量出版编辑工作的同仁，再次表示由衷的感谢！

“周虽归邦，其命维新！”

孔祥骅

2017年9月20日于沪西

苏州河畔进思斋

目　　录

绪　论

一、什么是国学

张岱年说:“国学是中国学术的简称。”[①]旧版《辞源》上说:“国学,一国固有之学术也。”此说虽简短朴实,然而却说到了点子上。

国学这一名词,是近百年才有的新名词。这一名词所包括的学术,兼容固有的中国传统学术,也包括现代有关我国人文的学术研究。

国学之名,起于清末民初。20世纪初,章太炎著《国故论衡》,将国学认同于国故。他又做过《国学概论》的讲演,是国学的代表作。所谓“国学”即中国学术之意。

辛亥革命前,章太炎在日本主编《民报》时,就举办过国学讲演会、国学振新社,并为设在上海的国学保存会主办的《国粹学报》撰文。

章太炎说:“夫国学者,国家所以成立之源泉也。吾闻处竞争之世,徒恃国学固不足以立国矣。而吾未闻国学不兴而国能自立者也。吾闻有国亡而国学不亡者矣,而吾未闻国学先亡而国仍立

---

① 张岱年等著:《国学今论·序》,辽宁教育出版社1991年12月版。

者也。故今日国学之无人兴起,即将影响于国家之存灭,是不亦视前世为尤岌岌乎?"①

邓实给"国学"下定义说:"国学者何?一国所自有之学也。有地而人生其上,因以成国焉。有其国者有其学。学也者,学其一国之学以为国用,而自治其一国者也。国学者,与有国而俱来,因乎地理,根之民性,而不可须臾离也。君子生是国,则通是学,知爱其国,无不知爱其学也。"②

汤志钧对此作了进一步阐释,"国学"为一国固有之学,爱国就要爱一国之学的国学。中国是有悠久历史、灿烂文明的国家,《史记》记录了自从黄帝以来的历史,成为中国民族的象征。此后,尧、舜、禹、汤、文、武、周公历代相传,至孔子而集国学之大成。这种传统思想文化,也就是所谓"国学"。③

国学不同于西方文化,实际上是我国汉族之学,故名之曰:"汉学"。

国学是中华民族的,但不是封闭的而是开放的。它又部分地吸收各少数民族如蒙、满、藏、回、苗的文化,他们也是中华民族的一部分。国学积五千年文化传统,吸取一切外来文化,形成了中华文化传统,中华民族的学术。

与国学相当的名词,还有国粹与国故。

国粹有夸大中国学术乃完全精粹之意,又有选择精粹抛弃其他的意思,故有人认为用国粹不妥,这才改名为国故。

---

① 《民报》第七号《国学讲习会·序》。转引自章太炎讲演、曹聚仁整理:《国学概论》"汤志钧之导读",上海古籍出版社1997年版,第6页。

② 《国粹学报》第19期《国学讲习记》。

③ 章太炎讲演、曹聚仁整理:《国学概论·导读》,上海古籍出版社1997年版,第7页。

国故即本国文献的意思。不论精粹不精粹，过去的文献总是可宝贵的史料，皆可入国故范围，但国故只能代表研究对象，而不代表研究这种对象的学问。故有人改称其为国故学。

胡适 1923 年在《国学季刊·发刊词宣言》中说："国学在我们的心眼里，只是'国故学'的缩写……'国故'包含'国粹'，但它又包含'国渣'。'国故学'的使命是整理中国一切文化历史。"

曹聚仁对此有比较明确的定义："国学者，中华民族以文字所表达之结晶思想，用合理的、组织的、系统的方式记载其生灭，分析其性质，罗列其表现形式，考察其因果关系者也。简言之，国学者，以我国固有学术为研究之对象，而以科学方法处理之，使成为一种科学者也。"①

因此可以这么说，国学就是中国自己本土发生的，有着中国特色的许多学问，这些学问不是在中西文化沟通以后才产生出来的，而是在东西文化未沟通前就早已传承的有着五千年悠久历史的中国文明与中国学问。

20 世纪初，随着西学东渐、西学对中学的冲击和刺激，为了有别于西学，于是提出了"国学"这个概念，因此可以这么说，国学是在与西学相对立的历史条件下提出的，是有别于西学的代表中国本土的文化。

但是，国学并非传统学术的简单延续，而是中国学术在近代西学影响下，由传统向现代转型的过渡形态。

胡道静说："如果以对国学的态度、提倡国学的目的为标准，大致可分为两派：一派视国学为立国之本、民族之魂，认为国学的兴

---

① 曹聚仁：《国故学之意义与价值》。

衰,关系着中华学术之前途和国家民族之命运;另一派则认为国学是国故学的缩写,是一门研究中国过去的历史文化的学问,历史上的一切,都属于国学研究的范围。”①

近代学者许之衡提出:“今之所歉于孔子者,以其无尚武主义也,无国家主义也。夫尚武主义著于《儒行》,国家主义著于《春秋》,穷而绎之,皆有理论可寻,安在其不足为国魂乎?”②

“国魂者,源于国学者也。国学苟灭,国魂奚存?而国学又出于孔子者也。孔子以前,虽有国学,孔子以后,国学尤繁,然皆汇源于孔子,沿流于孔子,孔子诚国学之大成也。倡国魂而保国学者,又曷能忘孔子哉!”③

邓实则进一步将诸子之学提升到与孔子之学并立的高度,从而扩大了国学的范围。他说:“夫自国之人,无不爱其自国之学,孔子之学固国学,而诸子之学亦国学也。”④

当代学者赵吉惠说:“在当时,国学的使命是迎接西学的冲击与挑战。有一批学者强调国学,具有鲜明的国家观念、民族意识以及民族文化本位精神,这是值得赞许的。”⑤

中国学术称中华国学,比较恰当。西方人研究汉学,即研究中国学,是把它当作古董来研究的,和研究古埃及一样。中国文化从周秦以来就绵延不绝,至今仍有生命力。15世纪以后,与西方相比,中国落后了,但是爱国志士仍前赴后继、继往开来,急起直追。

---

① 胡道静主编《国学大师论国学·序》,东方出版中心1998年4月版。

②③ 罗志田著:《国家与学术:清季民初关于国学的思想论争》,三联书店2003年1月版,第53页。

④ 同上书,第57页。

⑤ 赵吉惠著:《国学沉思》,浙江人民出版社1998年8月版,第16页。

我们的国家是一个伟大的国家，我们的民族是一个伟大的民族，五千年来，我们有自身的悠久的文明与传统，而作为中华文明、中华民族精神之载体的国学，正是我们在这个世界上引以自豪的文化。

时至今日，中国的文化传统正在更新和再生的过程中。我们万万不能轻易地放弃自己的传统，因为她是我们传承文明与实现民族伟大复兴的精神资源，也是中华伟大文明的源头活水，否则的话，就势必在与“国际接轨”的号召下，失去我们中国人的灵魂！

二、国学的分类

先秦的六经与诸子是国学的源头。此后历代，汉有汉学，宋有宋学，清有清学，都对国学的形成发展作出了历史性的贡献。

国学的范围很广。国学的分类，也是知识的分类，或是学科的分类，在中国古代，可以有不同的分类法。

中国学术的分类，起源于我国最古的经典《六经》及诸子的分类。

《易经》及周秦诸子属于哲学；

《诗经》和《楚辞》属于文学；

《尚书》、《春秋》和《仪礼》、《周礼》等，则属于历史。

知识的分类法，在西方开始于英国的培根，他将西方的文化典籍，分为哲学、文学、史学等，在中国则可溯源至汉代的刘歆。

刘歆校理皇家秘书，分群书为“六略”，而冠以“辑略”，又叫“七略”。

按“六略”来分:即(一)六艺略、(二)诸子略、(三)诗赋略、(四)兵书略、(五)术数略、(六)方技略。

六艺略为经部(包括《易》、《书》、《诗》、《礼》、《乐》、《春秋》、《论语》、《孝经》、《小学》);

诸子略、兵书略、术数略①、方技略为子部(诸子是哲学政治学,兵书是军事学,术数是天文历法,方技即医学);

诗赋略为集部(文学);

到魏代,荀勖作《中经簿》,始分为甲、乙、丙、丁四部;到晋李充,重分四部,增加了史部。

甲部　六艺、小学;

乙部　诸子、兵书、术数;

丙部　史记及其他记载;

丁部　诗、赋、图、赞。

往日的目录学将古籍分为四大类,这就是人们常说的四部分类法。

到《隋书·经籍志》始表明经、史、子、集四部,此后多以此为序。

到清代的乾嘉学派则将国学整理出一个系统。《四库全书》所收的书,并不是中国图书的全部,若以经史子集来看,不但代表了图书分类,也代表了国学的分类。

作为古文经学的大家章太炎在他的《国学讲演录》中,将国学概括为小学、经学、史学、诸子学、文学等几个大门类。

他认为:经学要“以比类知原求进步”。就是求经史之融会贯

① 《汉书·艺文志》称“数术略”,四库全书总目称“术数略”,此处采用后一种。

通,把经看作古代的历史,用以参考后世种种变迁。

哲学要“以直观自得求进步”。近代法国哲学家柏格森注重直觉,与直观自得相近,即注重理论推测,全凭悟性,证诸于心。

文学要“以发情止义求进步”。“发情止义”,出于《诗序》,情指喜怒哀乐的情,义指礼义的义;情说的是心所欲言,不得不言,义说的是作文的法度。①

这就扩大了国学的以经为主的范围,并根据研究对象的不同,将国学分科。章太炎对国学的分类,渊源于魏晋以来关于古代图书文献经、史、子、集的四部分类,这四部分类法,也是清代的《四库全书》的分类法,大致可包括国学的范围。

我国先哲也有把学问分作三大类:一是义理,二是辞章,三是考据。以现代的名词讲,就是哲学(包括科学)、文学和历史。

曾国藩在给他弟弟的信中说:“盖自西汉以至于今,识字之儒约有三途:曰义理之学,曰考据之学,曰辞章之学,各执一途,互相诋毁,兄之私意以为义理之学最大,义理明则躬行有要,而经济有本。辞章之学,亦所谓发挥义理者也。考据之学,吾无取焉。此三途者皆从事经史,各有门径。”②

曾国藩《圣哲画像记》云:“姚姬传氏言学问之途有三:曰义理,曰词章,曰考据。戴东原氏亦以为言。”

此后,姚鼐论学不出此三者范围之外。姚鼐从学术史角度,将国学分别为:

“义理之学”,这是国学的主体,举凡思想政治、道德修养、宗教

---

① 章太炎讲演、曹聚仁整理:《国学概论》,上海古籍出版社1997年12月版,第67页。

② 曾国藩:《曾国藩全集·家书》,岳麓书社1985年10月版,第55页。

哲学等,包括经学、史学、玄学、佛学、理学。

"考据之学",这是工具性的学问,包括语言学、文字学、音韵学、训诂学、目录学、校勘学、考古学、金石学、敦煌学等。

"辞章之学",这是文学艺术之学,包括文章学、文法学、修辞学、诗学、词学、散曲学、戏剧学、小说学、俗文学、文学批评等。

后来,曾国藩在"义理"(即性理之学或理学)、"考据"(即考证学)、"辞章"三大部门基础上,增添了经世之学,即经济之学,其内容包括天文学、地理学、医学、兵学、政学、历算学、博物学及自然科学等。①

综上所言,我国历史上传统的狭义的国学可分为四大部:

(一)义理之学即是哲学　包括诸子百家之学,如孔子和儒学、老子庄子的道家之学、韩非子的法家之学,以及墨子的墨家之学、孙吴孙膑的兵家之学等,与哲学相互联系的还有宗教(佛教、道教);

(二)考据之学即是史学

(三)辞章之学即是文学　与文学相联系的是艺术、书法、绘画、雕刻等;

(四)经世之学即是政治经济学　与此相联系的还有兵法、科技,包括天文、算学、地理、医学、农学、工艺等。

20 世纪初,胡适 1923 年在北京大学创刊的《国学季刊发刊宣言》进一步提出一个国学系统。他说:"我们理想中的国学研究,至少有这样一个系统,中国文化史:(一)民族史,(二)语言文学史,(三)经济史,(四)政治史,(五)国际交通史,(六)思想学术史,

① 戴伟主编:《国学原典导读·绪论》,巴蜀书社 2003 年版,第 4 页。

(七)宗教史,(八)文艺史,(九)风俗史,(十)制度史。"

1925年吴宓主持清华国学院,他把国学研究从狭义发展扩大为广义,即国学研究的对象与内容不但包括中国的历史、文化、人文领域,还包括自然与科技领域,还包括外国学人研究汉学的成果。①

三、国学的重要性

(一)明白人类生存的根本道理

中国文化博大精深,源远流长。引导人类追求真善美,适应大自然的生活环境,顺乎天时,合乎人情,与时俱进。其中多有思想义理,人生真谛,不仅古已有之,至今犹有价值,而且永远对人有用。

(二)究天人之际,通古今之变

天人之际,这是人生的大智慧,是古今中外的圣人哲人一直在思考的题目。人是自然的一部分,人不能无限地向自然索取,所谓天人之际就是认识人与大自然之间的关系,认识人在宇宙间的位置,以及如何适应大自然,以求得人与自然的和谐与发展。

古今之变,这是历史。可以认识历史规律,以历史上的兴败盛衰为借鉴,达到治国平天下。

(三)明条理,辨次序

这里讲的是人类的思考和行事的法则。

当今世界太浮躁了,世人脚步停不下来,世人的心静不下来,

---

① 见《清华周刊》351期,1925年9月18日,二五卷4期,1936年3月19日。

正如老子所说："五色令人目盲，五音令人耳聋，五味令人口爽，驰骋畋猎令人心发狂，难得之货令人行妨。"①

脱缰的野马在山崖上狂奔。金钱物欲使人心神不定，人们停留在低层次的需要中，对于我们民族的许多宝贵的精神文化遗产根本不知为何物。

《大学》上说：

"知止而后有定，定而后能静，静而后能安，安而后能虑，虑而后能得。"

"物有本末，事有始终，知所先后，则近道矣。"

我们讲条理，讲次序，也就是讲客观世界本身的规律，当今世界出现的许多问题和危机，来自人们对物质欲望的强烈欲求，西化的东西太多了，救之之道，还得从东方文明中去寻找精神家园。

（四）致知力行

中国文化的知行观，有"知行孰先后"的讨论，也有"知行孰难易"的讨论。

有讲知先行后的，有讲行先知后的，也有讲知就是行，行就是知的。

有讲"知难行易"（孙中山），有讲"知易行难"（《尚书》："非知之艰，行之惟艰"），也有讲"知行合一"（王阳明）。中国文化是知文化，也是行文化。"天行健，君子以自强不息"（《乾·象》）。

《中庸》上说："博学之、审问之、慎思之、明辨之、笃行之。"这都是讲知行先后的次序。

---

① 《老子·第十二章》。

（五）道德建设

西方人的道德培养，多由宗教信仰。我们中国人的道德观念，出之于读书明理，中华民族的基本道德信条、规则，都被记载在我们的国学经典中，如儒家提出的忠、孝、仁、爱、信、义、和、平等。

（六）弘扬民族精神乃中华民族立国之本

中华民族的精神是中华民族的立国基础。我们的祖先艰苦奋斗的英雄事迹，立德、立功、立言的不朽成就，自有文字以来，就记载在我们的典籍里。学点国学，从中可以认识我们高明博大的、宽厚笃实的民族精神。①

学了《春秋》，就会明白中华民族为什么统一的时间那么长，为什么搞分裂的人总是不得人心，我们就会明白为什么孔子作《春秋》，乱臣贼子感到恐惧。

因为孔子的春秋之学，提出了大一统的思想，任何背叛国家、制造分裂的人都是民族的罪人，历史的罪人。爱国就是热爱祖国、维护国家的主权与统一。

中国的文化传统或历史传统几千年来一脉相传，即使在主权遭到侵犯、国家出现分裂时，中华文化的道统、学统也是不会断裂的，靠着这扑不灭的圣火，重新再造中华民族的辉煌。

总之，国学的功能不只是固有学术，也有现代精神，如明条理、辨次序、致知力行，这便是科学方法。而仁爱精神和道德情操，也正是今日中国和世界所最急需的。

---

① 参见“国立编译馆”主编：台湾省高级中学《国学概要》（上册），“国立编译馆”1999年版，第12页。

研究国学主要还是读原始经典,作为国学的主要经典,乃是两千年前中国早期的历史政治文化的特殊产物,是中国历史文化优秀成果。

我们知道中华文明博大精深、源远流长,经受了无数的天灾人祸,而以其顽强的生命力和凝聚力完整地延续下来,我们的民族保存了我们的文明,我们的文明也保存了我们的民族,作为国学的主要经典,它的元典的意义在于,它是中华文明早期发展由口耳相传到书面文字的固定和保存,它记载并保存着五千年的中华文明,它与中华民族的民族精神的形成和传承密切相关,也与民族文化的发展方向密切相关。

这些经典所阐释的道理可以说经受了几千年的考验而且历久弥新,它们以经典的方式触摸到人类生存和发展的许多基本方式和根本命题,其中所包含的人类求生存求发展的智慧直到今天依然为后世难以超越,而具有永久的魅力。

这些古老的经典是超越时空的,是我们中华民族精神文明的结晶,只要地球村里还有中国人,还有中国文明,这些经典就应该被珍重、被接受、被传承、被创新。

20世纪的40年代,朱自清在他的《经典常谈》的序言中说:"在中等以上的教育里,经典训练应该是一个必要的项目。经典训练的价值不在实用,而在文化。有一位外国教授说过,阅读经典的用处,就在教人见识经典一番。这是很明达的议论。再说做一个有相当教育的国民,至少对于本国的经典,也有接触的义务。"

拒绝经典就是拒绝文明。张汝伦说得好:"任何真正的创造者,总是从传统经典中吸收充分的资源与养料,作为自己创新的源泉。”[1]阅读经典将提高人的品位，养成深厚的文化底蕴，从中获得无量的美德与智慧，赋予一种高贵的气质。

鲁迅曾叫人不要读中国书，要读外国书，他说“看中国书时，总觉得沉静下去，与实际人生离开”。读外国书让人奋发，“想做点事”。这是愤激之词，实际上，他读了不少中国书，他的议论，代表了那个时代先进的中国人的议论。章太炎在日本讲国学，鲁迅就去听他的课。

可见学国学一是为了了解中国历史文化传统的来龙去脉；二是为了发扬我中华民族的优秀传统和爱国主义精神；三是为了承前启后，继往开来，实现我中华民族的伟大复兴，建设中国特色的社会主义精神文明。

近几年，国学在中国大陆流行起来。随着改革开放力度的加大，我国现代化建设的加速，我们越是与国际接轨，我们的经济建设越快，我们的物质越丰富越感到在精神家园里失去什么，我们越发不要忘记本民族所固有的优秀遗产，我们越发感到吸取国学精华，继承和建设中国学术传统，重建人文精神，宏扬民族精神，加强国民道德建设的重要性和紧迫性。

四、怎样学国学

章太炎曾专门从以下五个方面谈到治国学的方法。[2]

（一）辨别古书的真伪

他说：“对于古书没有明白哪一部是真，哪一部是伪，容易使我

---

① 张汝伦：《今天我们如何阅读经典》，《文汇报》2002年7月1日。

② 参见章太炎讲演、曹聚仁整理：《国学概论》，上海古籍出版社1997年12月版，第7—17页。

们走入迷途,所以研究国学第一步要辨书籍的真伪。”

在经、史、子、集四部的中间,除了集部很少假的,经、史、子三部都包含很多伪书,而以子部尤多。

先就经部讲,《尚书》现代通行的有五十八篇,其中三十三篇是汉代的今文,另二十五篇是晋代梅颐假造。

以史而论,正史是真的。别史中就有伪书。子部的伪书更多。清代姚际恒的《古今伪书考》很有用。

(二)通小学

韩昌黎说:“凡作文章宜略识字。”[①]所谓识字,就是通小学。小学包括音韵学、训诂学、文字学。古人用字,往往同音相通。要知道某字是某字的转讹,就得明白古代的音韵学;古时训某字为某义,后人更引申某义转为他义,就得明白训诂学;近体字中相像的,在篆文未必相像,探求古书某字的本形,以求某字之某义,就得明白文字学。历来讲形体的书是《说文解字》,讲训诂的是《尔雅》,讲音韵的是音韵学。

(三)明地理

地理是历史的舞台。古今中外所有的历史都是在一定的空间里演绎的,离开了空间,就不可能了解历史,河流的演变,都城的兴衰,地名的更改……这都是历史人文地理所要探索与研究的。我们研究国学,如果不明地理,就不明白历史上古人活动的路线,就看不懂古书。由此可见,历史地理是一门很重要的学科。

(四)通古今人情的变迁

不同的时代,制度在变,风俗民情在变,社会道德也在不断地

---

① 转引自章太炎讲演、曹聚仁整理:《国学概论》,上海古籍出版社 1997 年版,第 9 页。

变化,人们的生活习惯,礼尚往来都在演变,古今的人情也在变。不了解这些,对历史就不明不白。

(五)辨文学应用

古今的文学也在流变。你要学好国学,你就得了解中国的文学史。

研究国学,不等于复古。人贵有自知之明。民族也是这样。研究国学,并不反对西学,也不是提倡厚古薄今。研究国学,是为了古为今用,洋为中用,是为了推陈出新。

中华民族五千年来必有其自立的思想基础,近代的落后必有其落后的原因。我们要克服短处,发扬长处,增强民族自信心与自尊心。研究国学是达到民族自我认识的必要途径。

章太炎提出研究国学首先要通小学,即精通文字、音韵、训诂之学,但今天的一般学者要做到就比较困难。我们今天读古书,比章太炎时代要方便许多。因为现在的工具书多了。如有朱骏声的《说文通训定声》,可以翻检。因此,只要读一本普通的文字学,略识转注假借的义例,就可以利用《说文通训定声》读古书了。或者手头有一部比较厚实的《古汉语辞典》,也可以读古书了。

读者朋友如果兴趣在文学,可先读《诗经》、《楚辞》,再历览秦汉以后的文赋诗词;如果志在哲学,可先读周秦诸子和《易经》,再研究汉以后哲学家的著作;如果志在历史,可先读《尚书》、《左传》、《国语》和《史记》等书。此外,每人可根据自己的爱好选择一本经书或一本古书仔细地慢慢地研读。

至于国学的辨识古书真伪、通小学中的音韵学、训诂学以及熟目录、明地理、善考据等内容则不在本书解说范围。

上篇　群经略说

本书的体例将国学分为经、史、子、集四大部。说到这经、史、子、集的来龙去脉，我们不得不回到两千年前的《汉书·艺文志》。

章学诚从《汉书·艺文志》入门，提出“六经皆史”的重大创见。他说：“若夫六经，皆先王得位行道、经纬世宙之迹，而非托于空言”①，可见“六经”即古代的王官之书，或谓王官之学。从“六艺”到“诸子”，孔子是承前启后的关键人物，他是那个时代的集大成的圣人，他“上承六艺，下开九流”，把经学推向诸子百家之学。

“六经皆史”，经学来源于史学，作为“六艺”后来上升到经学的圣殿，其实原本是上古的史学或王官之学，作为纪传体的“二十四史”，编年体的《春秋》、《左传》、《资治通鉴》等则纳入史部。诸子百家之学，若论其起源与派别，当以《庄子·天下篇》、《淮南子·要略》、太史公《论六家要指》、《汉书·艺文志》为根据。此四篇中，《汉书·艺文志》所述最为完备，诸子之学在本书中，划归子部。至于历代名家的文集，自是“一家之言”，则划归集部。

这就是本书的学术框架。

本书上篇，主要选经部的《五经》、《四书》，中篇则为诸子中的

---

① 章学诚：《文史通义·易教上》。

儒家孔孟,墨家墨子,道家老庄,法家中的商鞅、韩非,兵家中的孙子吴起。下篇则为史学略说,而于集部则附有诗史略说。

一、什么是经和经学

有关这个问题,历来有不同的说法。有人说经是官书,不是私人著书;有人说经是圣人的著作。

经字的本义是织布的纵丝。纬是横丝。许慎《说文解字》说:"经,织从丝也。"段玉裁注曰:"织从丝谓之经。必先有经,而后有纬。是故三纲五常六艺,谓之天地常经。"

《文心雕龙·宗经》:"经也者,恒久之至道,不刊之鸿教也。"

"六经"原不称经,而是称作"六艺",系指三代流传下来而在春秋时期先后成书的《诗》、《书》、《礼》、《乐》、《易》、《春秋》,这六部书是流传中国最古的元典。在"六经"之前可能有更古的书,至今没有发现,可不必深论。

"六艺"出自巫史。

所谓王官之学,其实就是巫史之学。

何谓巫史?《国语·楚语》上记载:"古者民神不杂。"所谓巫史,就是巫官和史官,在上古时巫史是不分的。其实他们就是在王左右的僧侣祭司,他们对国之大事进行占卜,他们知天象,定人事,他们执掌教化之权。定历法、记事、作册命、书写典、训、谟、诰等一切文书。史载夏代将亡,太史令终古出其图书泣而谏桀;殷之将亡,内史向挚载其图法,出亡于周。《尚书·多士》上记载:"惟殷先人,有策有典。"中国最早的元典"六艺",就是在王官巫史那里积累成书的。

从"六艺"到"六经"也有一个整理的过程,这是由孔子完成的。

最早称经见《庄子·天运》:"丘治《诗》、《书》、《礼》、《乐》、《易》、《春秋》六经以为文。"可见那时已称孔子传经。

又"经"含有学说之义。凡传道之书,皆称经。如《墨子》称《墨经》。《老子》称《道德经》。

六经是孔子传授、订定、叙作的,是儒家的传道之书。因为儒家在中国古代最为人所重视,因此儒家的经典独称为经,不必冠以儒字。

根据周予同先生的观点,我们可以大致给"经"做个定义:(一)经是自汉武帝以来,法定的古代儒家书籍,根据统治者的需要,经的范围在扩张;(二)经是以孔子为代表而为封建王朝所法定的古代儒家的合法经典。经是文化教育的主要工具,也是提拔人才的主要准绳。①

何谓"经"?孔子或孔子以前的圣人写的书叫做经。②

何谓"传"?孔子以后的儒者或经学家所写的书,用以直接注释经的书,叫做传。

何谓"记"?孔子以后的儒者或经学家所写的用以间接发挥经的书,叫做记。

何谓"经学"?经学就是历代儒家对以孔子为代表的经典所做的研究、议论和著述的学问。③

二、经学的本质

经书原是我国有文字之后流传下来的最早的书,它又是中华民族在有文字之前,历代祖先智慧的总记录和文化积累的总载籍,

---

① 朱维铮编:《周予同经学史论著选集》,上海人民出版社 1983 年版,第 650 页。

② 同上书,第 404 页。

③ 同上书,第 656 页。

也是中华民族在有文字之后文化发展的总根源。

因此，这些文献是中华民族文化承前启后的关键文献，中国的语言文字由此推衍；中国人的思想行为、道德品质、学术文化也是由此渊源而衍生。因此可以说这些经书是中国文化的根本。

在经学系统内，经典被推尊到至高无上的地位，正所谓“说天者莫辨乎《易》，说事者莫辨乎《书》，说体者莫辨乎《礼》，说志者莫辨乎《诗》，说理者莫辨乎《春秋》。”①经典成为各重大领域的“极则”，被视作“万世教本”和“资治之具”。

作为国学的主体或载体的《诗》、《书》、《礼》、《乐》、《易》、《春秋》，被称为“六艺”。

这些中国最古的经典，从殷周之际到秦汉之际的一千年间，经历了一个由“王官之学”或“巫史之学”到“私家之学”，又由“私家之学”到“帝王之学”的螺旋式发展，终于完成了酝酿、创作、修订、经典化、伦理化、政治化的全过程。②

公元前140年(汉武帝建元元年)，董仲舒提出有名的《天人三策》，向汉武帝建议“罢黜百家、独尊儒术”的主张。公元前136年(建元五年)汉武帝正式颁布以《诗》、《书》、《礼》、《易》、《春秋》五部书籍为“法定”的经典，并设立“五经博士”。

汉武帝出于专制君主集权的政治需要，《诗》、《书》、《礼》、《乐》、《易》、《春秋》诸经典受到特别推崇，由私家书斋登上帝国庙堂，被正式尊为“六经”，由于《乐》的失传，又称《五经》。

汉代的国立大学就设立了《五经》，元代又设《四书》为国家考

---

① 扬雄：《法言·寡见》。

② 参见冯天瑜著：《中华元典精神》，上海人民出版社1994年5月版，第153页。

试的科目，经典不仅用来传承文明，也用来作为历代统治者实现其政治运作的理论基础和选拔政治人才的必考科目。

在汉代，这五部经典并"立五经博士，开弟子员，设科射策，劝以官禄"。原来并不专属儒家的"古之道术"——《诗》、《书》、《礼》、《易》、《春秋》，这时一变而为儒家独奉的经典；又因统治者推行"以经取士"的选官制度，"经术苟明，取金紫如拾芥"，天下学士靡然风从，于是传经之学和注经之学成为专门学问，这就是汉代至清代的官方哲学——"经学"。

传统经学的生命历程与中国的历史同行，并且得到不断的诠释，从两汉到明清，直到近代，这种诠释不断在进行，由此形成了汉学、宋学、清学的传统。

每一经都有不同的传。传是解释经文的。经学分今文经学和古文经学。

今文经认孔子是政治家、哲学家，六经是政治学说，故重"微言大义"，结合现实谈政治，主天人感应说。今文经主"微言大义"，臆解经文，以合己意，这个叫做"六经注我"。以公羊高、董仲舒、何休为代表，盛行西汉。

古文经认孔子是史学家，六经是孔子整理的古代史料，六经皆史，故重名物训诂，重考据。这个叫做"我注六经"。以刘歆、贾逵的《左传》为代表，盛行东汉。

东汉后期，今古文合为郑学。两汉之学，又称章句之学。

到宋代，打破一章一句的解经法，转而为敢于怀疑、思考、分析的义理之学，这就是宋学。宋学是注重理论的义理之学。清朝的乾嘉学派类似东汉的古文经学。到了清末，汉代今文经学又兴起，以康有为公羊学为代表。但是，无论是汉宋今古，还是程朱陆王，都离不开《五经》、《四书》，都是对经书的一种诠释。

"六艺"是我国古代学术的总汇，为诸子百家所从出，其影响之大，在古典著作中，莫与伦比。"六艺"曾经孔子删订，定为教科书，后人把它作为儒家的专有物，其实这是不对的，我们应该把它看作我国古代学术的总汇。

从来谈"六艺"者，要数《庄子·天下篇》与《礼记·经解》所说最为精审。

《天下篇》上说："《诗》以道志，《书》以道事，《礼》以道行，《乐》以道和，《易》以道阴阳，《春秋》以道名分。"

《经解》上说："孔子曰：入其国其教可知也，其为人也，温柔敦厚，《诗》教也；疏通知远，《书》教也；广博易良，《乐》教也；絜静精微，《易》教也；恭俭庄敬，《礼》教也；属辞比事，《春秋》教也。"

以上两说，一就"六艺"的本质而言，一就影响于人心而言。

近人马一浮曾将"六艺"分三科：

《诗》、《乐》一科，即今之文学、音乐及音韵学等属之；

《书》、《礼》一科，即今之政治学、社会学等属之；

《易》、《春秋》一科，即今之哲学及史学等属之。①

按今天的知识分类看，《诗》为文学科目，《书》为政治学科目，《礼》为礼仪、礼制属社会学科目，《乐》为音乐科目，《易》为哲学科目，《春秋》为历史科目。

三、经学的价值

人们通常将经学看作对古书的研究，离现代社会十万八千里。

---

① 苏渊雷：《中国思想文化论稿·六艺新估》，华东师范大学出版社 1989 年 3 月版，第 263 页。

也有人将经学看作老古董,或者看作绝学,其实是不对的。

中华文化的形成,经学是最基本的根源。中国人的思想、行为方式、生活方式和道德原则以及学术的发展路数,渊源于这几本经书。因此经书具有教育、道德、政治和思想的宝贵价值。

经学是中华民族的文化遗产,“经学是万代长新的学问”①。其中的许多文化信息密码至今保存在中国人的血脉中。我们无意中接受了我们的祖辈父辈的言传身教,但我们没有感觉到或者意识到这一点。

“苦难出真理。各民族的经典都是那个民族的真理。”“作为民族的经典,是其民族精神的直接反映,它产生于该民族所经历的长期而深重的苦难时代。”“经典是一民族通过长期的社会苦难所积累、凝结的生存智慧。”②

文化价值　《六经》是中国文化的源头活水。在中国古人的心目中,《六经》是涵盖全部中国学问的。诸子百家之学皆从中化出。《六经》可以说是中华文化承前启后的关键。五千年的文明,赖经书记录以往,开启后来;我们中华文化如此光华璀璨,经书是其源头。

历史价值　“六经皆史”,经典自有其历史价值。如《书经》是中国最早的历史科目。《诗经》也含有丰富的历史资料。《仪礼》记古代礼节,《周礼》讲古代理想的官制,自然也是历史资料。《春秋》就是鲁国历史。从经书里,可以看到我们的祖先是怎样走过来的。

---

① “国立编译馆”主编:台湾省高级中学《国学概要》(上册),“国立编译馆”1999年版,第58页。

② 姜广辉主编:《中国经学思想史》,中国社会科学出版社2003年版,第23—26页。

文学价值 经书是中国文学最早的源头,是中国古典文学的根。如《诗经》是我国古代诗歌总集,为中国最早的文学科目。

教育价值 在我们最早的经典里,保存着最早的教材、最早的教育理论和最早的教育方法,一直到今天都有着珍贵的价值。

孔子教弟子,就分为四科:德行、言语、政事、文学,他对学生施行的就有《诗》教、《书》教、《礼》教、《乐》教、《易》教、《春秋》教。

政治价值 经在我们的经典中,有着极丰富的关于治国安民的政治智慧和政治哲学。中国固有的政治哲学的典籍就是《五经》《四书》,或曰,《五经》《四书》就是中国的政治学,在这些经书中,基本讲清了为政的基本原则与方法,对于提高执政者的执政水平与能力,极关紧要。

思想价值 中国传统思想来自经书。两千年来的各种政治文化教育思想都可以在经书中找到源头。由儒家的经典所提供的像忠、孝、仁、爱、信、义、和、平等诸多品德,所构成中国人的道德规范,已如布帛菽粟而为今日的中国人所无法须臾离开,成为中国人的精神家园。我们要全面建设小康社会,构建和谐社会,实现大同理想,都可以从中获取无穷的智慧。

四、六经的顺序与今古文经学的分别

经今古文《六经》的两种排列次序[①]:

古文学家按产生时代的早晚排次序是:《易》(伏羲画八卦)、

---

① 此处采周予同说,参见朱维铮编《周予同经学史论著选集》,上海人民出版社 1983 年 11 月版,第 211—215 页。

《书》(《尧典》较伏羲晚)、《诗》(《商颂》较尧舜晚)、《礼》、《乐》(周公制礼作乐)、《春秋》(孔子修《春秋》)。古文家认为六经皆史,孔子"述而不作,信而好古"①,是史学家、是古代文化保存者。

今文家按课程程度深浅次序排列是:《诗》、《书》、《礼》、《乐》、《易》、《春秋》。今文学家认为孔子是政治家、哲学家、教育家。因此特别注重托古改制和微言大义。

《六经》虽有其名,但《乐》无书。汉代只有《易》、《书》、《诗》、《礼》、《春秋》博士,无《乐》博士。于是《五经》成为专有名词。

经书在汉为《五经》,系指《易》、《书》、《诗》、《礼》、《春秋》。

到南朝刘宋时扩张为十经,系指《周易》、《尚书》、《毛诗》、《礼记》、《周官》、《仪礼》、《春秋左氏传》、《公羊》、《穀梁》各为一经。《论语》、《孝经》为一经,合为十经。

到清代阮元据宋本重刻成《十三经》,系指《易》、《书》、《诗》、《仪礼》、《周礼》、《春秋》六部经;《左氏》、《公羊》、《穀梁》三部传;《礼记》、《论语》、《孝经》、《尔雅》四部记;《孟子》一部书,而《春秋》经合于三传,故不在数内,总称为《十三经》。

---

① 《论语·述而》。

第一章 《诗 经》略 说

一、什么是《诗经》

《诗经》是中华民族的文化瑰宝，它是中国最早的一部诗歌总集，里面收集了从西周初年(公元前 11 世纪)到春秋中叶(公元前 6 世纪)，前后约五百年的诗歌作品共三百零五首，人们习惯上只取它的整数，称为“诗三百”。

《诗经》大约编次于春秋中叶，主要为周诗(西周及东周前期的诗歌)，也有少量的商诗，它反映了公元前 12 世纪至 6 世纪以黄河流域为主的中原地区广阔的社会生活。

梁启超说：“《诗经》为古籍中最纯粹可信之书，绝不发生真伪问题。”[①]孔子曰：“诗可以兴，可以观，可以群，可以怨。”孔子于文学与人生之关系看得最真切，故有此言。古者以诗为教育主要工具，其目的在使一般人养成美感，有欣赏文学的能力，则人格不期而进于高明。

司马迁最早提出“删诗说”，以为古代诗本来有三千多首，后来经过孔夫子的删除，“去其重”便只剩下三百零五首。至宋代才提出异议。

也有学者认为孔子不曾删诗，其理由是，早在公元前 554 年，

---

① 梁启超：《要籍解题及其读法》。

季札访鲁时,孔子才八岁,《诗经》已经定型。《左传·襄公二十九年》记载,吴公子季札聘鲁观周乐,鲁国乐工为他演奏《风》、《雅》、《颂》,其编次同今本《诗经》。孔子只是说:"吾自卫反鲁,然后乐正,《雅》《颂》各得其所。"①他只是整理过《诗经》的乐曲而已。由此可见,它的编订者并非孔子。以上两说并存,可继续研究。

我国文化至周而完全发达,平王东迁前后是政治、社会急剧变动时期,也是产生诗最多时。春秋中叶以后的诗,已不被辑入《诗经》。

孟子说:"王者之迹熄而《诗》亡。"②所谓"王者之迹熄",系指春秋中叶,周室衰而采诗制度废,故不再有人采各国的风诗,而《雅》、《颂》也不再有人收辑了,故曰《诗》亡。

古人研究《诗经》,说《诗》有风、雅、颂、赋、比、兴"六义"。其实风、雅、颂指的是《诗》的分类;而赋、比、兴是讲《诗》的表现手法。

二、《诗经》的分类

《诗经》分三部分,"风"、"雅"、"颂"是这三部分的标题。那时诗都是配乐歌唱的,因而有人认为,"风"、"雅"、"颂"的叫法与音乐有关。孔颖达疏:"风雅颂者,诗篇之异体;赋比兴者,诗文之异辞耳。"风、雅、颂,系指《诗经》的成形、体制、文体的分类;赋、比、兴,系指诗之所用、修辞方法、表达手法。

宋郑樵《通志·昆虫草木略》云:"风土之音曰《风》,朝廷之音

---

① 《论语·子罕》。
② 《孟子·离娄下》。

曰《雅》，宗庙之音曰《颂》”。朱熹《诗集传序》：“凡诗之所谓风者，多出于里巷歌谣之作，所谓男女相与咏歌，各言其情者也。”又云：“若夫雅颂之篇，则成周之世，朝廷郊庙乐歌之辞。”

（一）“风”

“风”本是乐曲通名，就是土风、土乐，也就是民谣小调，或谓民间乐曲。虽然不那么雅致，它却是真正的民间之音。

《诗经》里的“风”又叫“国风”，是从各个诸侯国收集来的。这些国家和地区共有十五个，它们是周南、召（音绍）南、邶（音背）、鄘（音拥）、卫、王、郑、齐、魏、唐、秦、陈、桧（音贵）、曹、豳（音宾），因而又称之为“十五国风”，总共有一百六十首，占三百零五首中的大部分。

《诗经》的风、雅、颂中，文学价值最高的要数“国风”了。“国风”里的作品，其中有劳者之歌、行役之怨、情诗恋歌、妇女婚姻、国家兴亡、民俗风习。

自西周初至春秋中叶，约五百年间，其时所出之诗，多有时代感和人民性。社会的不合理，民间的普遍疾苦，贵族的荒淫无耻，人民对虐政的反抗讥刺，统治者对庙堂先世的歌颂，从不间断。

“国风”记录了两千五百年前老百姓的牢骚、不满和抗议。——其时，周王朝以及各诸侯国横征暴敛，相互攻伐，苦的却是老百姓。他们终年劳苦，生活却没有指望。眼睁睁看着不劳而获的领主坐享其成，心里的怨愤没处发泄，于是就拿诗歌倾吐他们的不平，这就是所谓“饥者歌其食，劳者歌其事”。①

“魏风”里有一首《伐檀》：

坎坎伐檀兮，寘之河之干兮，河水清且涟漪。不稼不穑，

① 何休注：《公羊传》。

胡取禾三百廛兮？不狩不猎，胡瞻尔庭有县貆兮？彼君子兮，不素餐兮！……

这可能是农奴们唱的歌。他们在河边叮叮咚咚地伐木，对着波光粼粼的河水诉说不平：你看那些君子们，他们不种田、不打猎，却成百捆地往家搬麦捆儿，庭院里还悬挂着各种野味……

这支歌一共三章，下面两章的词句跟这一章大同小异，每章结尾都要重复这么一句话：你们这些君子，可真是不白吃饭呀！——谁都听得出来，歌唱者说的是反话，其实他们是在向君子们提抗议！

“魏风”中还有一首《硕鼠》，指责的意味更明显，也更激烈：

硕鼠硕鼠，无食我黍，三岁贯女，莫我肯顾。逝将去女，适彼乐土。乐土乐土，爰得我所。……

歌中唱道：大田鼠啊大田鼠，你不要偷吃我们的庄稼。我们侍奉你这么多年，你却一点不肯体贴我们。

这歌词似乎在咒骂那贪婪害人的大田鼠，其实是影射他们的东家。

“逝将去女，适彼乐土！”

我要发誓离开你啊！去寻找世间的另一片乐土！乐土啊乐土。我们在那里才有安身立命的地方……

为了逃避“苛政”，他们想逃到那理想中的“乐土”去。虽然世界上未必有这么一片真正的“乐土”、“乐国”，但却反映了被压迫群众的愿望与要求。

与前一首相仿，这首《硕鼠》也是三章。各章只有个别字眼不一样。这样反反复复、一唱三叹，很适合表达无尽无休的怨恨情绪。

描写农奴生活最全面的，是“豳风”中的《七月》。全诗共八章，很详尽地诉说了农奴一年四季的辛苦劳作，有点儿像后来的“四季调”之类。

农奴们耕种、养蚕、纺麻、织布、打猎、酿酒、修理房屋、凿冰上窖，长年累月不得休息，到头来却是“为他人做嫁衣裳”，自己依然“无衣无褐（一种粗麻布衣服）”，住在破烂的茅屋里，吃的是葫芦苦菜，家里的女孩子还得时刻提防主人的欺侮。

类似这样详尽地描写下层人民劳动生活的长诗，在古代诗坛上真称得上绝无仅有，独一无二。故有人说，《豳风·七月》开了我国古代农事诗之先河。

表达青年男女爱慕之情的诗歌在《国风》里占很大比重。有这么一首情歌几乎人人熟悉：

> 关关雎鸠，在河之洲。窈窕淑女，君子好逑。……

这首诗歌的题目叫《关雎》，全诗共五章，这是头一章。你看，河当中有一小洲，水鸟咕咕地叫个不停。哪儿来的一位文静又美丽的姑娘，小伙子有心跟她做个朋友……

> 参差荇菜，左右流之。窈窕淑女，寤寐求之。求之不得，寤寐思服。悠哉悠哉，辗转反侧。参差荇菜，左右采之。窈窕淑女，琴瑟友之。参差荇菜，左右芼之。窈窕淑女，钟鼓乐之。

后面几章接着写小伙子的心愿，他幻想弹着琴向姑娘求爱，最后还鸣钟击鼓跟姑娘拜堂成亲。诗写得又抒情又热烈，不但文字优美，大概曲调也很悦耳。孔子就曾赞美：当演奏《关雎》的尾章时，满耳的音乐声，真是好听极了！这《诗经》中的第一首诗，就是拿到今天国际文化交流的大舞台上，配上古乐演唱舞蹈起来，也是令世人赞叹、首屈一指的！

《国风》里的爱情诗还有不少。有的描绘爱情的和谐美好，像"郑风"中的《溱洧》和《萚兮》、《狡童》、《出其东门》、《褰裳》、《风雨》，"卫风"中的《木瓜》，"王风"中的《采葛》。

也有表现对礼教的反抗或是对负心人的责备，像"卫风"中的《氓》、"邶风"中的《谷风》、"鄘风"中的《柏舟》。

（二）"雅"

"雅"有二义：于声为"正声"，于地为"中夏"。正声就是读音正确的中夏之音。"雅"、"夏"二字古音相近，互相通用，是西周王畿的诗，指西周国都周围地区的诗，那是夏族居住的区域。雅音就是这中原地区的雅正音乐，可以看作"官调"，它不同于十五国风的地方乐调。

《雅》，一般是士大夫所作，也偶有民间诗人之作。有赞颂好人好政的，也有很多讽刺坏政的。又有人认为，《雅》不是地方曲调，而是人人能欣赏的典雅的曲调。《雅》有大小之分。《大雅》是政治的诗，或史诗，《小雅》也基本上是政治诗。

朱东润说："周在经营西岐之前，自称夏。夏是一个部族之名称，岐周为这支夏族的发祥地。岐周时期的周诗为大雅，京周时期的周诗为小雅。大小雅是西周时期诸夏集中于京师（或岐周或京周）的诗篇。用同一体系的语言。小雅所咏与国风相同，多关社会人事；大雅所咏多祖宗神祇，与三颂近。及诸夏之流徙而东，分为诸国，斯有国风。"①

雅分《大雅》和《小雅》，这种分别大约也跟乐调有关。《大雅》三十一首、《小雅》七十四首，总共有一百零五首，几乎全部都是贵族们的作品。《大雅》全是朝会乐歌，《小雅》大多是贵族宴饮时演

---

① 朱东润著：《诗三百篇探故》，上海古籍出版社 1981 年版。

唱的乐歌，不过《小雅》中也掺进了一些民间歌谣。

《大雅》 《大雅》中的《生民》、《公刘》、《绵》、《皇矣》及《大明》展开了周人开国的壮阔画面，是中国史诗的嚆矢。

比如《生民》，就讲述了周民族祖先后稷的传奇故事。——后稷的亲娘叫姜嫄，有一回她到田野里玩，踩在一个巨人的脚印上，就怀孕生下后稷来。姜嫄把这个没爹的孩子扔到小巷子里，过往的牛羊不但没有踩死他，还喂奶给他吃，姜嫄又把他扔到冰雪中，天上飞来一大群鸟儿用羽毛保护他，后稷终于活了下来。

后稷自小就很聪明，专爱摆弄瓜啊豆啊，经他培植的庄稼，苗齐秆壮，颗粒饱满。后稷用收获的五谷祭祀上帝，上帝便赐福保佑整个周民族。——这首诗虽然有神异的色彩，却反映了周民族的始祖对农业的重视。

《小雅》 《小雅》中有一些专写从军生活的诗歌，如《采薇》、《出车》、《六月》等。就拿《采薇》来说，诗人大概模拟一个胜利还乡的士兵的口吻，他走在回家的路上，心中还没有忘记出征的生活，那种生活既艰苦，又值得骄傲。士兵懂得，不赶走侵略者，老百姓就没有和平安定的生活。可是离家越近，他的情绪就越低沉，离家快一年了，亲人们还不知怎样了。他唱道：

昔我往矣，杨柳依依。今我来思，雨雪霏霏。行道迟迟，载渴载饥。我心伤悲，莫知我哀。

这是全诗的最后一章，春天的杨柳，冬日的飞雪，烘托着一种哀婉、忧伤的情调。从这些古老的诗章里，读者深深体会到那么一种“诗”的韵味。

至于《小雅》中的情诗、怨刺诗就更多了。

《鹿鸣》中的“呦呦鹿鸣，食野之苹。我有嘉宾，鼓瑟吹笙”，是我国最早的宴饮诗。

《采薇》、《出车》、《六月》及《大雅》中的《江汉》、《常武》可以说是最早的战争诗。

（三）“颂”

“颂”是宗庙祭祀时的乐歌和舞曲。天子在宗庙中举行祭祀大典时，一面表演舞蹈，一面演奏乐曲，那气氛，一定是又隆重、又庄严的。因此《颂》是等级最高的乐曲，只有帝王才配得上。“颂”又有“周颂”、“鲁颂”、“商颂”之分，合称“三颂”，共四十篇。

《周颂》的《清庙》、《维天之命》，是典雅肃穆虔敬的祭祀诗。《颂》在《说文》解释为“容”字，有形容之义，诗小序谓：“颂者美盛德之形容，以其成功，告于神明者也”，于此可以想见古人的“式歌式舞”。《颂》诗的大部分是歌颂先王功德和祈求降福给子孙或臣子，大都使用了夸张的语言。也有一些是史诗。如《周颂》歌颂最多的是文王、武王。

但《颂》不只是“美盛德之形容，以其成功，告于神明”的祭祀歌，而且还要配上舞蹈。《周颂》三十一篇，西周作品，多作于昭王、穆王以前。

《鲁颂》四篇，可能是鲁僖公时作品。《商颂》则是春秋前宋国的作品。

像《商颂》中的《玄鸟》。单看内容就知道是歌颂殷高宗武丁中兴的诗，《颂》诗的文学意味显然要差得多。

三、《诗经》的表现手法

“赋”、“比”、“兴”，是《诗经》中最常用的表现手法或修辞手法。

赋、比、兴的具体含义有很多解说。朱熹《诗传纲领》云:“赋者,直陈其事;比者,以彼状此;兴者,托物兴词。”

所谓“赋”,用朱熹的说法,就是敷陈其事,用现代话就是直接的叙述、描写。“赋”就是平铺直叙,也就是原原本本把事情叙述清楚,不拐弯抹角,也不夸张粉饰。赋,是一个叙述的问题,不要举例子,而是直抒情意,直述人事,直言其事。

所谓“比”,就是比喻的意思,借物为比,喻其情事。在《诗经》里,有些诗是整篇都用比喻。用一件事物比喻另外一件事物,也就是打比方,“以此物比彼物”。例如《相鼠》和《硕鼠》,都是用老鼠来比喻一个不受欢迎的人。如《硕鼠》就是拿糟蹋粮食的田鼠,来比喻压榨农奴的领主。

所谓“兴”,是诗的开头,托物兴起,抒写情意,感物而发。朱熹说:“先言他物以引起所说之辞也。”这是说要用另外一件事开个头,即是先借别的事物作个由头,再引到要吟咏的事物上来。

比如《桃夭》,开头写春天的美好,使人想起女孩子的漂亮。又如《关雎》本是吟咏男女爱情的,可开头先说“关关雎鸠,在河之洲”,描绘出一个和谐优美的环境,在这样的环境里,人和感情都显得那么美好。如果诗人一上来就唱“窈窕淑女,君子好逑”,这就显得突然,也失去了诗的韵味。

人们还常把“比”、“兴”放到一起来说。比兴的手法增强了诗的表现力,使诗歌形象更加鲜明生动,因而后来成了中国诗歌的传统表现手法。

除了赋、比、兴,《诗经》还有不少值得一谈的艺术手法,例如章句的重叠。前面谈到的《伐檀》、《硕鼠》,都是很好的例子。再如有一首《芣苢》:

采采芣苢，薄言采之。采采芣苢，薄言有之。采采芣苢，薄言掇之。采采芣苢，薄言捋之。采采芣苢，薄言袺之。采采芣苢，薄言襭之。

芣苢，俗名叫车前草，穷人拿它当菜吃。读着这诗句，可以想象出一大群妇女在田野里一边采车前草，一边轻松唱着“采呀采呀，快快采呀，采呀采呀，归自己呀……”这是一群妇女在劳动中唱着小调的欢快情形。全诗重叠六次，每次只换一个词，可并不让人感到单调，反而觉得很能表达劳动时的那种愉悦心情。

《诗经》的作品绝大多数是四言的——也就是每句四字。这说明当时正是四言诗的时代。可四言中偶然也夹杂着五言、六言、七言的句子，这又为后来盛行起来的五、七言诗孕育了胚胎。

四、“诗教”的作用

《诗经》在历史上曾经有过一个很辉煌的时代。

春秋时期，赋诗被广泛用于列国君臣朝享盟会的各种外交场合，不会赋诗是很丢脸的事，各国的卿大夫们都有一种特别的工夫，就是熟记《诗经》里的诗篇，能达到脱口而出的地步。他们常常引用诗句相互赞美、讽刺或规劝。为了证明自己的议论的合理性，往往要引经据典，从《诗经》中寻找根据，在他们看来，《诗经》中传达着古先圣王的遗训和箴言，具有无可置疑的权威性。外交官交涉也常拿诗当作外交辞令。这叫“赋诗言志”。

孔子很重视《诗》，说：“不学《诗》，无以言。”[①]就是说，不学

① 《论语·季氏》。

《诗》,连话也说不好。他还拿《诗》当课本教授学生,以后便传授不绝。孔子又说:“诵《诗》三百,授之以政,不达;使于四方,不能专对;虽多,亦奚以为?”①他给学生传授《诗》是为了提高他们从事政治活动外交谈判的能力。孔子还说:“《诗》,可以兴,可以观,可以群,可以怨。迩之事父,远之事君;多识于鸟兽草木之名。”②

所谓兴、观、群、怨,“兴”就是给人启发,“观”是反映当时人的思想情感,“群”就是使人们互相用诗沟通,“怨”就是抒发自己的愤懑。

事父事君,与家国有联系,指《诗》的伦理和政治的教化作用。

此外,“诗教”还有“温柔敦厚”的一面。③

总之,“诗教”在治心、“正身”方面有劝喻行善的作用,以求达到“经夫妇、成孝敬、厚人伦、美教化、移风俗”之宗旨。④

五、《诗经》的派别

秦始皇烧书以及楚汉战争,差一点使《诗经》的传授断了线。多亏学者们口头传诵,才使这部宝贵的诗集保存下来。到了汉初,专门研究《诗经》的有四家:

齐、鲁、韩三家诗为今文,立于学官,有二十八卷。“齐”是齐人辕固,“鲁”是鲁人申培,“韩”是燕人韩婴,这三家的讲《诗》著作,除《韩诗外传》,都没有留传下来。

① 《论语·子路》。
② 《论语·阳货》。
③ 《礼记·经解》:“孔子曰:入其国其教可知也,其为人也,温柔敦厚,《诗》教也……。”
④ 参见《毛诗·大序》。

《毛诗》为第四家，二十九卷。两位传授人都姓毛，西汉的是大毛公毛亨，另一位是毛亨的弟子，就是小毛公毛苌所传，为古文。有人说，比三家多的一卷，是《诗序》。《毛诗》每篇有解题，叫《小序》。说明每篇诗的作意。

《毛诗》对《诗经》的解释望文生义、牵强附会的地方较多，到了宋代，有人对《毛诗》的解释提出异议。王安石、欧阳修、苏辙、朱熹等人，也纷纷提出新的见解。

清代学者注重考据和训诂，在《诗经》研究上取得了不少成绩。可真正用科学态度、正确方法研究《诗经》的，还是在"五四"以后。

《诗经》是中国诗歌的源头。中国历代诗人，没有不受到《诗经》的熏陶和滋养的。人们常说"子曰诗云"，"子曰"就是孔子说，"诗云"就是《诗经》上说。

《诗经》也是史。《尚书·尧典》上说："诗言志"的原始意义是"载道"和"记事"，尤其是记事。《尧典》的作者与《诗》的形成时期相去不远，深知《诗》中的许多篇章本是民族和国家的历史记载。

《大雅》里的《生民》、《公刘》、《绵》、《皇矣》、《大明》，都是对周人祖先后稷、公刘、太王、王季、文王、武王的追念赞颂，其他如《崧高》、《江汉》、《常武》，也都是记周室的历史，均可视作周之史诗。

《商颂》五篇《那》、《烈祖》、《玄鸟》、《长发》、《殷武》则可视为商之史诗。这种"以史入诗"，成为中国文学的一种传统，显示了中国文学家和诗人的历史感。与此相呼应的是学者的"以诗证史"，即以富于历史感的文学作品作为史料使用，以之证实历史。"以史入诗"，"以诗证史"，都是中国文化重史的传统的鲜明体现。[①]

---

① 参见冯天瑜著：《中华元典精神》，上海人民出版社 1994 年 5 月版，第 60 页。

六、《诗经》的影响

《诗经》是我国文学的光辉起点。特别是民歌部分所表现的“饥者歌其食，劳者歌其事”的现实主义精神对后世文学影响最大。它推动诗人关心国家和人民的疾苦。屈原作品中的“忧国忧民”也是对《诗经》的继承。从汉乐府民歌、建安以下的诗歌，到唐代的陈子昂、李白的标举“风雅”、白居易的“文章合为时而著，歌诗合为事而作”，以及上以“补察时政”，下以“泄导人情”，都可以说上承《诗经》的风格。

《诗经》是一部从内容到形式都富于首创性的文学杰作，它的思想倾向与艺术风格影响后世文学至深至远。一部文学史，可以说是在《诗经》的导引下得以发展的。

古代世界的埃及、巴比伦、印度、希腊罗马的诗歌常见的类型有史诗、情歌、祭歌、农事诗，而《诗经》全有。此外，《诗经》还独有与周代的礼乐文化相关的宴饮诗。中国后世流行的祭祀诗、宴饮诗、农事诗、战争诗、怨刺诗、情诗，都源自《诗经》。

《诗经》已经跨越了国界，日本、朝鲜和越南，早在中世纪时就有了汉文版的《诗经》。从 18 世纪开始，《诗经》还出现法文、德文、英文、俄文的译本。它不仅是我们中华民族的骄傲，而且早已成为全人类的宝贵文化遗产。

七、《诗三百》的形成和结集

《诗》产生于民众的劳动实践，又与社会的政治、军事、宗教、文娱活动密切相关，赋诗者，上自王者、贵族，下至农夫皂隶。那时还没有专业诗人出现，作诗者大都是有感而发，并没有想到结集成册，垂之永久。

《诗》在春秋间奇迹般得以结集，一是受益于音乐的帮助，二是得力于周王室的采诗制度。《汉书·艺文志》："孟春之月，行人振木铎徇于路以采诗，献之太师，比其音律，以闻于天子。"周代官制确有行人、太师等职守，考之于诗的作者阶层的广泛、地域的辽阔，周代有采诗、献诗之制是可能的。

每年春天，王室派专门的采诗官"行人"，手里摇着木铃铛，定期到乡间去搜集百姓们唱的歌谣，这叫"采风"。回来后，再由掌管音乐的官"太师"给这些民谣重新配曲加工，然后唱给周天子听。"饥者歌其食，劳者歌其事"。其目的有二：一是"观民俗，知得失，自考证也"。二是收集乐章，制礼作乐。

《国语·周语》记载："天子听政，使公卿至于列士献诗，瞽献曲，史献书，……"

《诗经》中的颂赞诗和政治讽刺诗，是通过献诗而汇集朝廷中的。这么一来，天子不用出门，就可以知道老百姓的喜怒哀乐了。

《诗经》的作者姓名在辗转流传收集整理过程中，大都失传，仅有少数作者姓名可考。如：《小雅·节南山》称"家父作诵"，《小雅·巷伯》称"寺人孟子作此诗"，《大雅·崧高》称"吉父作诵"。

春秋中叶以后，随着周王室的衰微，政令不能及于列国，采诗之制大体终结，如孟子所说："王者之迹熄而《诗》亡，《诗》亡然后《春秋》作。"①春秋末以至战国，便由诗的时代进入史学及哲学的

---

① 《孟子·离娄下》。

时代。

八、“诗”是怎样升格为“诗经”的

《诗三百》在成为经典之前，孔子用它作教材，到汉武帝“独尊儒术”后，才经典化、神圣化，才从普通的文学作品和教材提升到儒学经典的地位。

《诗经》的历史化、政治化、功利化是通过《诗序》的诠释展开的。

《诗三百》一旦成为经典，就成为负荷文化价值的载体。但在成为经典后，《诗》的本来意义就不多了。于是，就有《诗》的本义与后人阐发意义之分。

朱熹在《诗集传・序》里说：“凡《诗》之所谓风者，多出于里巷歌谣之作，所谓男女相遇咏歌，或言其情者也。”《诗经》如果只是表现男女之情是不够的。不能满足古人对经典的具有“微言大义”的要求。

如《郑风・将仲子》：

> 将仲子兮，无逾我里，无折我树杞。岂敢爱之？畏我父母。仲可怀也，父母之言，亦可畏也。
>
> 将仲子兮，无逾我墙，无折我树桑。岂敢爱之？畏我诸兄。仲可怀也，诸兄之言，亦可畏也。
>
> 将仲子兮，无逾我园，无折我树檀。岂敢爱之？畏人之多言。仲可怀也，人之多言，亦可畏也。

这诗原说女孩子与情人相恋怕人议论。可是《毛诗正义》说：“刺庄公也。不胜其母以害其弟。弟叔失道而公弗制，祭仲谏而公弗听。小不忍以致大乱也。”①

《郑风·叔于田》原是歌颂猎人勇猛,《诗序》解为“刺庄公而美叔段的好勇善兵”。

《豳风·七月》明明是记叙农事,却被解为“周公遭变,陈王业以救乱的文告”。

《周南·关雎》本是写青年男子恋慕少女的,却被解释为“后妃之德,风之始也,所以风天下而正夫妇也”。

今天《诗经》已成为历史学和文学研究的对象。但它在历史上曾经是一种政治与外交的权力话语(官方语言)。如果追寻它最初的原创意义,那么《诗经》首先是一部文学作品,是中国文学的源头,是中国最早的诗歌总集。

语录精华

《诗》,可以兴,可以观,可以群,可以怨。迩之事父,远之事君;多识于鸟兽草木之名。

——《论语·阳货》

民亦劳止,汔可小康。惠此中国,以绥四方。

——《诗经·大雅·民劳》

风雨凄凄,鸡鸣喈喈。既见君子,云胡不夷。风雨潇潇,鸡鸣胶胶。既见君子,云胡不瘳。风雨如晦,鸡鸣不已。既见君子,云胡不喜。

——《诗经·郑风·风雨》

周虽旧邦,其命维新。

——《诗经·大雅·文王》

① 《十三经注疏·毛诗正义》上册,第337页。中华书局出版,1980年第1版。

第二章 《尚 书》略 说

一、什么是《尚书》

《尚书》又称《书经》，是夏、商、周三代历史档案文献汇编，我国第一部书诰散文汇集，由《虞书》、《夏书》、《商书》、《周书》四部分会合而成。

《书》的上限是唐尧、虞舜，下限至春秋秦穆公。

中国古代殷商时代即设有专门记录君王言行的史官。《尚书》就是从史官记录保存的文献档案中精选出来的。其中尧舜禹的事迹或出于后人的追记。夏商以下，应是实录。当时是史官记录，后来又作为王室档案资料汇编被保存下来，是我国最古老的官方文件总编。

《尚书》是中国上古时记载国家政治大事的书，是我国最早的一部史料汇编书，也是我国古代第一部记叙文和论说文的文集。

《庄子·天下篇》、《荀子·劝学篇》、司马迁《史记·自序》都说《尚书》是记古代帝王政事的书。是政书，讲政治和政治制度的书。

《尚书》保存的是夏、商、周三代统治者的命令、号令，大部分是向大众宣布的话，小部分是君臣相告的话。也有记事的，可是照近人的看法，那记事的几篇，大都是战国末年人的制作，应该分别看。

那些号令多称为"誓"或"诰"。平时的号令叫"诰"，告谕，即宣告王命、上对下的指令。有关军事的叫"誓"，出征或交战前的誓师词。君告臣的话多称为“命”；臣告君的话却似乎并无定名，偶然有称为“谟”的。[①]内容多是政治、军事、思想等一些上层建筑的东西，是将一些重大事件以文件、讲话、演讲、宣誓、签字的形式记录保存下来。

陈梦家说：“《尚书》记录了距今 2 300 年的秦誓至 3 000 年盘庚迁殷前后王室的诰命、誓言和其他大事。”[②]

《尚书》通常有三种解释：

(一) 孔安国的《尚书序》云：“以其上古之书，谓之《尚书》。”尚、上古通。尚指的是上古时代，《尚书》是上古时代的历史书，是迄今为止留存的最早的一本历史书。

(二)《尚书 · 璇玑钤》说：“尚者，上也。上天垂文象，布节度，如天行也。”

(三) 王肃《尚书解》言：“上所言，下为史所书，故曰《尚书》也。”

三说的意义不完全相同，一般认为孔安国氏所说，较为有据。

但刘知幾认为王肃所言有理。

又《礼记 · 玉藻》上说：“动则左史书之，言则右史书之。”《汉书 · 艺文志》亦说：“左史记言，言为《尚书》；右史记事，事为《春秋》。”

中国古代的国君，身边有左右史官分别记事记言。所记之“事”，保存下来的编年大事记，就是《春秋》；所记之“言”，就成为统治者的讲话记录，保存下来的就是《尚书》。

两者虽有抵牾，而左右二史，各有分职，则是一致的。所以刘知幾《史通》一则说：“盖《书》之所主，本于号令，所以宣王道之正

---

① 参见朱自清撰、钱伯城导读：《经典常谈》，上海古籍出版社 1999 年 12 月版，第 15—16 页。

② 陈梦家：《尚书通论 · 重版自序》。

义,发话言于臣下,故其所载,皆典、谟、训、诰、誓、命之文。”①

再则说:“盖桓、文作霸,纠合同盟,春秋之时,事之大者也,而《尚书》缺记;秦师败绩,穆公诫誓,《尚书》之中,言之大者也,而《春秋》靡录。此则言、事有别,断可知矣。”②说明刘氏是赞成王肃之说的。

《文心雕龙·史传》又从而为之说曰:“史者,使也。执笔左右,使之记也。古者,左史记事者,右史记言者。言,《经》则《尚书》;事,《经》则《春秋》。”

除了说明左史右史,各有分职外,还说明“史”是统治者“使为之也”。这就不可避免地要以主要统治者的意志为转移,“秉笔直书”只是一种理想,至多不过是历史上几个杰出的史官,如晋之董狐、齐之太史简而已。故孟子有“尽信《书》,不如无书”之叹。

《尚书》是一部很难读懂的古书。韩愈在《进学解》中就说“周诰殷盘,诘屈聱牙”。主要是因为《尚书》的语言非常艰深晦涩。难懂有两种说法,一种说法认为它用的是我国古代西部的语言(西歧语言),同东方六国的文字和语言不同;另一种说法认为它的语言是直言,即平直的口头语言,而不是正规的文言文(书面语);这种商周的口语与现代语言距离太远,既重复零碎,又生涩难懂,因而是《尚书》中最难懂的部分。

二、孔子删《书》说

春秋末年,孔子很重视这些历史档案,《论语》就记载他向学生

① 刘知幾:《史通·六家》。

② 刘知幾:《史通·载言》。

谈论或引用《书》的事迹。相传《尚书》原有三千多篇，经孔子删去绝大部分，只留一百篇作教材。

《论语》上说："《诗》、《书》、执礼，皆雅言也。"①

《书纬》上说："孔子得黄帝元孙帝魁之书，迄于秦缪公，凡三千二百四十篇，为《尚书》。断远取近，定其可为世法者百二十篇，为《尚书》。"删《书》之说，即起源于此。把《书》的删繁就简的功劳，挂在孔子的账上。

所谓"三千二百四十篇"的《尚书》，可能包括"晋之《乘》，楚之《梼杌》，鲁之《春秋》"，以及墨子所见的《百国春秋》。

《尚书》曾受到各国诸侯的销毁，如《孟子·万章下》中所说的："诸侯恶其害己也，而皆去其籍"，此后又遭到"秦燔《诗》、《书》"的浩劫，如《史记·儒林传》中所说："及至秦之季世，焚《诗》、《书》，坑术士，六艺(《六经》)，从此缺焉。"这是造成"百二十篇"的又一种说法。

三、《尚书》的今古文本

清·皮锡瑞《书经通论》说："《尚书》伪中作伪，屡出不已。一则秦燔亡失，而篇目多伪；一则因秦燔亡失而文字多伪。"或伪于篇目，或伪于文字，于是出现了辨伪的问题。要辨伪，首先就要了解《尚书》的三个来源②：

(一)《今文尚书》

据《汉书·艺文志》说，孔子纂《尚书》，"上断于尧，下讫于秦，

① 《论语·述而》。
② 刘起釪：《〈尚书〉说略》，转引自《经史说略·十三经说略》，北京燕山出版社 2002 年 10 月版。

凡百篇,而为之序”。《尚书》原本有百余篇,遭秦焚书后,汉初已难见其原本。

《汉书·艺文志》上说:“《书》凡百篇,秦燔书禁学,济南伏生独壁藏之。汉兴,亡失,求得二十九篇。”济南伏生曾在秦任博士,将《尚书》藏于墙壁中。后来兵乱,他流亡在外。汉定天下,才回家。汉初伏生将《尚书》取出,只残存二十八篇,又加上武帝时民间所献《秦誓》,共集得二十九篇。

伏生就守着这二十九篇,私自教授于齐鲁之间。后来汉文帝得知他的名字,想招他入朝。那时,他已九十多岁,已不能远去京师。于是,文帝就派掌故官晁错跟他学《尚书》,错就以汉隶写之。等到发现《古文尚书》,乃以伏生所传为《今文尚书》。

伏生所讲的《尚书》原为小篆字体,在传授中又改成隶书。因为是以汉代隶书写的,就叫作《今文尚书》。

《今文尚书》由伏生所传,数传后,欧阳高在汉武帝时被立于学官为博士,夏侯胜在汉宣帝时被立于学官为博士,夏侯胜的儿子夏侯建也被立于学官为博士。这就是汉时立于学官的三家《今文尚书》:欧阳氏学、大夏侯氏学、小夏侯氏学。

汉代很重视今文经学,讲阴阳五行,讲天人感应,朝廷设有十四位博士专门搞今文经学,包括《今文尚书》的传授,在国子监,立为官学。

汉代的《今文尚书》是以阴阳五行学,谶纬之学,来讲解经书的,它是以一种迷信和宗教的东西作为汉代的统治思想。今文经学往往讲微言大义,从哲学上,从义理上为其政权的合法性进行论证,得出神赋人权、天赋神权、神赋皇权的结论。

(二)《古文尚书》

到西汉中后期,才发现了《古文尚书》。《古文尚书》原在民间,由早于小篆的先秦和六国的大篆和籀文等字体书写而成，属于东方六国的字体，变化很多，王国维称之为“东土文字”。①

当时离先秦时间不远，出现这种文字的本子是完全可能的。因为是用东方六国文字系统来书写的，也称蝌蚪文，故叫作《古文尚书》。

孔壁出书 大约在汉武帝末年，也有说，在汉景帝时，或汉武帝初年，鲁恭王刘余毁孔子宅，从壁中发现许多用古文即蝌蚪文写成的竹简，经过孔安国的整理，用伏生所传的通行本加以校读，多出十六篇，其中的《九共》一篇，可分为九篇，故又可说多出二十四篇，叫做《古文尚书》。

《汉书·艺文志》：“《古文尚书》者，出孔子壁中。武帝末，鲁共王坏孔子宅，欲以广其宫，而得《古文尚书》……凡数十篇，皆古字也。……孔安国者，孔子后也，悉得其书，以考二十九篇，得多十六篇。”

孔安国将它献之朝廷，不久亡佚。现已只存篇目，《汉书·律历志》有它的佚文。

《古文尚书》计自西汉中期开始，先后相传出现过六种版本。

1. **孔安国家传本** 是《史记·儒林列传》所说的从孔子后代，孔子十一世孙孔安国家的传本，它比二十八篇的《今文尚书》多“逸书”十余篇。

2. **中古文本** 是西汉宫廷所藏《故尚书》，即《汉书·艺文志》所说的“中古文本”，亦称“中秘本”。刘向用以校三家今文本。

3. **张霸伪百两本** 是《汉书·儒林传》所说的成帝时张霸献的“百两篇”，即离析二十九篇为百篇。当时以“中古文”相校，发现

① 参见王国维：《史籀篇疏证·序》、《战国时秦用籀文六国用古文说》。

它是伪造的，便被废黜，但“百两篇”中所载的《书序》却从此流传，成了《尚书》学上影响最大的事。

4. **孔壁本** 是《汉书·楚元王传》中刘歆《移太常博士书》所说的鲁恭王坏孔子宅所得墙壁中古文本，多出“逸书”十六篇，由孔安国献上，刘歆请把它和其他三部古文经立于学官，遭到今文家反对，从此引起了中国学术史上两千年之久的今古文之争。

5. **河间献王本** 是《汉书·景十三王传》所记东汉初年始有的传说，谓河间献王得到《古文尚书》。要研究中国文化，河间献王很重要，他是专门收集书籍的。

6. **漆书本** 是《后汉书·杜林传》所说的杜林所得漆书古文本一卷，他整理加工，并授门徒，传下同于今文篇目的二十九篇，没有所谓古文“逸书”。

以上六个本子只有第一部孔家传本较确切，其余诸本都有些扑朔迷离，又只有经文，而没有传注。

《古文尚书》经过学者的研究，有人讲有的是假的。孔安国的书有一半是真的，有一半是假的。刘向的“中秘本”、“百两篇”、河间献王和杜林漆书都没有了。

以上讲的这六个注本的《古文尚书》，不同于今文学家宣传神学和漫无边际的杂说，而是在尊崇“圣道王功”的前提下，做了许多文字训诂和名物制度的考证工作。因此使《古文尚书》在民间流传，大显于世。但是《古文尚书》在两汉一直没有被统治者列为学官。然而《古文尚书》后来还是取代了今文三家的地位，因为它比较注重历史感，比较平实。

以上讲到的几本《古文尚书》，如今都见不到了。

东汉末年，董卓之乱，两汉皇家藏书遭重大损失；西晋末年的永嘉之乱,使魏晋以来的政府藏书再次遭浩劫,今、古文《尚书》都散亡了。

(三)《伪古文尚书》

司马氏逃到江南建立东晋,仍要靠儒家思想维持统治,又广求经典。

东晋元帝时,豫章内史梅赜(又作梅颐或枚颐)奏上孔安国作《传》的《古文尚书》共五十八篇。

他把书中原有的二十八篇《今文尚书》分为三十三篇,又从当时的古籍中另外编出二十五篇,并《书序》一起合为五十九篇。

此即后来所称的《伪古文尚书》及《伪孔传》,实际上是《今文尚书》与《古文尚书》的混合物。其中的《孔安国传》和《孔安国序》是作伪者搞的。

《伪古文尚书》从西晋以后,就流传下来,一直到唐代孔颖达撰《五经正义》的时候,还将《伪古文尚书》收集在这本《十三经》中,但是值得注意的是,在《伪古文尚书》中,却保存着伏生传下的可靠的《今文尚书》二十八篇。

唐·孔颖达的《尚书正义》、陆德明的《经典释文》以及现在通行的《书经》,都是这个本子。

此外,还有所谓《汲冢周书》,也叫《逸周书》,据说是晋太康二年,汲郡人得之于魏安釐王冢中。然考汉、魏所著书,多引此书。是汉时已有此书,出于汲冢者,为又一本。《汉书·艺文志》有《周书》七十一篇,唐初仅存四十五篇,而今本有六十一篇,仅缺《程寤解》等十篇。当经后人辑补而成。

由于它们的来源不同,争论遂起。或以为《古文尚书》可信,或以为《古文尚书》乃伪作。

南宋出现了一种与汉学不同的学术思想。最初，怀疑《古文尚书》的是宋人吴棫。首先发难的是朱熹，他认为《古文尚书》值得怀疑。他说："今文多艰涩，而古文反平易。伏生背文暗诵，乃偏得其所难；安国考定于蝌蚪古书错乱磨灭之际，反得其所易，则有不可解者。"①

意思是，《尚书》中的"盘庚篇"是很难懂的，但是伏生能背出来，还有一篇"太甲篇"好念，但伏生背不出来，他认为此篇是后人伪造的。

明人梅鷟始明确地指出比伏生所传增多的"二十五篇"于古无据，他说："《史》、《汉》所载，绝无二十五篇影响。"②

清人阎若璩经过二十年的仔细考证，认为《古文尚书》是本伪书。孔安国传是伪作，但在《伪古文尚书》中，却有《今文尚书》的二十八篇是真的，是珍贵的历史资料。

阎若璩列举一百二十八条证据，力辩其伪。他说："古未有夷族之刑，即苗民之虐，亦只肉刑止尔；有之，自秦文公始。伪作《古文》者，偶见荀子有'乱世以族论罪，以世举贤'之语，遂窜之《泰誓》篇中。"③

又说："《司马法》曰：'入罪人之国，见其老弱，奉归无伤；虽遇壮者，不校勿敌；敌若伤之，药医归之。'三代之用兵，安得有'火炎昆冈，玉石俱焚'之事？既读陈琳《檄吴文》云：'大兵一放，玉石俱碎'。钟会《檄蜀文》文：'大兵一发，玉石俱碎。'乃知其时自有此语，则此书之出魏、晋间，又一佐证也。"④诸如此类强有力的论证，

---

① 《朱子语类》。

② 《尚书考异》。

③④　阎若璩：《尚书古文疏证》。

遂使千年迷雾,为之廓然一清。

《尚书》不可使用今《十三经注疏》本,只能读清孙星衍的《尚书今古文注疏》。

四、《尚书》的价值

(一)史料价值

《穀梁》隐八年传云:“诰誓不及五帝”。谓典、谟唐虞所传,诰、誓三王始有也。《尚书》所载,皆典、谟、训、诰、誓、命之文,虽为古史,而体例未具,不是史的正宗。而《史通》列在“六家”之首,盖以其具有珍贵的史料价值。

司马迁编写《史记》,在记叙春秋以前的重要史事时,几乎全部收录了今文《尚书》。如《五帝本纪》全载《尧典》;《夏本纪》全载《禹贡》、《皋陶谟》和《甘誓》诸篇;《殷本纪》、《宋世家》全载《汤誓》、《洪范》、《高宗肜日》、《西伯戡黎》诸篇以及《微子》、《盘庚》二篇的大意;《周本纪》、《鲁世家》全载《牧誓》和《金縢》以及《无逸》、《吕刑》、《费誓》之半。据此可见《今文尚书》在古史上所占的重要地位。

《尚书》中的许多篇目,特别是西周初期的《大诰》、《康诰》、《酒诰》、《梓材》、《召诰》、《多士》、《无逸》、《君奭》、《多方》、《立政》、《顾命》、《康王之诰》等文篇的保存,可以推见商、周二代的政治情况。这些文篇与西周初期的诗篇《周颂》、《豳风》、《周南》、《召南》配合起来,还可以推见西周社会的生产关系与意识形态。

《无逸》详记了殷代诸王及周文王的享国时间,殷中宗七十五年,高宗五十九年,祖甲三十三年,周文王五十年。古史年代之可参者,以此为最。

《立政》详细记述了周代的官制，是研究古代典制最重要的文献。

《吕刑》详细记述了大禹赎刑和穆王改定刑法的内容，保存了我国古代刑法最为完备的史料。《尚书》虽不编年，不纪传，被视为“为例不纯”的史书，但章学诚评价此书说：“纪事末年，体圆用神，真《尚书》之遗。”[①]把它看作“纪事本末体”的开山之作。

（二）思想价值

范文澜先生概括《尚书》有两大作用：一是建立虞夏商的历史正统观；二是保存商周两代的重要史料，从而可以推知商周两代的政治情况。

首先，《尚书》首创中华统一思想与夏商周的历史正统观。

《尧典》、《舜典》记载尧舜巡视四方，区划疆土，制定刑法，选拔官吏，划一历法、音律、度量衡的事迹；《禹贡》以大禹治水为导引，依自然地理经济地理划分九州，详细记载古代的政治制度，山川方位脉络以及物产分布、土壤性质，显示了统一国家区划的思想。这或许是晚周至秦汉之际儒家思孟学派的作品，但却奠定了建立大一统中国的政治规模与理想目标。

《尚书》后来成为上自帝王下至士子庶民所读的书，可见中国人的政治统一观念早在两千年前就深入人心。尽管《尚书》的篇目有真伪，但此书在中国文化史、思想史上的地位与作用不可低估，此书提供的一系列重要的观念与命题，影响极大。

其二，《尚书》保存了我国典籍中十分罕见的关于氏族民主的记述。

---

① 章学诚：《文史通义·书教下》。

在《虞书》、《夏书》中，如《尧典》载有帝尧，让位于虞舜的禅让过程。又载尧与四岳(四方诸侯之长)共同制订历法节令、议定百官的情形。《舜典》记载了尧禅让舜，而舜却让于德。此间生动地再现了氏族民主制推举首领的情景，此一思想或可成为批判君主专制的思想家一再援引的范例。

《尚书》是离结绳之治不远的最古典籍，是中国文化源头的源头，它保存着中国古代原始氏族社会的民主选举，天下为公的思想。讲民主，开议会，通过选举，只有众人的意见说了算。可以说是“公天下”，天下为公。夏禹之前，领袖都是大家选的，不能独断专行，实行的是禅让制。

夏禹以后，财产私有，才有“家天下”，夏、商之际，为了争夺王位，子弑其父者有之，臣弑其君者有之。

其三，《尚书》保存记录了夏商周三代的思想资料。

我们发现，《商书》里的天命是绝对的。如《盘庚》中便充满“天其永我命”话语。而《周书》在承袭上天授命传统时，却强调“以天配德”，主张“明德慎罚”，周人在取代殷商的革命中，认识到“天命无常”，只有“敬德事天”才能长保政权。周公告诫成王：“王其德之用命”，由此构成中国“以德治国”的传统政治哲学；由此导出“仁政”“王道”，开启中国政治文化的民本主义的先河。

其四，在《尚书》中，可以找到先秦各家学说的思想渊源。

春秋战国诸子百家的思想，都可以从《尚书》中找到思想萌芽。

《韩非子·显学》上说：“孔子、墨子俱道尧舜而取舍不同，皆自谓真尧舜。尧舜不复生，将谁使定儒墨之诚乎？”

孔子、墨子都说尧舜，但他们对尧舜是各取所需，进行发挥。尧、舜不会活过来了，由谁来定儒墨的真假呢？

儒家、法家、道家都读《尚书》，每一家都以自己的观点来看《尚书》中讲的话，从中演绎自己的学说。

其五，《尚书》充满政治智慧，含有丰富的统治经验，历史上的统治者都把它看成是一本必读书。

《庄子 · 天下篇》里说："《书》以道事。"

荀子《劝学篇》说："故《书》者，政事之纪也。"

司马迁在《太史公自序》里说："《书》记先王之事，故长于政。"

《论衡 · 正说》："《书》者，古帝王之书。"它最擅长的是治理国家，所以我们说它是一本政治书，政治家应该看。

从《尚书》中我们可以了解夏、商、周三代的历史。如武王伐纣、周公东征等。

其六，在中国历史上首次提出"德治"的思想。

商代的时候是相信天帝，相信鬼神，拿祖宗，拿死人讲的话来吓唬、指挥活人，这就叫鬼治主义。

殷周之间社会发生武王伐纣，周革殷命等重大变化。对此，王国维在他的《殷周制度论》作了很有价值的研究。他讲了殷周之际政治制度、宗教观念、鬼神观念的变化，王位的更替，传位制度由传给弟弟到传给儿子。

殷末周初，有个大人物，就是周公，是文王的弟弟，他是中国第一个大政治家。孔子非常钦佩他。他对宗教神学进行了改造。

他觉得社会变动不是由上帝主宰的，也不是鬼神主宰的。

他提出了一个新的理念"德"，这在当时是一重大的理论突破。

在当时的社会里，"德"就是要爱民，要重视人的生命价值。统治者不能一味讲暴力，惨杀。

古文《尚书 · 泰誓上》中有一句著名的话："惟人万物之灵。"

《大传》曰:“灵,神也。天地所生惟人为贵。”这可以说是中国最早的以人为本,以人为贵的思想,这也可以说是古代中国最早提出的人文精神。

“德”字的提出,与天有关。统治者只有讲德,才会得到老天爷的帮助。如果不讲德,老天爷也不保佑他。

“德”的提出又与民有关,统治者只有以民为本,实行裕民政治,才能得到老百姓的拥护,这样,老天爷也会保佑你。只有有德的人才能登上君王的宝座,才有权管理一个国家。

“敬德保民”的思想在《尚书》中占重要地位。但周初统治者除了提出以德治国外,又提出“明德慎罚”。《尚书》最早就提到了“以德治国”和“依法治国”。

五、《尚书》的内容举要

《今文尚书》二十九篇。上起唐虞,下迄春秋时的秦缪公。计有:

《虞书》两篇:《尧典》和《皋陶谟》。

分别记尧、舜、大禹、皋陶和伯益的言行,内容涉及历法、巡狩、刑法等。

《夏书》两篇:即《禹贡》和《甘誓》。

前者记禹治洪水及划分九州的事,后者记夏启伐有扈战于甘的誓辞。

《商书》五篇:《汤誓》为汤伐桀的誓辞,《盘庚》为盘庚迁都的诰辞,《高宗肜日》即武丁祭成汤、祖己训王之辞,《西伯戡黎》记文王灭黎,祖伊奔告于纣之事,《微子》记箕子、比干劝微子离开商都之事。

《周书》十九篇：

即《牧誓》，此为武王伐纣，战于牧野的誓辞；《洪范》，记箕子告武王以天锡"洪范九畴"于禹的事；《金縢》，记武王有疾，周公请以身代的事；《大诰》，记管叔、蔡叔及武庚叛周，周公东征的诰辞；《康诰》，记封康叔的诰辞；《酒诰》，记周公告诫康叔的话；《梓材》，记周公告诫康叔的为政之道；《召诰》，记周公归政、周、召经营洛邑之辞；《洛诰》，洛邑建成后，周公告诫成王之辞；《多士》，记迁殷的遗民，从而诰之的话；《无逸》，周公历举殷代诸王及文王享国的长短，以告诫成王的话；《多方》，记成王灭奄以后，归诰多方之辞；《君奭》，记周公摄政时告诫召公之语；《立政》，记周公执政后告诫成王之语；《顾命》，记成王将崩，命召公、毕公率诸侯相康王的遗嘱；《费誓》，记徐戎淮夷并为鲁患，鲁侯征之于费的誓辞；《吕刑》，记吕侯以穆公之命，改定刑法，布告天下之辞；《文侯之命》，记平王锡晋文侯以秬鬯圭瓒的文告；《秦誓》，记秦穆公伐晋大败于殽，悔过自咎的话。

《古文尚书》多十六篇：

即《舜典》、《汨作》、《九共》、《大禹谟》、《弃稷》、《五子之歌》、《胤征》、《汤诰》、《咸有一德》、《典宝》、《伊训》、《肆命》、《原命》、《武成》、《旅獒》、《毕命》。

《伪古文尚书》多二十五篇：

即《大禹谟》、《五子之歌》、《胤征》、《仲虺之诰》、《汤诰》、《伊训》、《太甲上》、《太甲中》、《太甲下》、《咸有一德》、《说命》上、中、下，《泰誓》上、中、下，《武成》、《旅獒》、《微子之命》、《蔡仲之命》、《周官》、《君陈》、《毕命》、《君牙》、《冏命》。

六、如何读《尚书》

《尚书》难读，也不难读。怎么入门呢？苏渊雷先生认为当代中国研究《尚书》比较深的是顾颉刚。他说："在《尚书》今译本（顾颉刚从事整理翻译有年）还没有出来之前，我想，读《尚书》最好和《史记》有关各篇结合起来读。"[①]这样比较好读。

王国维说，用《尔雅》作工具书，才能读懂《尚书》。

特别是清代乾嘉时期，出现了朴学家，擅长文字训诂，对典章制度做了详细的考证，也出了几本研究《尚书》的书。

皮锡瑞等很多清代的学者对《尚书》作了翻译、解释。皮氏说："治《尚书》当先看孙星衍《尚书今古文注疏》"，此书集清代《尚书》研究之大成。

近代有周秉钧的《尚书易解》，是一部普及与提高相结合的《尚书》注释本。

语录精华

纳于大麓，烈风雷雨弗迷。

——《尚书·尧典》

非知之艰，行之惟艰。

——《尚书·说命中》

民惟邦本，本固邦宁。

——《尚书·五子之歌》

---

① 苏渊雷：《读史举要》，黑龙江人民出版社1981年10月版，第62—63页。

天视自我民视,天听自我民听。

——《尚书·泰誓》

民之所欲,天必从之。

德惟善政,政在养民。

——《虞书·大禹谟》

能自得师者王,谓人莫己若者亡。好问则裕,自用则小。

——《商书·仲虺之诰》

玩人丧德,玩物丧志。

——《周书·旅獒》

皇天无亲,惟德是辅。民心无常,惟惠之怀。为善不同,同归于治。为恶不同,同归于乱。

——《周书·蔡仲之命》

必有忍,其乃有济。有容,德乃大。

——《周书·君陈》

第三章 《三 礼》略 说

一、礼的源起与演变

礼仪的原型是祭神仪式。《礼记·礼运》说:“夫礼之初,始诸饮食,其燔黍捭豚,汙尊而抔饮,蒉桴而土鼓,犹若可以致敬于鬼神。”

荀子说:“礼起于何也? 曰:人生而有欲,欲而不得,则不能无求;求而无度量分界则不能不争;争则乱,乱则穷。先王恶其乱也,故制礼义以分之,以养人之欲,给人之求,使欲必不穷乎物,物必不屈于欲,两者相持而长,是礼之所起也。”①

中国古代礼制起源于祭祀。所谓祭祀,便是崇拜鬼神的一种仪节。由崇拜鬼神的仪节做礼,推广而称一切的仪节为礼,礼的含义便扩大而无所不包。

“礼”原是宗教祭典上的节文,以示参加祭典者的上下尊卑关系。同时又用乐舞仪程等“礼”以表现对祖宗神灵的敬重。

周人代殷后,除继续沿用天命、神道作统治之具外,又特别强调人事,将礼的作用从祭典的仪制引申、扩大为社会等级制度和道德规范。②

---

① 《荀子·礼论》。

② 冯天瑜著:《中华元典精神》,上海人民出版社 1994 年 5 月版,第 66 页。

殷周之际，出现制度的大变化。《礼记·表记》上说："殷人尊神，率民以事神，先鬼而后礼，先罚而后赏，尊而不亲；其民之蔽，荡而不静，胜而无耻。周人尊礼尚施，事鬼敬神而远之。"

殷制是尊神敬鬼的制度，而周制是虚置鬼神尊重人间等级次序的礼制。它通过繁复的仪法和固定的样式，定名分、成制度，规定人们在社会生活各个领域所必须恪守的准则。

"古代的礼乃是一种宗法制度与宗法观念的产物，而宗法实际上是以血缘远近亲疏区分身分、等级高低的社会形式。它以嫡庶为横线、父子为纵线、夫妇为辅线，扩展而至家族、宗族乃至国家，构成一个亲疏有别、等级有差的社会。而这一社会必须遵循的道德伦理规范、行为言语准则以及习俗制度仪式，便叫做礼。"[①]于是，礼就从殷商的宗教之礼转化为西周的人文之礼。这又得归功于周公的"制礼作乐"。

礼原是法的前身，故法起而礼废。礼法都是消除破坏社会秩序的动力的法则，但礼则行之未然之先，法则施之既然之后，前者为积极的，后者为消极的。由春秋及春秋之前的礼治，一变而为战国及战国以后的法治，这是世道人心、社会制度的一大变化，也是历史发展之必然趋势。

或以礼为野蛮民族迷信心理的遗留，是神权时代的产物，法是文明国家科学头脑的表现，是人权时代的产物。前者是退化的，后者是进化的。如果是这样，礼似乎又不值得我们再去注意了。

中国古代提到礼的书不少，但真正记载古礼、阐释古礼的重要典籍不多，周代的这种礼制在当时并没有留下系统的文献。而最

① 葛兆光著：《中国经典十种》，上海书店出版社 2002 年 8 月版，第 95—97 页。

为人重视的是经过战国和秦汉儒生的搜集才编纂为先秦典章制度的三部大典，这就是《仪礼》、《周礼》、《礼记》。

二、什么是"三礼"

《三礼》是儒家的经典，是《周礼》、《仪礼》和《礼记》的合称。

梁启超论《三礼》说："《三礼》的名称，比较地发生得很迟，从前并没有。东汉末，郑玄注《周礼》、《仪礼》、《礼记》，才合称《三礼》。即现行《十三经》的三书是。"①

汉代的"六艺"只有《礼古经》，又名《士礼》，凡十七篇，到东汉才改称《仪礼》。严格地说，《仪礼》与《周礼》是经，而《礼记》是"记"，是解释《仪礼》的，"记"即"传"，可与经对立而不可称经。

《三礼》可分三部：《周礼》一部；《仪礼》一部；《礼记》则包括《大戴礼记》和《小戴礼记》，目为一部。但是，它们是不可同等看待的。

儒家《六经》中的所谓礼经，指《仪礼》。而《礼记》则半释《仪礼》，半为通论。《仪礼》所述之礼仪正是儒学意义的载体。

至于《礼记》中的《冠义》、《昏义》、《祭义》、《射义》、《乡饮酒义》、《燕义》、《聘义》等是对《仪礼》意义的直接阐释，而《曲礼》、《礼运》、《大学》、《中庸》等也是对《仪礼》意义的精神发挥。因此，严格地说，《礼》只有二，就是《仪礼》、《礼记》。

《周礼》一书，又名《周官》，只是说周代的官制。学者一般认为较为晚出，但也在一定程度上反映了周代的礼制。

---

① 陈引驰编校：《梁启超国学讲录二种》，中国社会科学出版社 1997 年 6 月版，第 227 页。

三、“三礼”之名起于何时

在西汉今文经学立于学官的“五经”中，与《诗》三百零五篇，《书》今文二十八篇，《易》的《卦辞》、《爻辞》、《象辞》、《彖辞》，《春秋》相并列的《礼》，仅指《仪礼》十六篇（汉初所说的《礼》，是指十七篇的《仪礼》）。

东汉末年郑玄（127—200 年）并注《周礼》、《仪礼》、《礼记》三书，他将《周官》看作是礼的一种，为方便计，就将《仪礼》、《礼记》、《周礼》称《三礼》。“三礼”之名始流行于世，都被作为经书。习惯上这三部礼书为“三礼之学”。

后来儒家扩大经的范围，《三礼》就先后被列入“七经”、“九经”、“十二经”、“十三经”之中。

在“三礼”之中，经学家尤其看重《周礼》。推为“三礼”之首。

四、《三礼》的作者与成书时代

（一）《周礼》

本书在汉初，原名称《周官》（始见《史记·封禅书》），又称《周官经》、《周官礼》（见《汉书·艺文志》颜师古注）。将《周官》之名改称《周礼》，始于刘歆，是西汉早期发现的先秦古文经。

孔子所传之“礼”是讲礼节仪式的“礼”，《周礼》原名《周官》，其内容是以官制为框架，包括兵制、刑制在内的一整套政治制度。郑玄将《周礼》提升为“三礼”之首时，他把传统的礼学改革为政治制度之学。

此书是周朝官制及战国时列国制度的汇编，每有儒家政治理想添附其间，古文经学家推重此书，以为周公制作，刘歆首创此说。

《周礼》是谈政治制度的书①，是我国上古时代一部唯一的系统地讲各种官制和政治制度的书。既讲社会经济制度、政治法律制度，也讲古代的社会行为规范和仪礼。《周礼》一书，又是一部专讲国家行政组织法的书。

研究《周礼》可以考见古代社会的典章制度、等级和阶级的构成，以及古代的社会文化和风俗习尚。

相传西汉时期河间献王刘德将他从民间搜集来的这部古书，献给朝廷。西汉后期，刘向、刘歆整理秘府图书，发现此书。王莽摄政，以周公自比，模仿周制，任刘歆为国师，刘歆始改名为《周礼》，被当作国典，立博士。亦称《周官经》。

贯穿《周礼》的核心思想就是将一切制度化，而统摄这些制度的就是《周礼》作者理想中的礼和法，其中重要的有官职制度、军事组织形式、社会基层组织形式、国家财政赋税、土地人口、社会保障等，这些礼法制度，其中包括周代理想的经济制度和政治制度，后来又为历代改革和变法所效法。

从西汉末年起，此书作为儒家经典，是读书人必读之书，也是历代士大夫治国平天下的理想蓝图。

王莽推行他的新政，就以此书作为政治制度或经济制度的蓝图；北朝西魏宇文泰执政，也以《周礼》为蓝图组织政府机构，并实

---

① 文史知识编辑部编：《经书浅谈》，金景芳：《周礼》，中华书局 1984 年 7 月版，第 42 页。

现授田制。唐玄宗也仿《周礼》制《开元六典》。北宋王安石变法也取法《周礼》,并作《周官新义》。他们都把《周礼》作为政治经济改革的依据。

直到明清两代,政治机构的设置仍然参考《周礼》,中枢机构的设置还基本承袭《周礼》的六官设立六部。

1.《周礼》作者与成书年代

《周礼》作于何时?自汉以来,众说纷纭。古文经学家说,《周礼》是西周初年周公"制礼作乐"的作品。刘歆、郑玄也认为是周公所作。郑玄注《周礼》,于首句"惟王建国"下说:"周公居摄,而作六典之职,谓之《周礼》。"今文经学家说,《周礼》不是周公所作,而是刘歆之伪作。

还有认为是作于战国时代的。其理由是:《汉书·艺文志》已经有《周礼》一书的记载,参证其中内容,多有战国事迹,故以上两种说法都不能自圆其说。如东汉何休提出成书于战国时期。宋人苏轼则直指其为战国作品,以为"其言五等之君,封国之大小,非圣人之制也,战国所增文也"。清代毛奇龄、皮锡瑞亦从此说。近人研究也多从战国之说。这几种说法一直争论到清代。

总之,《周礼》一书是战国时代的作品。其中一部分反映西周以来的历史传说,周秦青铜铭文所载官制与《周礼》也基本吻合,也有一部分反映了战国到秦汉间学者的社会理想,此书为战国时作品大致可信。

本书的确保存和采用了古老的史料。书中的官职名称与出土的西周钟鼎铜器铭文有所不同,但也有与西周、春秋制度相一致的。这本古书,使用古老的语言记述古老的制度,至今研究西周史和西周考古,还得从中寻找史料和佐证。

2.《周礼》体例和内容

《周礼》分《天官冢宰》、《地官司徒》、《春官宗伯》、《夏官司马》、《秋官司寇》、《冬官司空》六篇。西汉时,河间献王刘德得《周官》,其中独缺《冬官》一篇,即以《考工记》相补,即今之通行本。后来刘歆校理群书,才将此书编入经籍,叫《周官经》。

但是,有人怀疑这部书不是古本,大约是战国时人根据战国前的行政制度写成的。其内容多少也包含了古代事实上的一些制度。

《周礼》六官所记,基本上是西周历史条件的各种现实的政治制度。金景芳说:"《周礼》的价值就在于它是宝贵的历史资料。我们研究古代史,论证一些问题,都可加以利用,以期把历史变成科学。这样,我看它就是无价之宝。"①

就内容而言,书中有一部分职官及其职掌和西周旧制相吻合,也有一部分思想材料是战国时代的,但也有一部分材料所记述的职官、政治、经济制度,在西周、东周、战国都没有实行过,可见是儒家的理想化的政治经济体制的蓝图。

中国古代的礼和法,原是一个事物的正反两面,家国也只是半径不等的同心圆。家族、宗族靠礼维持,靠家法、族法、宗法维持。国家维持靠国法,但也可以说是放大了的家法、族法、宗法。

中国古代国家组织在职司、等级与职能上,分得很清;在天子的周围建立一个等级分明、职司清晰的官僚机构,各类官员各守本分,各尽其职,使国家保持正常运转。

东汉班固提出的"诸子出于王官说"。"诸子"与"王官"的联系,可从《周礼》中找到根据。《周礼》的职官职掌内容分别体现了

---

① 文史知识编辑部:《经书浅谈》,金景芳:《周礼》,中华书局 1984 年 7 月版,第 49 页。

先秦诸子的许多政治思想和主张。

如《周礼》中有许多讲“天人合一”、“阴阳流转”的阴阳家思想，也有许多讲政治法典化、富国强兵、依法治国、注重刑赏的法家思想，还保存许多关于“分封制”、“井田制”、崇尚德治礼教和礼乐文化儒家思想。

总之，《周礼》的核心思想是注重制度建设，注重礼法，记载了古代历史上存在过的制度，也提出了理想的政治制度，对后世政治制度和变法革新起过借鉴作用。[①]就《周礼》书中的政治制度而言，可以说是古代中国理想国的完美蓝图。

3.《周礼》中的六官

《周礼》一书的思想总纲是：“惟王建国，辨方正位，体国经野，设官分职，以为民极。”其所讲的国家官职机构可分六部，又称六官。其官职以六卿为首，将天、地、四时和六大官属相联系，构成国家行政机构体系。

天官其首领为冢宰，天官是部名。冢宰，是本部首长的泛称，亦即太宰，“掌建邦之六典，以佐王治邦国”，也就是执掌国家六部法规，协助君王治理国家。这六部法规是：

治典“以经邦国，以治官府，以纪万民”。

教典“以安邦国，以教官府，以抚万民”。

礼典“以和邦国，以统百官，以谐万民”。

政典“以平邦国，以正百官，以均万民”。

刑典“以诘邦国，以刑百官，以纠万民”。

---

① 参见姜广辉主编：《中国经学思想史》第二卷，《政治经典与经典政治：周礼与古代理想政治》第231—273页。

事典“以富邦国,以任百官,以生万民”。

这六典除治典归天官主管,其他五典依次各归地官和春夏秋冬四官分管,而由天官总摄。

冢宰“内统百官,外均四海”,率领僚属总管国家行政,辅佐君王,协调全国事务,相当于后世之宰相(或现在的首相、国务卿)。也有说,相当于后世的吏部尚书。

地官其首领为大司徒,掌一国的土地、户口、教育、救灾、农林牧业及地方行政,布五典,安兆民,相当于后世之户部尚书。或现在的经济部长、农业部长、土地部长。

春官其首领为大宗伯,主管祭典、朝会、舞乐、卜筮、天文、历法、车马、仪仗,掌邦礼,治神人,和上下,相当于后世之礼部尚书。

夏官其首领为大司马,主管军务、警备、武器、军功、田猎、巡视等武备工作,掌管邦政,统领六帅,平定邦国,相当于后世之兵部尚书。

秋官其首领为大司寇,主管刑法、诉讼、治安、法务,掌邦禁,诘奸慝,刑暴乱,相当于后世之刑部尚书。

冬官其首领为大司空,掌邦土,居四民,时地利,相当于后世之工部尚书。

《礼记》的《王制篇》也讲官制,和《周礼》大致差不多。我国历代官制,多半参考这办法,满清政府的吏部、户部、礼部、兵部、刑部、工部,就是六官制度。

(二)《仪礼》

“仪礼”的原型是祭神仪式,《说文 · 示部》:“礼,履也,所以事神致福也。从示从豐。”

到西周时代,礼字语义的扩大才成为典礼的通名。《仪礼》形诸文字是在东周。但“仪礼”的具体细节,早在成书前就有了。经过长期行用，逐渐充实而定型，后来才整理成书。

《仪礼》古称《礼》，汉武帝设置《五经》博士，其中的《礼经》即指《仪礼》，主要讲士大夫阶层的礼，故又称《士礼》，它是春秋、战国时代部分礼制的汇编。

《仪礼》的内容是冠、昏、丧、祭、朝、聘、燕享等等典礼的详细仪式，主要讲人从小到大应当注意的各种规则，家族活动必须遵循的各种行动仪节，官场应酬应该依照的各种次序，以及各种礼器的陈设，宫殿、弁冕、牲醴的制度等。从中可以明白封建贵族的繁文缛节，可以考见古代宫室、舟车、衣服、饮食等日常生活，以及宗教信仰、亲族制度、政治组织、外交方式等。

1.《仪礼》的作者与成书

一说周公，一说孔子。其所记的礼，以“士礼”为独详，故亦名《士礼》。《仪礼》原有两种本子，一种是汉高堂生所传，是今文①；一种从孔宅壁中得来，是古文。东汉郑玄合并两种本子，这就是现在流行的《仪礼》。古文派说，本书是周公作。

此书共十七篇，传世的有戴德本、戴圣本、刘向《别录》本，篇次排列不一，而刘向《别录》本为郑玄所注，流行于世。

今天的通行本，即郑玄所注《别录》本，唐·贾公彦作《疏》，后来列为《十三经注疏》之一，在诸经中此书讹脱最多。

《仪礼》是儒家传习最早的一部书。《史记》、《汉书》都认为出自孔子。孔子自幼好礼。他编辑的礼，是传授给弟子们的一项重要课程。

① 《汉书·艺文志》：“汉兴，鲁高堂生传《士礼》十七篇。”这是今本《仪礼》的最早来源。

《史记·孔子世家》:“孔子之时,周室微而礼乐废,《诗》、《书》缺。追迹三代之礼,序《书传》,上纪唐虞之际,下至秦缪,编次其事。曰:‘夏礼吾能言之,杞不足征也。殷礼吾能言之,宋不足征也。足,则吾能征之矣。’观殷夏所损益,曰:‘后虽百世可知也,以一文一质。周监二代,郁郁乎文哉!吾从周。’故《书传》、《礼记》自孔氏。”《汉书·儒林传》上说,孔子“论《诗》则首《周南》,缀周之礼”。司马迁说,《礼记》自孔子。班固说,孔子把周代残留的礼采缀成书。

2.《仪礼》的篇次与内容

据郑玄的《三礼目录》记载,戴德、戴胜的《仪礼》之传本的篇次与刘向所定的篇次不同。比较起来戴德传本的篇次较合理。

清代邵懿辰《礼经通论》里说:“冠、昏、丧、祭、射、乡、朝、聘八者,礼之经也。冠以明成人,昏以合男女,丧以仁父子,祭以严鬼神,乡饮以合乡里,燕射以成宾主,聘食以睦邦交,朝觐以辨上下。”他还是赞同戴德传本篇次的。

《仪礼》共十七篇,其次第如下:

《士冠礼》第一:士阶层中的男子二十岁成年举行加冠的仪礼。

《士昏礼》第二:士在家长主持下,议婚、结婚的程序和仪式。

《士相见礼》第三:贵族之间首次带礼求见和回拜对方的仪礼。

《乡饮酒礼》第四:古代社会基层乡里为明长幼之序,举行的敬老尊贤的酒会礼仪。

《乡射礼》第五:乡里举行射箭比赛大会的礼仪,通过礼仪的训练,培养人的品德。

《燕礼》第六:诸侯宴请大臣举行酒会的仪节。

《大射》第七:国君主持各级诸侯参加的射箭比赛大会仪节。

《聘礼》第八:国君诸侯去他国礼节访问的仪节。

《公食大夫礼》第九:国君举行宴会招待各国外交官员的仪节。

《觐礼》第十:诸侯朝见天子的仪节。

《丧服》第十一:对死去的亲属按远近亲疏在丧服和服期上各有差别对待的礼节。

《士丧礼》第十二、《既夕礼》第十三:记载低级贵族从死到葬的一系列仪节。

《士虞礼》第十四:士埋葬父母回家所举行的安魂礼。

《特牲馈食礼》第十五:士家庙祭祖礼。

《少牢馈食礼》第十六、《有司》第十七:大夫家庙祭祖礼。

这十七篇的次序有它的内在联系,依次为结婚、社交、集体活动、公务活动、去世、死后。这冠、昏、丧、祭、射、乡、朝、聘诸礼都是为道德而设,通过具体的礼仪活动体现人际交往所遵循的道德原则,也可以说是法律原则。

《礼记·经解》中说:“故朝觐之礼,所以明君臣之义也;聘问之礼,所以使诸侯相尊敬也;丧祭之礼,所以明臣子之恩也;乡饮酒之礼,所以明长幼之序也;婚姻之礼,所以明男女之别也。夫礼,禁乱之所由生,犹坊止水之所自来也。故以旧坊为无所用而坏之者,必有水败;以旧礼为无所用而去之者,必有乱患。”

总之,有关于成年礼、婚礼、丧礼、祭礼、宴饮礼、朝聘礼等各种礼仪的具体规定,涉及人的精神成人、家庭生活、政治生活、宗教生活的各个方面,天子、诸侯、卿、大夫、士都要严守其制,各安于位,不得僭越。

人们从幼年到长大成人,不断地在演礼、习礼的反复社会实践中,不知不觉养成个人在人际交往中的良好品德,所谓“百姓日用而不知”,说的就是这个意思。

旧说《仪礼》为周公制作,孔子订正,近人以书中丧葬制度与考古发掘相比较,认定该书成于战国初中期。读《仪礼》可窥见远古礼俗的外壳。因此有人认为已无实践之价值,只有史料价值。其实,作为古时的礼仪节文,确已过时,但是,礼在调节社会矛盾、构建和谐社会方面的功能则是不变的。

(三)《礼记》

《礼记》或称《戴记》,或称《小戴记》,原为汉朝初年河间献王从民间抄来献给朝廷的。后来刘向校阅政府藏书,又发现几种,合起来原有二百十四篇,后由戴德删节,成为八十五篇,称《大戴记》(有残本,不在十三经内)。

戴圣再删为四十篇,称《小戴记》,马融又增进几篇,合成四十九篇。这就是现在的《礼记》。它是先秦及秦汉之际各种关于礼治的一部论文选集。

《礼记》是对《礼经》经义的阐发。所谓“记”,指对经义的说明、补充和发挥。

《礼记》的作者是孔子弟子及再传、三传弟子,以至秦汉之际儒者,所谓“七十子后学者所记”①。

《礼记》是“记”,不是“经”。经学家把孔子及孔子以前的圣人(周公等)所著书称“经”,把孔子以后诸儒直接释“经”的书称“传”,把孔子以后儒者间接发挥经义的论文称“记”。

汉初,由叔孙通、戴德、戴胜等人编辑的解释《仪礼》文章,是后儒间接阐发的经义,故称“记”而不能称为“经”或“传”。这《礼记》

---

① 《汉书·艺文志》班固自注。

中的许多文章至今仍放射着耀眼的光辉，是儒家思想宝库中的珍贵遗产。

《礼记》四十九篇共分五类：

1．礼记通论

《礼运》是政治学论文，提出以礼治为中心的国家政治制度的理想。《学记》是儒家教育学的论文；《乐记》是文艺论文，探讨音乐的起源和作用；《经解》是经学论文，论述六经的教学目的；《儒行》是德育论文，论述对儒者品格和行为的基本要求；《中庸》是哲学论文，论述儒家的道德准则和思想方法；《大学》是哲学论文，论述儒家的修身、齐家、治国、平天下的人生哲学。

2．诠释《仪礼》的专篇

其中有《冠义》、《昏义》、《乡饮酒义》、《射义》、《燕义》、《聘义》、《丧服四制》。

3．记孔子言行及孔门杂事

《孔子闲居》、《仲尼燕居》、《檀弓》、《曾子问》等。

4．古代礼仪制度，并加以考证

《王制》、《曲礼》、《玉藻》、《明堂位》、《月令》、《礼器》、《郊特牲》、《祭统》、《祭法》、《大传》、《丧大记》、《丧服大记》、《奔丧》、《问丧》、《间传》、《文王世子》、《内则》、《少仪》等。

5．古代格言记录

《曲礼》、《少仪》、《内则》、《儒行》之一部分内有大量日常生活的仪节和行为规范，从中可以了解古代贵族家庭的内部关系。

如："傲不可长，欲不可纵，志不可满，乐不可极。"①"生有益于

---

①　《礼记·曲礼》。

人,死不害于人。”[①]等等。

五类中以礼记通论最有价值,最重要最精彩。含有丰富的儒家思想史料,是研究战国秦汉时期儒家思想的主要典籍,可以认清礼的性质、意义和作用。兹列举如下四篇:

(1)《礼运》

孔子的理想国《礼运》把儒家的政治理想社会,划分为“小康”的初级阶段和“大同”的高级阶段,它们既互相联系,又互相区别,“小康”是建设“大同”世界的必要前提,“大同”是建设“小康”社会的必然结果。

在“小康”社会的初级阶段中,“天下为家”,“货力为己”,财产和权力可以继承,所谓“大人世及以为礼”,就是这个意思。在“小康”社会的初级阶段中,还要建立一定的制度,用爵禄来奖励对国家有功的人,用刑罚来惩处危害社会的犯罪行为,用礼义来规范人们的言行,这就叫做“以贤勇智,以功为己”,“刑仁讲让,示民有常”。

到了“大同”的高级阶段,全社会以“天下为公,选贤与能,讲信修睦”来管理国家,要“老有所终,壮有所用,幼有所长,矜寡孤独废疾者,皆有所养”。这时,社会的物质财富丰富,社会的保障体系完整,群众素质极大的提高,“货恶其弃于地也,不必藏于己;力恶其不出于身也,不必为己”。人与人之间,以诚信相待,没有尔虞我诈,没有盗窃乱贼,到处是一片和平繁荣的景象。

这样一幅从“小康”到“大同”的政治蓝图,在两千多年以前就被孔子和孔子后学绘制出来,这不能不说是我们民族的骄傲!

---

① 《礼记·檀弓上》。

康有为依据《礼运篇》写了《大同书》,孙中山以"天下为公"作为自己的座右铭,邓小平提出把"小康社会"作为中国人民近期的奋斗目标。这一切说明孔夫子在《礼运篇》中所绘的政治蓝图,是具有强大生命力的。

《礼记》中还有不少的精华,可以作为我们吸收的养料、借鉴的明镜。这些,都是儒家思想宝库中的珍宝,是值得继承和发扬的,对于我们今天建设现代文明社会具有重要参考价值。

(2)《学记》

《学记》是我国和世界第一部最系统最深刻的教育理论著作。它开宗明义地提出"君子如欲化民成俗,其必由学乎"和"建国君民,教学为先"的重大教育方针,把教育的作用,提升到"化民成俗"、"建国君民"的高度,无论是提高人民素质,树立良好的社会风俗,建设强大的国家,都必须把国民的学习和教育放在首要的地位。

《学记》以较多的篇幅论述了教学的原则和方法,提出"教学相长"、"学不躐等"、"官先事,士先志"、"藏焉修焉、息焉游焉"、"师严道尊"、"善譬善喻"、"善问善答"等原则。

它从"教"和"学"两个方面提出不同的要求,认为"学然后知不足,教然后知困"。只有认识到自己的"不足",才会懂得学习的必要性;只有知道自己在指导别人方面还有一些困难,才会自强不息,不断扩大和加深自己的知识领域,这就叫做"学(教)学半"。意思是一半是教育学生,一半是提高自己。

古之学校,家有塾,党有庠,术有序,国有学。所谓"一年视离经辨志,三年视敬业乐群,五年视博识亲师,七年视论学取友,谓之小成。九年知类通达,强立而不反,谓之大成"。

它把从家塾到国学(国都所设之大学)九年的学习过程,划分为“小成”和“大成”两个阶段。只有学完九年的全部课程,才达到“大成”阶段。“夫然后足以化民易俗,近者说服而远者怀之。此大学之道也。”两个阶段既有联系,又有区别。不能把“大成”阶段的要求提前在“小成”阶段去完成,这就叫做“学不躐等”。

通观《学记》全篇,主要讲的是我国古代的大学精神。先说什么是“大学之道”,然后依次讲明何谓“大学始教”,何谓“大学之教”,何谓“大学之法”,何谓“大学之礼”。

《学记》赋于教师以崇高的地位。这是由于教师对国家和社会有重要作用:“凡学之道,严师为难。师严,然后道尊……大学之礼,虽诏于天子,无北面,所以尊师也。”

对学生要求要严,只有这样,才使他们“安其学而亲其师,乐其友而信其道”。提高他们的素质,规范他们的行动,使之成为有用的人才,这样才能捍卫“师道”的尊严。

教师在教学中,要善于启发,就近取譬,深入浅出,才能收到“相悦以解”的教学效果。《学记》中还提出:“君子知至学之难易,而知其美恶,然后能博喻。能博喻,然后能为师。”又提出学生要“善问”,教师要“善待问”。“善问者如攻坚木,先其易者,后其节目。”才不至于“师勤而功半”。“善待问者如撞钟,叩之以小者则小鸣,叩之以大者则大鸣。待其从容,然后尽其声。”作为教师的,不应该问小而答大,或者问大而答小,或者偶有所问,便倾箱倒箧地说出来,不管他是否能够接受,都是无益于学的。

这些原则,直到今天,仍然是可以借鉴的。

(3)《乐记》

我国古代的儒家的音乐理论,美学价值很高。它首先阐明了诗歌、音乐、舞蹈是三位一体的。

诗、乐、舞，都是“感于物而动”的结果，形于言则为“诗”，发为声则为“乐”，见于手舞足蹈便是“舞”。卫宏《毛诗序》说：

诗者，志之所之也。在心为志，发言为诗。情动于中而形于言，言之不足，故嗟叹之；嗟叹之不足，故永歌之；永歌之不足，不知手之舞之，足之蹈之也。

诗、乐、舞，都是一种感情的抒发。人有喜、怒、哀、乐的感情，抒发出来的音也各不相同。《乐记》又提出了音乐与感情的关系：

凡音之起，由人心也。人心之动，物使之然也。感于物而动，故形于声。声相应，故可变；变成方，谓之音，此音而乐之，及干戚羽旄，谓之乐。

乐者，音之所由生也，其本在人心之感于物也。是故其哀心感者，其声噍以杀；其乐心感者，其声啴以缓；其喜心感者，其声发以散；其怒声感者，其声粗以厉；其敬心感者，其声直以廉；其爱心感者，其声和以柔。六者非性也，感于物而后动。

音乐的变化，源于感情的变化。只有净化人的心灵，美化人的感情，才能唱出高雅的音乐。

音乐又和时代的兴衰、政治的良窳有着十分密切的关系：

凡音者，生人心者也。情动于中，故形于声。声成文，谓之音。是故治世之音安以乐，其政和；乱世之音怨以怒，其政乖；亡国之音哀以思，其民困。声音之道，与政通矣。

《乐记》在阐明礼、乐、刑、政的关系时说：“礼以道其志，乐以和其声，政以一其行，刑以防其奸。礼、乐、刑、政，其极一也，所以同民心而出治道也。”

又说：“乐者为同，礼者为异。同则相亲，异则相敬。”指出礼的作用在于区分贵贱，造成下对上的敬畏；而乐的作用则是和同上下,造成上下间情感的沟通。从发生学角度而言,“乐由中出,礼自外作”,礼乐的配合就将外在的社会规范与内在的情感精神的呼应结合起来。

又说:“是故审声以知音,审音以知乐,审乐以知政,而治道备矣。”

从音乐中,可以察知政治的得失,风俗的美恶,人心的向背。故曰“乐”可以“通伦理”,可以“化民俗”,可以“节礼制”,可以“和民声”。先王制礼作乐,“非以极口腹耳目之欲也,将以教民平好恶,而反人道之正也”。

把“乐”的作用,提到这样的高度来认识,说明我国在两千多年以前,已经建立了自己的完整的音乐理论体系。

《乐记》不只是讲音乐,更是讲礼乐文明,讲移风易俗,陶冶人心,归根结底,是在讲如何构建和谐的家庭,和谐的社会。《乐记》上说:“礼节民心,乐和民声。”“大乐与天地同乐,大礼与天地同节。”“乐者天地之和也,礼者天地之序也。”

宋程伊川说:“礼只是一个序,乐只是一个和,只此两字含蓄多少义理。”

朱光潜说:“这和与序两个观念真是伟大。”亚里士多德说,人生最高目的是幸福,幸福就是不受阻挠,即自由,也可解作自由,和谐。朱光潜说:“与其说自由,不如说和谐。因为自由会发生冲突,而和谐乃化解冲突后的自由。和谐又是个人修养的胜境。”①

内心和谐,身心才健康,才是善人,幸福之人。社会也如此,一

---

① 参见朱光潜:《乐的精神与礼的精神:儒家思想系统的基础》,引自《释中国》第二卷,上海文艺出版社 1998 年版,第 1236—1256 页。

个幸福的社会必定是一个无争无怨、和睦互助的社会。和是个人修养与社会文明的胜境，为达到这一胜境，就要讲序。

乐自中出，礼自外作。乐自中出故静，礼自外作故文。

礼者殊事合静者也，乐者异文合爱者也。

仁近于乐，义近于礼。乐是情感的流露，意志的表现，使人表达情感，宣泄忧闷；礼是行为仪表的纪律，制度是人为的条理，可以调节人的行为。乐是浪漫精神，礼是古典精神。乐在冲突中求和谐，礼在混乱中求秩序。乐引起同情的共鸣，礼分出等差的分际，乐之用在化，礼之用在别。由此可知，一个理想的人，或是一个理想的社会，乃至于一个理想的世界，必须具备乐的精神和礼的精神，才算完美。

(4)《儒行》

记哀公问儒行而孔子答之，列举儒者应有的十六种品性德行。

这十六种儒者品行培育了我国知识分子的特立独行，使之成为民族的脊梁，国家的精英，在强大的敌人面前，表现出至大至刚的民族气节和大智大勇的爱国精神。

我国历史上的许多民族英雄和爱国志士，都是这种精神培育出来的。至今仍然可以为社会主义精神文明的建设，为中华民族的国民素质教育提供学习的先进范式。

我们列举出儒者几种特立独行的品德：

儒有席上之珍以待聘，夙夜强学以待问，怀忠信以待举，力行以待取，其自立有如此者。

从这里可以看到儒者的认真的人生态度，是如何注重自身的修养。自强不息，勤奋学习，以忠信之心，力行实践，立身处世，不患人不知己，只患自己不能自立。

儒有居处齐难，其坐起恭敬，言必先信，行必中正，道途不争险易之利，冬夏不争阴阳之和；爱其死以有待也，养其身以有为也。其备豫有如此者。

从这里可以看出儒者恭敬诚信，行为中正，极珍惜自己的生命，不冒险争利、不与命强争，不做无谓的牺牲，为的是有朝一日大有作为。

儒有不宝金玉，而忠信以为宝；不祈土地，而立义以为土地；不祈多积，多文以为富。难得而易禄也，易禄而难畜也。非时不见，不亦难得乎？非义不合，不亦难畜乎？先劳而后禄，不亦易禄乎？其近人有如此者。

这就是“儒者”的价值观。他们把“金玉”、“土地”、“积蓄”看得很轻，而把“忠信”、“道义”、“文章”看得很重；他们把进退出处看得很重，而把权力待遇看得很轻；他们先奉献后索取，先付出后报酬；他们对于非分之财，一介不取；千钟之禄，非义不受。在市场经济时代，特别应当提倡这样的人生价值观。有了这种精神，便可以“拒腐蚀”，便可以“出污泥而不染”。

儒有委之以货财，淹之以乐好，见利不亏其义。劫之以众，沮之以兵，见死不更其守。鸷虫攫搏，不程其勇；引重鼎，不程其力。往者不悔，来者不豫，过言不再，流言不极，不断其威，不习其谋，其特立有如此者。

这就是“儒者”的生死观。你用“货财”、用“乐好”去引诱他，他“见利”而不“忘义”。你用暴力去劫持他，去威胁他，他“见死”也不改变自己的操守。这就是孔子所说的“三军可夺帅也，匹夫不可夺志也”[①]的坚贞气节，孟子所说的“威武不能屈，贫贱不能移，富贵

---

① 《论语·子罕》。

不能淫”的“大丈夫”气概[①]。

儒有可亲而不可劫也，可近而不可迫也，可杀而不可辱也。其居处不淫，其饮食不溽，其过失可微辨，而不可面数也。其刚毅有如此者。

这就是中国士大夫的气节。

在传统的中国社会，中华民族靠什么来维持社会的公正与正义呢？靠读孔孟经书的读书人，这批人是中国的脊梁，他们为了国家民族的利益，个人生死置之度外，他们刚直不阿，杀身成仁，冒死直谏，表现为一种大丈夫的气概。

儒有忠信以为甲胄，礼义以为干橹，戴仁而行，抱义而处。虽有暴政，不更其所。其自立有如此者。

他们以忠信待天下之人，行事必遵礼守义，坚持真理，即使受到强权的威逼、暴政的压迫，也决不低下自己独立思考的头颅，决不在为真理和正义而战的道路上后退一步！

这就是“儒者”的道德观。他口不离仁义之言，身不离仁义之行，“造次必于是，颠沛必于是”[②]；他用“忠信”、“仁义”作为武器，来对待和处理世间万事。哪怕遇到乱世之“暴政”，他也不会改变为人处世的基本原则。他甘于淡泊，安于清贫，“无私无畏”，故能“言必信，行必果，已诺必成”。

儒有一亩之宫，环堵之室，筚门圭窬，蓬户瓮牖，易衣而出，并日而食。上答之，不敢以疑；上不答，不敢以谄。其仕有如此者。

这是“儒者”的生活信仰。他安贫乐道，虽居“蓬户”“陋室”，衣

---

① 《孟子·滕文公下》。
② 《论语·里仁》。

着朴素,箪食瓢饮,他都毫不在乎。其为官还是坚持自己的人格,符合上级的心意,他也不受宠若惊;不符合上级的心意,他也绝不去阿谀奉承,以图一己之私利。他能廉洁奉公,坚持原则,不以权谋私,这就是儒者为“仕”作官的准则。

儒有今人与居,古人与稽。今世行之,后世以为楷。适弗逢世,上弗援,下弗推,谗谄之民,有比党而危之者,身可危也,而志不可夺也。虽危,起居竟信其志,犹将不忘百姓之病也。其忧思有如此者。

他们处今之世,却时时效仿古代的仁人君子,他们又是后世君子的楷模。如果生不逢时,上无英明领导的发现和提拔,下无明白事理的百姓的推选,却偏遇小人的结党营私诬蔑陷害,其身可危,其志不可夺也。那些愚民对不起他,他还是把老百姓放在心里。

儒有博学而不穷,笃行而不倦,幽居而不淫,上通而不困。礼之以和为贵,忠信之美,优游之法。慕贤而容众,毁方而瓦合。其宽裕有如此者。

他不断学习,身体力行,他在不得志、处于困难地位时,也不放纵自己,在通达君上、身处高层时,也守正道而称其职守,彬彬有礼,和风细雨,处事忠信,从容优雅。推举贤人,容纳众人,做人圆中有方,其心怀宽广有如此者,是也。

儒有内称不辟亲,外举不辟怨。程功积事,推贤而进达之,不望其报,君得其志。苟利国家,不求富贵。其举贤援能有如此者。

他们为国荐贤,不避亲朋,也不避仇人。事情办成,不求报答,只求有利国家,不求个人得到好处。其推举贤才选拔能人也是这样。

儒有澡身而浴德,陈言而伏,静而正之。上弗知也,粗而翘之,又不急为也。不临深而为高,不加少而为多。世治不轻,世乱不沮;同弗与,异弗非也。其特立独行有如此者。

他们处世洁身自好,保持自己的德行,他们向上陈言,平静而纯正,国君不理解,他继续提出又不急于求成。他对底层的百姓不自以为高贵,不夸大自己的功绩,盛世不踌躇满志,乱世不灰心丧气。不吹捧与自己观点相同者,不非议与自己观点不同的人,其独立人格有如此。

章太炎先生当年说:"社会腐败,至今而极,救之之道,首须崇尚气节。五代之末,气节扫地,范文正出,竭力提倡,世人始知冯道之可耻。……专讲气节之书,于《礼记》则有《儒行》。《儒行》所述十五儒,皆以气节为尚。"

章太炎以为,强敌压境,国人麻木不仁,不知图救,须首崇尚气节,范仲淹"先忧后乐",顾炎武"行己有耻"都是值得学习的,而"《儒行》所述十五儒,皆以气节为尚","任侠一层,与民族危亡非常相关","今欲卓然自立,余以为非提倡《儒行》不可"①。

从以上所举"儒"的操守,两千年来,对于中国知识分子有着极为深远而又巨大的影响,可见《儒行》一篇所提出的儒者的价值观、生死观以及立身出仕的原则,就是在今天对我们每一个先进的中国人仍然有着积极的人生指导意义。

五、"礼"的文化学价值

冯天瑜先生说:"三《礼》的学统本不一致,《周礼》为古文经学所

---

① 章太炎《国学之统宗》,《制言》第54期。

推重,《仪礼》是今文经学的经典,《礼记》的内容则兼采今古文。但自融汇今古文之学的东汉郑玄并注三《礼》以后,'礼学'方突破学派的门户之见,成为一种综合的、整体的学问,提供'礼教'的学说根基,这或许更切近周代礼治思想和先秦原始儒学论礼的本意。"①

儒家强调"礼"的重要性,主要是指《周礼》和《仪礼》说的。

如:"不学礼,无以立。"②

"礼也者,理也。"③

"礼也者,理之不可易者也。"④

"礼,人之干也,无礼,无以立。"⑤

这说明"礼"在儒家的心目中何等的重要!但在今天看来,无论是设官颁爵、分司建制的《周礼》也好,礼仪三百、威仪三千的《仪礼》也好,除了可以考知周代的某些名物制度外,大部分已经过时了,没有什么现实意义了。

但是礼的精神实质则是永恒的。

"礼"作为中国式社会规范的总称,从文化学角度观照三《礼》,可从典章制度的繁文缛节中,透见"礼"在文化上的精义。

三《礼》为我们提供了中国古代历史与文化的具体形象的资料,使我们明白古人的生活。为我们描绘出古代思想世界的图景。可以与现代民俗学的材料相印证,使我们看到从古代向现代转换的轨迹。

---

① 关于"礼"的文化学价值,此处多取冯天瑜说可参见冯天瑜著:《中华原典精神》,上海人民出版社 1994 年 5 月版,第 68—73 页。

② 《论语·季氏》。

③ 《礼记·仲尼燕居》。

④ 《礼记·乐记》。

⑤ 《左传》昭公七年。

(一)人类特有的文化现象

礼仪是人之所以为人而与动物相区别的本质属性,也是人类脱离自然界而走向文明的标志。

"礼义也者,人之大端也。"①

"凡人之所以为人者,礼义也。"②

"亲亲、尊尊、长长,男女之有别,人道之大者也。"③

"鹦鹉能言,不离飞鸟;猩猩能言,不离禽兽;今人而无礼,虽能言,不亦禽兽之心乎?夫唯禽兽无礼,故父子聚麀。是故,圣人作,为礼以教人,使人以有礼,知自别于禽兽。"④

总之,礼是"人道之始",是人禽之辨的分水岭,礼体现为人所独有的社会本质,也规定了人所赖以存身其间的社会关系的准则,有了"礼",也即有了文明制度,人才成其为人。

荀子说:"故人无礼则不生,事无礼则不成,国家无礼则不宁。"⑤

(二)"华夷之辨"的标志

先秦论礼者不仅把礼看作"人禽之辨"的分水岭,而且以礼区分民族性。《左传》载,平王东迁后,辛有在伊川看到当地人民在野外披发而祭,已经忘却礼制,于是大发感慨道:"不及百年,此其戎乎!其礼先亡矣。"⑥认为礼的沦丧便意味着华夏退返戎夷。

《左传》在考查华夷区别时,不从身材、发、肤等体质人类学角

---

① 《礼运》。
② 《冠义》。
③ 《丧服小记》。
④ 《礼记·曲礼上》。
⑤ 《荀子·修身》。
⑥ 《左传·僖公二十二年》。

度立论，而是以礼俗之异也即文化之别来分辨华夷，所谓“诸戎饮食，衣服，不与华同”①。

自先秦以来中国人并不以为民族性是固定不移的，而承认华夷可以易位，文野能够变迁，其准绳便是“礼”的存在与否及“礼”的精粗如何。

明清之际的王夫之对此有系统论述。以礼之有无、礼之高下鉴别民族的文野，是一种重文化超血缘的民族观念。中国人古来即有强烈民族意识，而又没有陷入种族主义，这与建立在“礼论”基础上的民族观念较早确立颇有关联。

（三）区分野蛮与文明社会的标志

“礼”藉助吉（祭祀礼）、凶（丧葬凶荒礼）、宾（朝聘过从礼）、军（行师动众礼）、嘉（宴饮婚冠礼）等种种具体的制度，确定各阶层的等级名分，从而建立社会秩序，这是文明社会区别于蒙昧社会和野蛮社会的所在。

三《礼》不厌其烦地规定各类“名”与“器”，以确立各级贵族的特权。

所谓“名”，指名分。

“夫名以制义，义以出礼，礼以体政，政以正民，是以政成而民听。”②

不同名分有各种不同的待遇，如在堂室地基的高度上，“天子之堂九尺，诸侯七尺，大夫五尺，士三尺”③。

在死亡的说法上，“天子死曰‘崩’，诸侯曰‘薨’，大夫曰‘卒’，

---

① 《左传·襄公十四年》。
② 《左传·桓公二年》。
③ 《礼记·礼器》。

士曰‘不禄’，庶人曰‘死’”[1]。

在配偶的称呼上，“天子之妃曰后，诸侯曰夫人，大夫曰孺人，士曰妇人，庶人曰妻”[2]。

在祭祀上，“天子祭天地，诸侯祭社稷，大夫祭五祀”[3]。

所谓“器”，指礼器，是显示名分等级的器具。

如“诸侯以龟为宝，以圭为瑞”[4]，又如鼎是象征国权的重器，鼎之大小、轻重，即显示国权之大小、轻重。

名与器是礼制的具体显现，不可紊乱，更不可丧失，故有“唯器与名，不可以假人”之说。[5]

三《礼》所规定的具体的“名”与“器”，多在后代有所变通，甚至废弃不用，但其从观念到制度全方位创作社会规范的努力，却是文化史上的一个切关紧要的实践过程，这个过程所提供的经验值得后人珍视。透过“礼”的名器，我们可以看到古代的典章制度实质是为了稳定社会的结构与次序。

我们知道，人类社会早期的“礼”是以风俗为根基的行为规范，其内容与形式原本是一致的。后来才出现内容与形式的分离。

孔子说：“礼云礼云，玉帛云乎哉？乐云乐云，钟鼓云乎哉？”[6]

礼啊礼啊，难道只是指玉帛之类的礼物说的吗？乐啊乐啊，难道只是指钟鼓这些器乐说的吗？从这里，可以看到孔子所追求的，不是礼乐的形式，而是礼乐所包含的精神。这种礼治精神从本质

---

①② 《礼记·曲礼下》。

③ 《礼记·王制》。

④ 《礼记·礼器》。

⑤ 《左传·成公二年》。

⑥ 《论语·阳货》。

上说就是“仁”。

孔子说:“人而不仁,如礼何? 人而不仁,如乐何?”①

人如果没有仁德,即使行礼又有什么意义呢? 人如果没有仁德,即使行乐又有什么意义呢?

《礼记》将礼的形式称之礼的“数”或“文”,将礼的精神实质称礼的“义”或“本”,而“礼之所尊,尊其义也”。“揖让周旋之礼”并非儒家最重视的东西,其内在的名分等级观念才是其着意追求的目标。

儒学的两大端为“礼学”与“仁学”,它们可以说是互为表里的两个方面,仁学以礼治为目标,又要求把礼治从外在形式转化为人的内在精神要求;而礼学则通过具体的制度设置,把仁学精神物化,规范化,达到“非礼勿视,非礼勿听,非礼勿言,非礼勿动”②的境地。

六、礼在政治层面的作用

西周初年周公的“制礼作乐”,便具有成文法的性质。它开启了后人以礼的观念来概括一切次序和制度的历史。

我国古代礼与法视同一物,孔子所谓“克己复礼”和“礼乐征伐自天子出”都有法的含义。中国古代的礼典和法典是不分的,早期的法无论在观念上还是在实体上都出于礼。

《礼记·乐记》上说:“礼以道其志,乐以和其声,政以一其行,刑以防其奸,礼乐刑政,其极一也。”那时的礼乐刑政是一体的。

---

① 《论语·八佾》。
② 《论语·颜渊》。

孔子说："道之以政，齐之以刑，民免而无耻；道之以德，齐之以礼，有耻且格。"①

"礼，经国家，定社稷，序人民，利后嗣者也。"②

"为政先礼，礼者政之本也。"③

"夫礼者，所以定亲疏，决嫌疑，别同异，明是非也。"④

"道德仁义，非礼不成；教训正俗，非礼不备；分争辨讼，非礼不决；君臣、上下、父子、兄弟，非礼不定；宦学事师，非礼不亲；班朝治军，莅官行法，非礼威严不行；祷祠、祭祀，供给鬼神，非礼不诚不庄。是以君子恭敬撙节退让以明礼。"⑤

礼可以完成道德，齐备教化，决断争讼，确定君臣关系，其效用达于政治、军事、祭祀方面。

"礼之于正国家也，如权衡之于轻重也，如绳墨之于曲直也。故人无礼不生，事无礼不成，国家无礼不宁。"⑥

"夫礼，所以整民也。故会以训上下之则，制财用之节；朝以正班爵之义，帅长幼之序；征伐以讨其不然。"⑦

"礼"通过制订一系列制度规范，成为整治民众、确立社会秩序的高妙手段，而各阶级、阶层及其各具体分子，只有遵循这些规范才能在社会共同体内各得其位。当然，这种各得其位，是不平等的，是通过统治者对被统治者的控制、训示乃至讨伐来实现的。

---

① 《论语·为政》。
② 《左传·隐公十一年》。
③ 《大戴记·哀公问于孔子》。
④⑤ 《礼记·曲礼上》。
⑥ 《荀子·大略》。
⑦ 《左传·庄公二十三年》。

自汉代后，历代王朝多以“为国以礼”作为治理国家的指导思想，这就是礼治。这是中国独特社会实践的产物。

礼是人类社会生活中各种行为规范的总合。礼的内在精神实质是义，礼仪就是行义。外在的礼仪与内在的原则“义”的统一，就构成完美的礼。

儒家用礼来维护的就是人际间合理的“分”，即等级秩序。“以礼治国”就是以规范来治国，来约束人们的一切行为，来区分各个不同的社会层次与等级，来组织构建一个严密有序的礼法社会，以确保社会层次的分别与秩序的和谐。有了等级，就意味有了秩序，这是合乎礼治精神的。

如果每个人都根据自己的社会地位去选择符合自己的礼，无论贵贱、贫富，各守其分，民众自然会相安无事，社会也就变得井然有序。

孔子提出：“君君，臣臣，父父，子子。”[①]认为此是社会稳定、政权稳定的先决条件。孟子进一步展开说：“父子有亲，君臣有义，夫妇有别，长幼有序，朋友有信。”[②]这就是五伦，又叫人伦。它要求人们都能遵守尊卑、贵贱、男女、长幼、朋友关系中必要的道德原则，然后把家庭关系中对父母的尊敬，扩大到乡党、邻里和国家，表现为对君王、尊长的服从。“刑于寡妻，至于兄弟，以御于家邦。”[③]这就是孟子通过说《诗》向齐宣王传递的如何构建和谐社会的三部曲。

“三礼”中的道德意义和法的意义在后世的政治实践中得到体

---

① 《论语·颜渊》。
② 《孟子·滕文公上》。
③ 《孟子·梁惠王上》。

现和新的解释。就礼法的历史关系而言，是互相涵盖的。法在礼中，制度之礼就是法。礼在法中，凡后世律令法的规定都包含礼的内容。无论在观念上，或在制度上，礼治和法治是相通的。

总之，礼不仅是社会的法规、做人的准绳，也是国家政治命脉之所系。

中华文明的最大特色是礼乐文明，五千年的中国文明史，即是一部礼乐文明的发生、发展史，自然也是一部中国文明的进步史。以历史主义的态度揭示礼的本质，给以科学阐述，以实现对传统礼治精神的改造，以创建新的社会规范、礼乐文明和政治文明，则是今天中国新一代的使命。

《礼记》文字比《易经》、《尚书》、《仪礼》好懂。可先读文字通畅的，如《礼运》、《学记》等篇；再读孔子言论如《坊记》、《表记》等。其次读说明《仪礼》的，如《冠义》、《婚义》等，然后读记述各种礼制的，如《礼器》、《郊特牲》等以及记载生活日常礼节的，如《曲礼》、《内则》、《少仪》，最后读有关丧事丧服。读《礼记》，注意正文和郑注，辅之以孔颖达的《礼记正义》。

语录精华

礼，经国家，定社稷，序民人，利后嗣者也。

——《左传·隐公十一年》

为政先礼，礼者政之本也。

——《大戴记·哀公问于孔子》

夫礼者，所以定亲疏，决嫌疑，别同异，明是非也。

——《礼记·曲礼上》

道德仁义，非礼不成；教训正俗，非礼不备；分争辨讼，非礼不决；君臣、上下、父子、兄弟，非礼不定；宦学事师，非礼不亲；班朝治军，莅官行法，非礼威严不行；祷祠、祭祀，供给鬼神，非礼不诚不庄。

——《礼记·曲礼上》

孔子曰："大道之行也，天下为公，选贤与能，讲信修睦。故人不独亲其亲，不独子其子；使老有所终，壮有所用，幼有所长，矜、寡、孤、独、废、疾者，皆有所养；男有分，女有归。货恶其弃于地也，不必藏于己；力恶其不出于身也，不必为己。是故谋闭而不兴，盗窃乱贼而不作，故外户而不闭。是谓大同。"

"今大道既隐，天下为家，各亲其亲，各子其子，货力为己，大人世及以为礼，城郭沟池以为固，礼义以为纪，以正君臣，以笃父子，以睦兄弟，以和夫妇，以设制度，以立田里，以贤勇智，以功为己。故谋用是作，而兵由此起；禹、汤、文、武、成王、周公，由此其选也。此六君子者，未有不谨于礼者也，以著其义，以考其信，著有过，刑仁讲让，示民有常。如有不由此者，在势者去，众以为殃，是谓小康。"

——《礼记·礼运》

第四章 《周 易》略 说

一、《周易》是一部什么书

《周易》是我国传统文化中的一部珍贵文献，是中华民族智慧的结晶，是中华文化的瑰宝。它记载了我国古代社会的珍贵史料，并且具有独特的文学性。《周易》是我国最为久远、最富有神奇意味，内涵广博而又古奥难解的古籍之一。它是一部奇书，是世界上唯一由符号和文字组成的神秘典籍。数千年来，它雄踞《六经》之首，“三玄之冠”，又被称为“大道之源”、“宇宙图式”。

有人视其为纯粹的卜卦之书；有人视其为奇特的哲学专著；有人视其为灵谶符号，无哲理可言；有人认为占筮与《周易》无缘，要弄清《周易》，就须首先屏弃占筮之说。总之，学术问题，各抒已见，百家争鸣，各据一说，不可强求一家之言。

《周易》为卜筮之书，未遭秦火之劫，应该说它的真面目是不会被云遮雾蔽的。然而由于历来的研究者不断给它披上各种奇异的服装，涂上各种神秘的色彩，就难以看清它的真面目了。

近年来，由于它的神秘和奥妙，也由于它的理难穷诘，义易附会，或以之谈天道，或以之谈人事，或以之附会高科技，或以之预测个人的禄相命运，汇成一股易学研究的热潮，而真能探本溯源的，却是凤毛麟角。

二、《周 易》释 名

《周易》之“周”，历来有二解：

一为“易道周普”，取其变化的普遍性。此说出自郑玄的《易赞》和《易论》。郑玄说：“周易者，言易道周普，无所不备。”

一为周代，周代的易书即《周易》。唐人孔颖达主此说。

郑玄在《易赞》和《易论》中说：“‘易’一名而含三义：易简，一也；变易，二也；不易，三也。”所谓“易”之三义即指：简易（容易、简单）、变易（转化、改变）、不易（不变）三层含义。

其中“简易”是“易”之最本初的含义，指预测方法筮法比甲骨占卜简便。《易·系辞上》说：“《易》简而天下之理得矣。”此为简易之义。

“《易》之为书也不可远，为道也屡迁。变动不居，周流六虚，上下无常，刚柔相易，不可为典要，唯变所适。”此为变易之义。

“天尊地卑，乾坤定矣；卑高以陈，贵贱位矣；动静有常，刚柔断矣。”此是不易之义。

因此，《周易》可释作：“成于周代的讲变易的书。”

作为卜筮之书的《周易》，反映了从西周到东周时代人们的抽象思维所达到的水平，对中国人的思维走向产生深远影响。

三、《周易》作于何人

班固说：“《易》道深矣！人更三圣，世历三古。”①

① 《汉书·艺文志》。

所谓三圣，即伏羲画八卦，文王演《周易》，孔子作《十翼》。

所谓三古，对西汉而言，伏羲为上古，文王为中古，孔子为近古。

这恐怕是一种依托，一种附会，一种英雄史观的产物。人们喜欢把先民的集体智慧创造归功于某一位“圣人”，如把文字的创造归功于仓颉，农具的制造归功于神农。

人们对事物的认识，往往需要一个相当长的过程，特别是对自然的力量、个人的命运，处于蒙昧状态的先民，只好求助于“神”了。你要出外谋生，会遇到晴天还是雨天？你要上山打猎，是有收获还是没有收获？你要和一个人结婚，是吉还是凶？你要和外族作战，是胜还是负？

这一切都要向“神”请教，于是殷人便用龟卜，周人便用占筮。把龟卜的结果记下来，就是甲骨文的卜辞；后用蓍草，一种长寿草。筮法是巫术，可以判断吉凶。把占筮的结果记下来，就是《周易》中的筮辞。《周易》正是由筮辞编纂而成的。

因此，《周易》的作者应该是以占筮为职业的筮官，它不是出于一人之手，而是经过许多人的筛选编辑而成的。

四、《周易》成书于何时

一说，成书于商末周初，简称《易》，也称《易经》。

《易·系辞下》云：“《易》之兴也，其于中古乎？作《易》者其有忧患乎？”又云：“《易》之兴也，其当殷之末世，周之盛德耶？当文王与纣之事耶？是故其辞危。”

这里明确地提出了两个问题：一是它成书的时代是“中古”，也就是“殷之末世，周之盛德”的时代；二是作《易》的人碰上了解决不了的“忧患”，文辞中隐含着危机。

关于成书时代的问题，宋王应麟、清顾炎武也有类似的说法。王氏在《困学纪闻》中引阮逸的话说：“《易》著人事，皆举商、周。帝乙归妹，高宗伐鬼方，箕子之明夷，商事也。密云不雨，自我西郊，王用享于岐山，周事也。”

顾氏的《日知录》也说：“《易》本周《易》，故多以周事言之。《小畜》密云不雨，自我西郊，《本义》：‘我者，文王自我也’。”

《汉书·郊祀志》引《周易·既济九五》：“东邻杀牛，不如西邻之祭，实受其福。”颜师古注：“东邻，谓商纣也；西邻，谓周文王也。”郑康成《礼记·坊记》此三句注亦云：“东邻，谓纣国中也；西邻，谓文王国中也。”以上这些，都说明《易经》所言的人事，都是商末周初的事。

也有人认为，作于西周末的幽厉之世。理由是周初的人正沉浸在胜利的喜悦中，不应有如此深沉的忧患意识。书名《周易》，正好说明周王朝处于易代之际，即处于幽、厉之世，《周易》是为了挽救周室的危亡而编著的。它所反映的政治腐败、社会矛盾，与《诗经·大雅》的《民劳》、《板》、《荡》、《抑》、《桑柔》之刺厉王，《瞻卬》、《召旻》之刺幽王，有极其相似之处。

《周易》的编者为了帮助厉王、幽王恢复信心，振兴周室，运用矛盾的对立和转化的观点，特别选编了《泰》与《否》、《损》与《益》、《既济》与《未济》三组卦辞，来说明好坏、得失、盛衰等对立的矛盾，都是可以互相转化的，所谓“无平不陂，无往不复”，就是说事物总是向着它的对立面互相转化的。如何促使它向好的方面转化，编者在《临》、《观》、《兑》等卦中，提出了自己的主张，那就是在国内实行德政，反对高压政策；在国外实行睦邻政策，主张和平共处。

所谓“悦以先民，民忘其劳；悦以犯难，民忘其死”，一句话，就是要“应乎天而顺乎人”。其目的在于使厉王、幽王摆脱困境，复兴西周王朝。所以《周易》的成书，当在幽、厉之世，而不是“周之盛德”时代。

其实，周初的统治者并没有以胜利者自居而洋洋得意，而是以殷亡为鉴，诚惶诚恐，兢兢业业。如《尚书·周书》的许多篇章都流露出周初人物文王武王周公召公的“无疆之恤”（无限的忧患），也就是他们对天道自然的深沉思考，对政权兴衰的巨大忧思。

现在随着考古资料的不断发现，很多专家都相信《周易》的经文大约形成于殷周之际，即公元前11世纪前后。

五、《周易》中的古代社会

《周易》所反映的社会各个层面是深广的。它本是一部占筮之书，但内容涉及面很广，大体记录了殷末周初的社会生活，其中有祭祀、战争、生产、商旅、婚姻、水旱、风霜、地震等。既反映经济上的渔猎、畜牧、农耕、手工业等，又反映了当时统治者与被统治者的斗争。

（一）社会的冲突与矛盾

《周易》反映的社会是一个很不和谐的社会。它像一面镜子反映了那个时代的面貌，也揭示了当时社会的不合理不公正的黑暗现实和阶级的对立矛盾与斗争。

从《周易》中，我们看到代表统治者、执政者、压迫者的天子、君王、公侯和大人君子们，他们对无权的老百姓、平民、小人、邑人、刑人、童仆、臣妾是操有生杀之权、监禁之权的。

老百姓忍受不了苦难,就起而抗争,统治者为了维护自身的政治权力和经济利益,就用军队、警察、监狱来镇压他们。

从《周易 · 困卦》看,初六:"臀困于株木,入于幽谷,三岁不觌。"

所设牢狱叫"幽谷",是一个见不到阳光的地方,这是用来对付老百姓的反抗的,一旦被关进那里,就会"三岁不觌"、"不见其妻"。在"幽谷"中设的刑罚,轻则打屁股,踩蒺藜,捆绑在木桩上,吊上一块大石头,叫做"困于株木"、"困于石";重则割鼻子,砍下肢,叫做"劓刖"。

从《周易》看"官逼民反"。《革卦》上六则说:"君子豹变,小人革面。"君子指压迫者,豹变,是说长官大人们变脸,如虎豹咆哮,小人革面,老百姓和士兵也怒不可遏,起而反抗甚至反戈。

《讼》卦九二:"不克讼,归而逋其邑三百户。无眚。"生活在采邑里的农奴,不堪忍受采邑主的压迫剥削,趁着邑主打败了官司,他们便离乡背井相率逃跑了。这就反映了那个时代的动荡和不安。

《比》卦六三:"比之非人。"比,阿比。指统治者结党营私,狼狈为奸。此卦是说,统治者的内部也在互相倾轧,互相排挤,拉拢坏人,陷害好人。

《否》卦九五:"其亡其亡,系于苞桑","苞桑"是细草和柔桑。危险啊!危险啊!把自己的命运系在细草柔桑上。

《遯》卦所说的"九五:嘉遯,贞吉。""上九:肥遯,无不利",在天下大乱的前夕,那些明哲保身、洁身自爱的人,他们有所不为,给自己留一条后路。他们对待"治世"和"乱世"有一套进退出处的原则。他们便远走高飞，远祸避害，自然是无往而不利了。《淮南子·师道训》说："遯而能飞，吉孰大焉?"对于贵族们来说叫做"隐遯"，对于老百姓和奴隶们来说就叫做"逃亡"。

周代经历了许多种族的战争、兼并的战争，以及反侵略、反分裂的战争，如武王克殷，俘虏了殷纣大量的奴隶兵；周公东征，征服了50余国；到了周幽王时代，内忧外患日趋严重，王室贵族，互相倾轧，诸侯争雄，互相蚕食，或取周之禾，或掠温之麦，或召王以觐见，或射王以中肩，险象环生，战祸不已。

《周易·师卦》是周人纪录战争的筮辞，总结了战争的经验。所谓"初六:师出以律，否臧(不好)，凶"。此卦认为军队要加强纪律性，才是取得胜利的重要保证。

《周易·同人》九三:"伏戎于莽，升其高陵，三岁不兴。"此卦认为把部队隐蔽起来，抢占制高点，才是取得胜利的重要手段。所谓"三岁不兴"，就是长期间的隐蔽，不要急躁冒进。

《周易·离卦》九四:"突如其来如，焚如，死如，弃如!"认为攻其不备，发动突然袭击，是取得胜利的重要战术。此卦对战争的毁灭性、残酷性，刻画得淋漓尽致。

《周易·晋卦》初六:所谓"晋如摧如，贞吉。罔孚裕(不要掠夺富裕的财物)，无咎"。此卦认为在战争中，志在摧毁敌人的有生力量，但不要掠夺老百姓的财物，这样才会赢得民心。这些原则都是值得后人借鉴的。

(二) 原始社会的婚姻遗风

《周易·屯卦》六二:上说:"屯如邅如，乘马班如。匪寇，婚媾。女子贞不字，十年乃字。"

"字"，许嫁，如"待字闺中"。这是一个族外求婚的卦辞，女子一般要到十岁以后再订婚。

在《周易》的《屯》、《贲》、《睽》等卦辞中，都提到了“匪寇，婚媾”的申明，说明原始社会的求婚、订婚和迎亲的礼节都非常隆重，都要举族出发，骑着马，化了妆，飞也似地走来，好不威风！这是求婚的卦辞。

《周易·睽卦》上九：“睽孤(孤独的旅行者)，见豕负涂，载鬼一车，先张之弧，后说之弧，匪寇，婚媾。”

有人驮着猪在路上走，还有一车化妆像鬼一样的人，他们时而张弓搭箭，时而放松弓弦，他们不是抢劫的强盗，而是前去订婚的队伍。化妆得像鬼一样，这可能是前往订婚的氏族的图腾，也可能是原始氏族表示喜庆的风俗。这是描写订婚的场合。

至于迎亲的场面，就更热闹了。如《周易·贲》六四：“贲如皤如，白马翰如”，新郎骑着昂着头的白马，冒着火红的太阳飞奔而来；六五：“贲如丘园，束帛戋戋”。送来的礼品，一束束布帛堆积得像一座小山。

在《周易·蒙卦》中，记载了抢婚的习俗，共婚的风俗。如六三：“勿用取女，见金夫，不有躬。无攸利”。抢婚如遇到武力反抗，可能会丢掉脑袋，因此是不吉利的。

又如《周易·归妹卦》上说：“归妹以娣”、“归妹以须”。“归妹”是嫁女。“娣”是女弟，“须”同“媭”，屈原的姐姐叫“女媭”，刘邦的太后叫“吕媭”。姊妹共嫁一夫，是群婚制的残余，这在我国历史上是古已有之的。如《尚书·尧典》：“厘降二女于妫汭，嫔于虞。”唐尧把他的二女娥皇、女英下嫁给虞舜，也是姊妹共嫁一夫。这种姊妹共夫的婚姻制度，古代叫做“媵”。

《公羊传》庄公十九年：“媵者何？诸侯娶一国，则二国往媵之，以姪娣从。"《诗·召南·江有汜》序:"江有汜,美媵也。勤而无怨,嫡能悔过也。"《注》云:"古者诸侯娶夫人,则同姓二国媵之。"后来便把随嫁或陪嫁的女子叫做"媵"。"媵"的制度,一直延续到封建社会的末期,而保存这种资料最早的,要推《周易》的《归妹》了。

《周易》中的这些资料对于研究殷周古史,是最原始的,也是最有权威的。正所谓吉光片羽,弥足珍贵。

六、《周易》的结构

八卦　由阴阳二爻组成的八卦。八卦相传是伏羲氏画的。另外,还有所谓"河图洛书"说。八卦可能是在有了筮法以后出现的(商代的卜法,先用龟甲牛骨,后用蓍草,一种长寿草。筮法是巫术,可以判断吉凶)。

古人认为数字有奇偶,很神秘,有的说奇数代表天,偶数代表地。有的说奇数是阳数,代表男,偶数是阴数,代表女。有的说数是宇宙的架子,太极生两仪,两仪生四象,一生二、二生四。八卦原是数目的巫术,在这时变成数的哲学了。

八卦歌:☰乾三连,☷坤六断。☳震仰盂,☶艮覆碗。☲离中虚,☵坎中满。☱兑上缺,☴巽下断。

分别象征天、地、雷、风、水、火、山、泽。

卦画只是一种符号,用的是象征表示法,它把通常见到的八种自然现象,分别用符号表示出来,这就是《易纬·乾凿度》所说的:

☰ 古文"天"字。☷古文"地"字。☴古文"风"字。☶古文"山"字。

☵古文"水"字。☲古文"火"字。☳古文"雷"字。☱古文

“泽”字。

人们又根据卦爻辞加上标题，作为卦名，以便称谓。如☰叫乾，☷叫坤，☴叫巽，☶叫艮，☵叫坎，☲叫离，☳叫震，☱叫兑。这就是所谓八卦。

八卦的基本单位只有两个。即阴爻和阳爻。可是八卦太简单，又怎么能拿来代表万事万物呢？这就得从六十四卦说起。

《周易》分经、传两部分。

1. 六十四卦是经部。

两卦相重排列组合成六十四卦。

每卦有六爻，每爻有阴阳。由下向上数是初、二、三、四、五、上。阳为九，乾卦是初九、九二、九三、九四、九五、上九。阴为六，坤卦是初六、六二、六三、六四、六五、上六。

于是又将八卦自叠或互叠，经过排列组合，构成不相重复的六十四卦，总共产生三百八十四爻。

《周易》之所以又称《易经》因为它是由“经”和“传”两部分组成的。“经”又由卦画、标题、卦辞和爻辞四个部分组成。它是一部占筮的书，在写法上、编排上、体例上都保留着占筮的痕迹，与一般分章、分节的著作不同。

2. 解释六十四卦的是《易传》，又名《十翼》。

到了秦、汉时期，出现了据说是孔子作的《易传》，即《系辞》上、下篇，《彖》上、下篇，《象》上、下篇，以及《文言》《说卦》《杂卦》《序卦》共七种十篇，称为“十翼”。讲的全都是儒家的政治、伦理、修养和行为的理论。由此可以更好地理解儒家《周易》的奥义所在。

《彖辞》断定一卦涵义。《象辞》推演卦爻的象（观念）。包含儒家的伦理思想和政治哲学。《文言》专门解释《乾》《坤》两卦。《系辞》则发挥《易经》的宇宙观、人生观。《说卦》推演卦象，说明某卦的观念象征自然界和人世间的某些事物。如乾卦象征天、父之类。《序卦》说明六十四卦排列先后的道理。《杂卦》比较各卦的同异。

七、《周易》的解释系统

《易传》是诠释《易经》的论文集，是对《易经》的解说而起着辅翼作用，故又称《十翼》。《易传》通过对卦象、卦辞、爻辞作注并引申发挥，较系统地阐扬易理，将变的哲学推到极点。

其中如《乾卦》的解释，两乾相重，仍名《乾卦》。取天体运行不止之象，喻示万物的阳刚之奇气的发展规律。

《乾·象》："天行健，君子自强不息。"行，指运行，健，刚健中正。认为宇宙、自然、人类社会的法则，天道、地道、人道是一致的。天道的运行刚健中正，君子要奋发图强、积极进取。

乾卦六爻的爻辞以龙为象征，分段描述了君子从潜隐待举到飞黄腾达的整个过程，生动地体现了一卦六爻自初至上的演变发展过程。

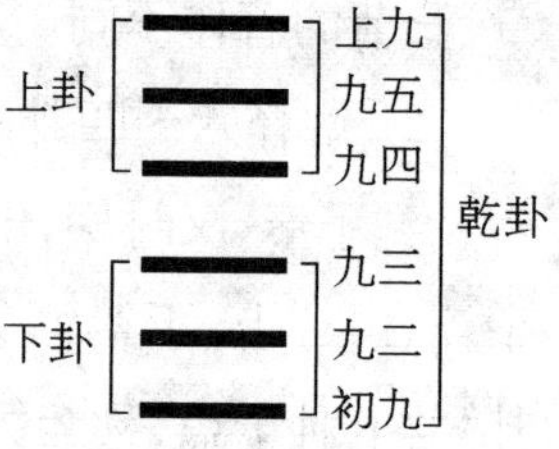

初九，潜龙勿用。

九二，见龙在田，利见大人。

九三，君子终日乾乾，夕惕若，厉无咎。

九四，或跃在渊，无咎。

九五，飞龙在天，利见大人。

上九，亢龙有悔。

这里讲到龙在六爻中所处的六种状态：

初九，潜龙勿用，君子尚处在潜隐待用的境地；

九二，见龙在田，象征君子开始活动民间，居下层中位，正是在野名流，而为权势者注意；

九三，君子已处下层上位，进入仕途，昼则勤勉，夜则警惕，虽在险境亦无大灾；

九四，君子正处上层的下位，或跃在渊。龙腾越上进，但有跌落的可能，象征君子的事业又进入更高境界；

九五，飞龙在天，象征君子事业获得成功，达到最高地位；

上九，亢龙有悔君子事业达到鼎盛，将会遭受挫折的可能。

《文言》上说，由初至上，一卦有六爻，象征事物的过程由低级向高级提升。

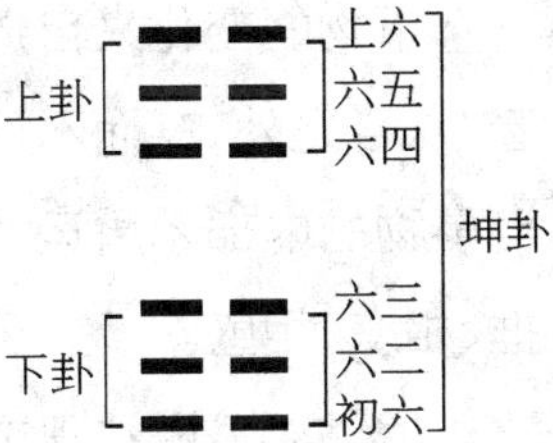

初，象征事物萌生或过程起始；

二，象征事物崭露头角或过程向上进取；

三，象征事物或过程的阶段性成就，即小成；

四，象征事物或过程进入新的更高阶段或层次；

五，象征事物演变发展的完成；

上，象征这种发展至于极点，暗示演变发展向相反方向转化。

八、《周易》的哲学思想

司马迁阐述《六经》指出：“《易》著天地阴阳四时五行，故长于变。”《易传》是诠释《易经》的论文集，系统地阐述易理，将变的哲学推到极点。

（一）变化的普遍性

将阴阳范畴引入易理系统，提出“一阴一阳之谓道”。将人类社会和自然界普遍存在的矛盾，纳入易理系统：男与女，夫与妇、父与子、君与臣、君子与小人、泰与否、盈与谦、恒与革、离与合、损与益、屈与伸、治与乱、安与危、存与亡……并阐述其间的对立转化。

《易传》概括以卦爻为要素的象数系统的生成程序：“易有太极，是生两仪，两仪生四象，四象生八卦。”八卦又按一定规则彼此相重，组成六十四卦。这六十四卦象和内容的三百八十四爻，寄寓着无穷的变化之道。

（二）刚柔相推、阴阳相交

事物的变化来自造物主？还是来自事物内部的矛盾运动？本着“六合之外，存而不论”的原则，我们认为，宇宙间的一切变化来自事物的内部矛盾运动。它的动因可归结为阴阳矛盾的相摩、相推、相交、相感。

《系辞上》说：“刚柔相推而生变化。变化者，进退之象也。刚柔者，昼夜之象也。六爻之动，三极之道也。”《系辞下》又说：“变动不居，周流六虚；上下无常，刚柔相易，不可为典要，唯变所适。”其变化的特点就是“刚柔相推、阴阳相交”。

（三）变化的规律——“物极必反”、“反复其道”、“易穷则变，变则通，通则久”

《周易》的哲学思想，主要是讲变化，至于它的变化规律，我们既可以从每一卦内部六爻的运转变通来说明，也可以从《乾》卦到《未既》卦的六十四卦周期性运转来说明。

每一卦的内部保藏着循环的意蕴。如乾卦的卦辞为“乾：元，亨,利,贞”。

元是大与始的意思,相当于种子萌芽;

亨是通达无碍的意思,相当于生长;

利是祥和有益的意思,相当于开花;

贞是持续纯正的意思,相当于结果。元亨利贞四德,依时序循环不已,终而复始。一轮循环完成即进入贞元之际,将出现贞下启元的新旧交替。

六十四卦作为对世界万象的反映,也形成为一个诠释圆圈,从《乾》卦到《未既》卦的周期性运转,组成一个循环往复的轮回系统,构成了一个封闭的循环系统。这个系统既包罗宇宙万象的运动规律,又落脚于象数自身的运作法则。

然而,“物极必反”,又有创新、进步的意味。《系辞上》说创新的含义:“富有之谓大业,日新之谓盛德,生生之谓易。”整个宇宙是一生生不已的大化之流,“革故鼎新”,“变化日新”,“与时偕行”,正体现了易的变易和进取精神。

(四) 中华文化思想体系的基本框架

《周易》从汉代被尊为《五经》之首。就儒家系统的哲学而言,《四书》偏重政治道德问题,对自然宇宙所论贫乏。《周易》为中华文化思想体系提供了一个基本思想框架。

1. 刚健有为,这是处理各种关系的人生总原则;

2. 中和思想,主要解决人际关系包括处理民族关系、国家关系;

3. 神道设教,用来解决人鬼关系,包括人道教化和宗教活动;

4. 崇德利用,主要解决人类自身关系,即精神生活和物质生活的关系;

5. 天人和谐,主要解决人与自然的关系。这五个方面,以刚健有为为纲,构成中华民族文化的基本思想框架。

《周易》是中华文化的源头,对熔铸中华文化的基本精神,形成自己的民族特色,促进人类进步,有不可磨灭的贡献。

语录精华

天行健,君子以自强不息。

——《周易·乾·象》

地势坤,君子以厚德载物。

——《周易·坤·象》

君子进德修业。忠信,所以进德也;修辞立其诚,所以居业也。

——《周易·乾·文言》

时止则止,时行则行,动静不失其时,其道光明。

——《周易·艮·象》

尺蠖之屈,以求信也。龙蛇之蛰,以存身也。精义入神,以致用也。利用安身,以崇德也。过此以往,未之或知也。穷神知化,德之盛也。

——《周易·系辞下》

第五章 《春秋》经传略说

一、什么是《春秋》

有关《春秋》之命名有如下三说：

（一）古制“赏以春夏，刑以秋冬。各取一字，以示赏刑，与寓褒贬于其中”。

（二）取自孔子著书时间。《公羊传疏》孔子于哀公十四年春，西狩获麟，作《春秋》，九月书成，以其春作秋成，故曰《春秋》。

（三）《春秋》本是古代各国记事的国史的统称。《国语·晋语》记载：“羊舌肸习于《春秋》。”《国语·楚语》记申叔时论傅太子之法谓“教之《春秋》”。《墨子·明鬼》云：有“周之《春秋》”、“燕之《春秋》”、“宋之《春秋》”、“齐之《春秋》”，又谓“吾见百国《春秋》”。

《春秋》之名，似又为鲁国国史所专有的名称。晋史叫《乘》，楚史叫《梼杌》，鲁史叫《春秋》。《左传·昭公二年》记载韩宣子出使鲁国，见《易》、《象》与《鲁春秋》，才说：“吾乃今知周公之德与周之所以王也。”现存《春秋》从鲁隐公叙起。杜预《春秋左氏传序》曰：“《春秋》者，鲁史记之名也。”此说较可信。

为什么叫春秋？古代史官，地位很高。史官记录，极为重要。《汉书·艺文志》上说：“古之王者，世有史官。君举必书，所以慎言行、昭法式也。左史记言，右史记事。事为春秋，言为尚书，帝王靡不同之。”

又有如下之说，因为年有四时，不能偏举，故取春秋以包夏冬。为什么不用夏冬？而用春秋呢？因为春是生物之始，秋为成物之终。始于春，终于秋，故曰“春秋”。

《春秋》从原文看，是一部很简略的大事记，是我国第一部编年史。也是世界上最早的一部编年史。它记载着从鲁隐公元年，东周第一代君主周平王四十九年（前 722 年）到鲁哀公十四年，即周敬王三十九年（前 481 年）共二百四十二年间鲁国和其他诸侯国以及周王室的重要事件。这一段的历史叫“春秋时代”。

现存《春秋》，从鲁隐公元年（前 722）记到鲁哀公十四年（前 481），历十二代鲁君，就是隐、桓、庄、闵、僖、文、宣、成、襄、昭、定、哀，此即春秋十二公。这十二字就是春秋记事的总纲。

由鲁隐公向上推，还有十二代国君，从周公之子伯禽到隐公的父亲惠公，这十二代国君几百年记载全部无存。但还是保存了丰富的史料。

一万六千五百七十二字，记载二百四十二年春秋各国的大事，也只是一段历史的大纲。但这部书真实记录了当时的重大史实，作为史料是可信的。如《春秋·文公十四年》：“秋七月，有星孛入北斗”的记载，确是世界上对哈雷彗星最早的记载。

《春秋经》的经文，现在都分载于《左传》、《公羊传》、《穀梁传》的各传之前，已无单行本。但在古代，《春秋经》与三传各自分开，而且经今古文本也不相同。

《汉书·艺文志》有《春秋古经》十二篇，这是《左氏传》所根据的《古文经》；又有《春秋经》十一卷，这是与《公羊传》、《穀梁传》相配合的今文的《春秋经》。

二、《春 秋》作 者

孔子对《春秋》这部书,仅仅是“述而不作”地向弟子们传授呢?还是《春秋》的作者或编者呢? 此乃经学史中的悬案之一。

古文经学派认为《春秋》是一部历史著作,而且是中国第一部可以称为编年的历史著作。他们认为周公是经学的开创人物,认为《春秋》源于鲁史。

今文经学派认为《春秋》是一部哲学著作而不是历史著作,他们认为孔子是经学的开创人物,所以《春秋》是孔子的著作。《春秋》有“未修的《春秋》”和“笔削后的《春秋》”。“未修的《春秋》”只是材料,不是著作。经过孔子笔削的《春秋》,含有孔子的“微言大义”,当然是孔子的著作。

其实,早在孔子前,各国就有“史记”,在鲁国有《鲁春秋》。从现有史料看,孔子作《春秋》,大约指孔子对鲁国旧史曾有所修订。

孔子为何修《春秋》 最早提到孔子编修《春秋》的是孟子。

孟子多次说:“世衰道微,邪说暴行有作,臣弑其君者有之,子弑其父者有之;孔子惧,作《春秋》。《春秋》,天子事也。是故孔子曰:‘知我者其惟《春秋》乎! 罪我者其惟《春秋》乎!’”

“昔者禹抑洪水而天下平,周公兼夷狄,驱猛兽而百姓宁,孔子成《春秋》而乱臣贼子惧。”①

孟子曰:“王者之迹熄而《诗》亡;《诗》亡,然后《春秋》作。晋之《乘》,楚之《梼杌》,鲁之《春秋》,一也。其事则齐桓晋文;其文则

① 《孟子·滕文公下》。

史。孔子曰:'其义则丘窃取之矣。'"①

孔子据《鲁春秋》以作《春秋》,其事则无非齐桓晋文之事,其文则多鲁史之文。经孔子笔削的《春秋经》,包含有《春秋》之意,即所谓"大义微言"。孟子说:"孔子成《春秋》而乱臣贼子惧。"

《春秋》是孔子实行他的正名主义的一部书。孔子所以要笔削鲁史而成《春秋》,是因为他感到自己已无力改变当时政治社会的混乱局面。

孔子编修的《春秋》是在《鲁春秋》的基础上进行的。尽管他周游各国未能实现其政治理想和主张,但他自卫返鲁后,仍坚持自己的理想和主张。

孔子对鲁史旧文很有研究。为了以史寄寓自己的政治理想和主张——尧舜之道,以良史的审判代替空言说教,是非二百四十二年之事,作为拨乱反正的范本,并以此范本作为理想的教科书传授弟子,以便他们继承周代良史的精神,维护尧舜之道,因此,孔子在晚年以修《春秋》作为自己的庄严使命。

从孟子以来,儒家就把孔子与《春秋》紧密联系起来。将孔子作《春秋》看作一种历史的道义的审判,足以使乱臣贼子惧怕。《春秋》不仅是历史记载,还是政治的、道德的明鉴,有着政治的道德的教科书的强烈意识,也不限于对历史的解说,而且包含着孔子对理想政治制度的憧憬和向往。

此后,董仲舒在《春秋繁露》,司马迁在《史记》的《十二诸侯年表》、《孔子世家》、《太史公自序》,班固在《汉书·艺文志》中,都肯定了孔子编修《春秋》的重大意义。

---

① 《孟子·离娄下》。

章太炎说："国之有史久远，则亡灭之难。自秦氏以讫今兹，四夷交侵，王道中绝者数矣；然搰者不敢毁弃旧章，反正又易。藉不获济，而愤心时时见于行事，足以待后。故令国性不堕，民自知贵于戎狄，非春秋，孰纲维是！……孔子不布《春秋》，前人往，不能语后人，后人亦无以识前。乍被侵略，则相安于舆台之分。……"①

中华民族所以经历数千年而不致灭亡，实在因为他有详密而不绝的史籍的缘故；而古代史籍的继往开来者，当推孔子。

三、《春秋》的大义

《史记·太史公自序》说："周道衰废，孔子为司寇，诸侯害之，大夫壅之。孔子知言之不用，道之不行也，是非二百四十二年之中，以为天下仪表，贬天子，退诸侯，讨大夫，以达王事而已矣。子曰：'我欲载之空言，不如见之行事之深切著名也。'"

（一）正名

《春秋》大义以"正名"为本。孔子作《春秋》以"正名"为标准，秉笔直书，以别异同而正名字，辨上下而定名分，以寓褒贬而明是非，使乱臣贼子无所隐遁。这就是孔子作《春秋》的大义之一。

章学诚说："《尚书》无定法，《春秋》有成例。"②所谓有成例，即有一定之法。《春秋》的书法，是以谨慎的用字来显示作者的价值取向，在极洗练的文句中透露其惩恶扬善的意图，达到"一字之褒，荣于华衮；一字之贬，严于斧钺"。这种褒贬的基本准绳是周代的

---

① 章太炎撰、陈平原导读：《国故论衡·原经篇》，上海古籍出版社2003年4月版，第63页。

② 章学诚：《文史通义·书教下》。

礼制，一切违背周礼等级名分的僭越行为，必受其谴责；一切遵守礼制的人和事，必获其表彰。

何谓“正名”？就是确立封建等级制度的政治伦理学说。

孔子主张为政必先正名。正名是为了尊王。只有周天子，才是王。政治运作是有秩序的，如果名位一乱，那是很难理顺关系的，因此，孔子反对当时诸侯大夫的僭越行为。

如，吴楚之君已僭号称“王”了，而《春秋》则贬之曰吴子、楚子；齐、晋虽强，仍称其为“侯”，宋、鲁虽弱，仍称其为“公”。

“践土之会”，明明是晋文公召周襄王到河阳去会盟，而《春秋》偏要为周天子的尊严装架子，在《春秋经》上仍书写成“天王狩于河阳”这样的堂皇的语句。①

（二）尊王攘夷

“尊王攘夷”，也是《春秋》的大义。

当此王室陵弱夷狄侵入中国之际，孔子认为非“尊王攘夷”不可。《论语》记孔子与其弟子子贡称赞管仲：“相桓公，霸诸侯，一匡天下，民到于今受其赐。微管仲，吾其被发左衽矣”②，是因为他“尊王攘夷”有功。《春秋》于华夷之别，辨之最严。于此可见，保卫华夏抵抗异族的侵略，是孔子生平的主张。

“攘夷”必先“尊王”。孔子之主张“尊王”，并非拥护专制政体。所谓“尊王”，就是“大一统”，主张中国要有一个统一的中央政府。否则，诸国割据，自相争伐，便不能“攘夷”了。我们中华民族的爱国主义和民族主义的思想和准则也正是从这里发源的。

---

① 《史记·孔子世家》。

② 《论语·宪问》。

（三）大一统

隐公元年第一条经文，只有“元年春王正月”六个字，乍看简直是毫无意义的。《公羊传》却说：“何言乎‘王正月’？大一统也。”

“王月”何以是大一统呢？因为夏建寅，以阴历的正月为正月；商建丑，以阴历的十二月为正月；周建子，以阴历的十一月为正月。三代的正月不同。

《春秋》“王正月”，表示采用周王所定的正月。三代易姓改代之际，虽然改定正朔，民间有仍沿用前朝的正朔的；春秋时分立的诸国，各自为政，多有不奉行周的正朔的。《春秋》特书“王正月”，正和现在写“公历元月”相同。

孔子主张一统，历法便应当遵守中央政府所规定颁布的；所以《春秋》书“王正月”，就是大一统了。大一统也就是“尊王”；而尊王实际上就是拥护统一的中央政府。中国只有统一了，才可以“攘夷”。在孔子看来，“尊王攘夷”正是春秋时代救世的对症良药。

《公羊传》曰：“其言盟于师，盟于召陵何？师在召陵也。师在召陵，则曷为再言盟？喜服楚也。何言乎喜服楚？楚有王者则后服，无王者则先叛，夷狄也，而亟病中国。南夷与北狄交，中国不绝若线。桓公救中国而攘夷狄，卒帖荆，以此为王者之事也。”[①]于此可见《春秋》的攘夷之义。

孔子修《春秋》，正如皮锡瑞说：“须知孔子所作者，是为万世作经，不是为一代作史。经史体例所以异者，史是据事直书，不立褒贬，是非自见；经是必借褒贬是非，以定制立法，为百王不易之常经。《春秋》是经，《左传》是史。”[②]

---

① 《公羊传·僖公四年》。

② 皮锡瑞：《经学通论》。

此外，《春秋》文法严谨，在散文史上是新的开始。

《春秋繁露·深察名号篇》曰："春秋辨物之理以正其名，名物如其真，不失秋毫之末。"如僖公十六年的两条经文：

一条是"记闻"："陨石于宋，五。"闻陨石之声填然，视之则"石"，数之凡"五"。故先言"陨"，次言"石"，末言"五"；

一条是"记见"："六鹢退飞过宋都。"仰视则"六"，察之则"鹢"，细察之则"退飞"。故先言"六"，次言"鹢"，末言"退飞"。[①] 于此可见"君子于其言，无所苟而已矣"了。这是"正名"的第一义。

王死曰崩，诸侯死曰薨，大夫死曰卒。

对于战争，分别用伐、侵、袭、入、克、灭、取、战、围、歼、追。

"别异同，正名字"；《春秋》文法的谨严，即由于此。在古代，孔子《春秋》之前，如此简明洁净的句法，实属少见。由此可见孔子春秋时代的人们对文字的文法已经有很大进步，西周时代的五百年中，正是中国散文文学一大进步的时代。若使周公当时早有孔子春秋时代般的文字文法，便也不会有像《尚书·西周书》那样艰涩文体的出现。[②]

四、《左传》的解释系统

《春秋》文字简略，为了将《春秋》文字解释明白，才有《春秋三传》即《公羊》、《穀梁》和《左传》的合称。

（一）《左传》

作者相传为与孔子同时的左丘明。

---

① 《公羊传·僖公十六年》。

② 钱穆著：《中国史学名著》，三联书店 2000 年 9 月版，第 55 页。

成书年代，一般认为在战国初期，迄今尚无定论。清人皮锡瑞《经学通论·春秋通论》认为是刘歆伪造。康有为、崔适、钱玄同均持此说。

但学界一般认为还是与孔子同时的左丘明。《论语》："巧言令色，足恭，左丘明耻之，丘亦耻之；匿怨而友其人，左丘明耻之，丘亦耻之。"①

邢昺《疏》云："左丘明，鲁太史，受《春秋经》于仲尼者也。"说明左氏与仲尼同时，且亲受《春秋经》于孔子。司马迁、刘歆、班固、杜预、孔颖达、刘知幾、章学诚均持此说。

史迁在《史记·十二诸侯年表》中说：

> 鲁君子左丘明惧弟子异端，各安其意，失其真，故因孔子史记具论其语，成《左氏春秋》。

班固在《汉书·艺文志》中的说法，大抵与史迁相同：

> 丘明恐弟子各安其意，以失其真，故论本事而作《传》，明夫子不以空言说经也。

两人都强调了左丘明作《传》的目的，在于恐弟子"退而异言"，以失孔子作《春秋》的真意。

唐刘知幾在《史通·六家》中，进一步坐实左丘明亲得孔子口传，作《传》"以授后人"，"传示来世"。他说：

> 孔子既著《春秋》，而丘明授经作传。盖传者，转也，转受经旨，以授后人。或曰：传者，传也，所以传示来世。

清章学诚在《文史通义·史注》中，又把孔子口授的对象从左丘明扩大到公羊高和穀梁赤。他说：

---

① 《论语·公冶长》。

昔孔子之作《春秋》也，笔削既具，复以微言大义，口授其徒。《三传》之作，因得各据所见，推阐《经》蕴，于是《春秋》以明。

(二)《左传》的来源有三说

1. 汉代藏于秘府，为刘歆所发现。①

2. 系汉初张苍所献。②

3. 发现于孔子宅壁中。③ 但已没有明确的记载可考。

史学理论家刘知幾则说："观《左传》之释经也，言见经文而事详传内，或传无而经有，或经缺而传存，其言简而要，其事详而博，信圣人之羽翮，而述者之冠冕也。"④再则说："逮左氏为书，不遵古法，言之与事，同在传中。然而言事相兼，烦省合理，故使读者寻绎不倦，览讽忘疲。"⑤"言简而要"，"事详而博"，"言事相兼，烦省合理"，确实是《左传》的最大的优点和特色，但因为"传无而经有"、"经缺而传存"，却引起了许多人的怀疑。

首先发难的是宋郑樵，他认为《左传》之文，不类春秋时人所作，且《齐论》中无"左丘明耻之"一章，遂疑左丘明不与孔子同时。

其后梁启超本其师之绪论，认为"引传以解经自刘歆始"，故刘歆以全力争此书立于学官，以致引起博士们的公愤，说明此书乃刘歆所伪造及窜入者。正因为如此，所以《春秋》的经文止于鲁哀公十四年，而传文则续至鲁哀公二十七年，甚至将传文续到鲁悼公四年，较《春秋》经文多二十七年。

① 《汉书·刘歆传》。
② 《说文解字序》、《隋书·经籍志》。
③ 王充:《论衡·案书篇》。
④ 刘知幾:《史通·六家》。
⑤ 刘知幾:《史通·载言》。

《经》、《传》对比，时有缺文，据清刘逢禄《左氏春秋考证》，有《经》而无《传》的竟达二十六年之多，有《传》而无《经》的亦复不少，如隐公三年冬，郑伯之车偾于济之类。因而怀疑左氏不传《春秋》，而是一本独立的史书。议论纷纷，真伪莫辨。

毛奇龄说："《大易》、《春秋》，迷山雾海，自两汉迄今，历二千余年，皆臆测卜度，如说梦话，何时得白？"①这是清儒研究《易》与《春秋》的深切体会，给了我们以很好的启示，不必花太多的精力为这个"千年公案"去辨是非了。

梁启超怀疑刘歆曾经篡改《左传》，但他对于《左传》的特色，给予很高的评价：

第一，《左传》不以一国为中心点，而将当时数个主要的文化国，平均叙述……

第二，其叙述不局于政治，常涉及社会之各个方面。左氏对于一时典章大事，固多详述；而所谓"琐语"之一类，亦采择不遗……

第三，其叙述有系统，有别裁，确成为一种"组织的"著述。彼"账簿式"的《春秋》，"文选式"的《尚书》，虽极庄严典重，而读者寡味矣……左氏之书，其断片的叙事亦不少，然对于重大问题，时复溯原竟委，前后照应，能使读者相悦以解。此三特色者，皆以前史家所无。②

他认为这三大特色，是以前的史家所没有的，因而可以说它是"商周以来史界之革命也"。他对《左传》的评价应该说是公允精确的。

① 毛奇龄：《西河集》。
② 梁启超：《中国历史研究法》，华东师范大学出版社 1995 年 12 月版，第 17—18 页。

(三)《左传》与《春秋经》的关系

《左传》是为《春秋经》作传的。《春秋经》类似今天的新闻标题,全书十二篇,只有一万七千字,十分简约,若不是左氏用史实来疏证经文,那就等于读无字天书。

《左传》是否是解《春秋》的传? 古文经学家认为是;今文经学家认为否。

汉桓谭说得好:"《左氏传》于《经》,犹衣之表里,相持而成;经而无传,使圣人闭门思之,十年不能知也。"①可见《左传》是《春秋经》的功臣,具有十分重要的史料价值。反过来,《左传》也有待《春秋》而明。

(四)《左传》释《春秋》,主要特色是"以史传经"

即以历史事实说明历史真相,表明作者的历史观。

如《春秋·僖公二十二年》云:"冬十有一月己巳,宋公及楚人战于泓,宋师败绩。"

《左传》作者用史实表明自己的观点,写了《子鱼论战》的名篇。

但《左传》还用以下五种方式来解释《春秋》经文:

1. 说明"书法"以释《春秋》

如《春秋·隐公元年》经云:"元年春王正月。"同年《左传》云:"元年春,王周正月,不书即位,摄也。""王"字冠以"周"为"周王"。"春正月"是以周王朝的历法为准绳而定的正月。

2. 以简明的判断释《春秋》

如《春秋·僖公二十二年》经云:"夏五月庚寅,宋公兹父卒。"同年《左传》云:"夏五月,宋襄公卒。伤于泓故也。"

---

① 刘知幾:《史通·申左》引。

3. 以史实补充释《春秋》

如《春秋》只写"公薨",隐公好像是病死的。《左传》则把隐公被暗杀的事原原本本说清楚。

4. 以无经之传释《春秋》

《春秋》经所不载的,《左传》中倒记载得很详细,于是有无经之传。

5. 以"君子曰"释《春秋》

《左传》以多种方式解经,由此可见《左传》与《春秋》关系密切。

(五)《左传》的学术价值

《左传》的价值主要体现在以下三个方面:

1. 思想价值

《左传》不仅是"传孔子教",而且保存了早期儒家的许多思想资料:

尊礼文化 《左传》以大量史实告诉人们,礼是一个必须遵守的社会秩序,违背礼,就会在社会上无以容身,就会招致杀身之祸。《左传》里讲了许多个人如何进行道德修养,在处境艰难困苦时,如何修德待时,等待机会,如何在乱世学会生存的智慧。《左传》也讲了许多治国的经验和策略以及为君为臣之道、治国安邦之道和用兵打仗之道。

民本思想 《左传》中富有民本思想,而于国君大臣执政为民尤加注意:

随季梁说:"夫民神之主也。是以圣王先成民而后致力于神。"①

① 《左传·桓公六年》。

“天生民而树之君，以利之也。”[1]

“吾闻之，国将兴，听于民；将亡，听于神。”[2]

《左传》对君主不体恤百姓提出批评：“天之爱民甚矣，岂其使一人肆于民上，以从其淫，而弃天地之性？必不然矣！”[3]

“国之兴也，视民如伤，是其福也；其亡也，以民为土芥，是其祸也。”[4]郑国子产断定陈国必亡，说：“陈……聚禾粟，缮城郭，恃此二者而不抚其民……能无亡乎？”[5]

鲁昭公被季氏驱逐出国，死在国外，晋赵简子问史墨：“季氏出其君，而民服焉！”史墨说：“鲁君世从其失，季氏世修其勤，民忘君矣，虽死于外，其谁矜之？社稷无常奉，君臣无常位，自古以然。故曰高岸为谷，深谷为陵，三后之姓，于今为庶，主所知也。”[6]揭示了“民为国本”，“失民心者失国；得民心者得国”的真理。

《左传》强调君与国不是一体的思想，国高于君，高于执政者，国不是以君为本，也不以执政者为本，而是以民为本，民非君之私属，臣也非君私属，君、民、臣均属于国。齐国大夫崔杼杀齐君，晏婴不死君难，并说：“君民者岂以陵民？社稷是主；臣君者岂为其口实，社稷是养。故君为社稷死，则死之；为社稷亡，则亡之；若为己死，而为己亡，非其私暱，谁敢任之？”[7]《左传》中的这种“以民为本”的思想到战国则发展为孟子的“民贵君轻”说。

---

① 《左传·文公十三年》。
② 《左传·庄公三十二年》。
③ 《左传·襄公十四年》。
④ 《左传·哀公元年》。
⑤ 《左传·襄公三十年》。
⑥ 《左传·昭公三十二年》。
⑦ 《左传·襄公二十五年》。

《左传》还保存了前期的法家、兵家和阴阳家的不少思想资料。

法家思想 如《襄公二十六年传》曰:“善为国者,赏不僭而刑不滥,赏僭则惧及淫人,刑滥则惧及善人。”又如《昭公二十年传》曰:“唯有德者能以德服民;其次莫如猛。夫火烈,民望而畏之,故鲜死焉;水懦,民狎而玩之,则多死焉,故宽难。”

兵家思想 如《桓公十一年传》曰:“师克在和不在众。商、周之不敌,君之所闻也。”又如《僖公二十二年传》曰:“明耻教战,求杀敌也。”“三军以利用也,金鼓以声气也,利而用之,阻隘可也;声盛致志,鼓儳可也。”

阴阳家思想 不仅在于灾异必书,大事必卜,而在于它记叙了鬼神怪异的现象。

如《庄公八年传》曰:“齐侯游于姑棼,遂田于贝丘,见大豕,从者曰:‘公子彭生也。’公怒曰:‘彭生敢见!’射之,豕人立而啼,公惧,坠于车,伤足,丧屦。”

又如《庄公三十二年传》曰“神将于莘”,内史过说:“国之将兴,明神降之,监其德也;将亡,神又降之,观其恶也。故有得神以兴,亦有以亡,虞、夏、商、周皆有之。”

《宣公十五年传》曰:“及辅氏之役,(魏)颗见老人结草以亢杜回,杜回踬而颠,故获之,夜梦之曰:‘余,而(尔)所嫁妇人之父也,尔用先人之治命,余是以报。’”

这些怪异的现象,左丘明并不因为“子不语怪力乱神”[①]而不书,使我们从此可以窥知早期阴阳家的言论和心态。

2. 史料价值

---

① 《论语·述而》。

《左传》是一部比较可信的史书,这是历代学者所公认的。公元前770年,周平王东迁乐邑。到公元前476年,是春秋时代。中国的历史自公元前841年起,每年不断编年记事。春秋上起公元前722年(隐公元年),下讫哀公十四年获麟止,即公元前481年,凡二百四十二年。其间载有齐桓公称霸、宋襄公的图霸、晋文公的建霸、秦穆公的霸西戎、楚庄公的霸业等重大历史事件。这就是历史上著名的春秋五霸。又详细记叙了春秋时代争霸的"五大战役",从战争的起因到战争的结果,都做了客观的叙述,使我们清楚地看到齐、晋、秦、楚等大国争霸中原的历程。

所谓"五大战役"即鲁僖公四年的齐、楚召陵(郾城)之战,鲁僖公二十八年的晋、楚城濮(濮县)之战,鲁僖公三十三年的秦、晋殽(陕县)之战,鲁宣公十二年的楚、晋邲(郑县)之战,鲁成公十六年的齐、晋鄢陵(今许昌境内)之战。战争是政治的继续,是政治斗争的最高形式。这些大国的争霸中原,都是通过战争来解决问题的。

其他如通过"周郑交恶"、"晋侯召王"、"楚子问鼎"以及"王子朝告诸侯"等活动的记载,反映了周王室的日益衰微、大权旁落的历史情况。

《左传》述事以春秋时代的历史事实为主,它是最具权威的历史资料。

3. 文学价值

《左传》在运用语言、刻画人物、叙述史事方面,都取得了很高的成就。

如写先轸的英勇牺牲,只用了"狄人归其元(首级),面如生",便把先轸的至大至刚的民族正气表现出来了。

庄公十二年,叙述陈人将南宫万送回宋国的情形,只用了"陈人使妇人饮之酒,以犀甲裹之,比及宋,手足皆见"。勇士的手足穿透了犀牛皮,短短二十余字,便把南宫万的神力生动刻画了出来。

左氏长于个性的刻画,往往寥寥数语,便能传人物之神。如写僖公三十二年写"蹇叔哭师":"孟子,吾见师出而不见其入也!"秦缪公使人谓之曰:"尔何知! 中寿,尔墓之木拱矣。"秦缪的刚愎自用的心态,跃然纸上。

僖公三十三年,写"先轸问囚":"公曰:'夫人请之,吾舍之矣。'先轸怒曰:'武夫力而拘诸原,妇人暂而免诸国,堕军实而长寇雠,亡无日矣。'不顾而唾。"文章仅用"不顾而唾"四字,便把先轸的敢于犯颜诤谏的品质,写得活灵活现。

在记叙方面,往往写复杂之事笔愈简,写紧张之事笔愈闲。

如写"召陵之会",齐兴师伐楚,楚使责问管仲:"君处北海,寡人处南海,唯是风马牛不相及也。"管仲问罪:"尔贡包矛不入,王祭不共,无以缩酒,寡人是征。昭王南征而不复,寡人是问!"楚使对曰:"贡之不入,寡君之罪也,敢不共给?昭王之不复,君其问诸水滨!"

齐桓公以"以此众战,谁能御之?以此攻城,何城不克"相威胁,屈完回答道:"楚国方城以为城,汉水以为池,虽众,无所用之!"《左传》在这紧张气氛中,却插入"蔡姬荡公,公惧,变色"一段宫闱秘史(僖公三年),作为"齐侯以诸侯之师侵蔡"(僖公四年)的张本,而在乘机伐楚的战争中,双方唇枪舌战,又插入楚使的"君处北海,寡人处南海,唯是风马牛不相及也"一句极其风趣、极其幽默的话,顿使文章生色。

又如围绕着长达四年的"秦晋之争",涉及许多国家,《左传》以秦晋为主线,中间穿插"烛之武退秦师","蹇叔哭秦师","王孙满论秦师","弦高犒秦师","晋原轸败秦师","孟明被俘获释","秦伯素服自责”等,展开了大型的波澜壮阔的战争外交史。其运思之高妙,极文章之能事,真可谓卓尔不群,光芒四射!

五、《公羊传》的解释系统

《春秋》三传中,最先受到汉代朝廷重视的是《公羊传》。《公羊传》作者公羊高,其人可能生活在战国时代,并不与孔丘、左氏同时,不可能同时接受孔子口授。最早提出这种意见的是桓谭《新论》,他说:“《左氏传》传世后百有余年,《公羊》、《穀梁》方作。”

可见《公羊》、《穀梁》在《左传》之后。

唐陆德明在《经典释文·叙录》中也说:“公羊高受之于子夏,穀梁赤乃后代传闻。”不仅说明《公》、《穀》的作者后于左氏,而且把穀梁赤作为“传闻”中的人物来看了。

公羊是复姓,传说是孔子门人子夏的弟子。《春秋公羊传注疏》引戴宏序说:“子夏传公羊高,高传其子平,平传其子地,地传其子敢,敢传其子寿,至汉景帝时,寿乃与齐人胡母子都著于竹帛。”公羊氏家传共五代口耳相传,到第五代寿,才和胡母子都一同写成书,时在汉景帝时。

《公羊》和《穀梁》都是解经的,不过它们所解释的是《春秋经》的“微言大义”,所谓微言大义,即指《公羊》、《穀梁》二传作者的历史哲学观。它们都是用问答体的方式,逐层解释经义,多是经生依据师传,往往有不见于其他经传的胜义、精义。

经今文学派认为只有《公羊传》和“《春秋》学”有密切关系,只有《公羊传》才是“《春秋》学”的第一部重要经典。

他们认为《左传》对史学与文学有权威,但对中国一般的思想没有影响，而《穀梁传》过于简略，论史迹不及《左传》详密，论大义又不及《公羊传》的复杂。

春秋公羊学，可以说是政治儒学，大致有如下各种政治学说：

大一统说 首先，《公羊传》“以义解经”主张“大一统”。其释《春秋经》“元年春王正月”云：

> 元年者何？君之始年也。春者何？岁之始也。王者谁谓？谓文王也。曷为先言王而后言正月？王正月也。何言乎王正月？大一统也。

《公羊传》开宗明义提出“大一统”之说，强调“拨乱世反诸正，莫近于《春秋》”，其所以说“君君、臣臣、父父、子子”之义，旨在建立巩固的政治秩序。

“大一统”既包括政治上的统一，也包括思想上的统一，这种观点从汉代起，便成为中华民族大家庭的共识，坚持统一，反对分裂，一直是志士仁人长期奋斗追求的终极目标。

“大一统”是中华民族独特的政治智慧与历史信仰，二千年来，它维系着中华民族的团结与统一，也是中国所特有的政治礼法架构。

在中国历史上虽时有政治分裂与外族入侵，但最终在大一统思想的影响下，走向新的统一与民族融合。可见，中国人的政治理想与历史信仰渊源于此。

蒋庆先生说：“如果没有公羊家提出的大一统思想，政治秩序的合法性就不能确立。中国古代的政治动乱将不知如何收拾。强权人物将会为所欲为，国家将没有合法的权威，社会将处于无政府状态，人民将无法生活！”①

---

① 蒋庆著：《公羊学引论》，辽宁教育出版社 1995 年版，第 356 页。

杨向奎先生说："大一统的思想是公羊学派的精华，这种思想不存在狭隘的民族思想，此之所以为大一统，这种思想有助于各族之间之团结统一，这种思想掌握了各民族人民，于是发挥了无比的凝聚作用。"①

尊王攘夷说　其次，《公羊传》"以义解经"，主张尊王攘夷，极力维护周天子的正统地位。

又主张华夷有别，强调文化上的华夷之辨。

如《公羊传·成公五年》：内其国而外诸夏；内诸夏而外夷狄。

《公羊传·襄公十三年》：不与夷狄之主中国。

《公羊传·隐公七年》：不与夷狄之执中国。

《公羊传·庄公十年》：不与夷狄之获中国。

作者继承了孔子辨华夷以种族自保的思想。在《公羊传》的作者看来，如果中国不讲礼制，则可视同新夷狄。自西周以来，以黄河流域为中心，华夏民族形成了以礼义为核心的文化传承系统，东周后夷狄常进攻中国，这时的中国保种观念极强。如果中国人违背中国文化传统，就行同夷狄；如果夷狄接受中国礼义，也就视同中国。这里提出了一个重要标准，即以文化的先进与落后为分水岭。

《公羊传》是一部充满理想主义的书。其中心思想是团结诸夏，抵抗异族。为完成这个目的，先从社会底层基本单位着手，由修身、齐家、而后治国平天下。身、家、国、天下，这四个阶层，有步骤台阶，不可忽略。

一部《公羊传》流露出许多理想主义的言论。

孔子提出"行夏之时，乘殷之辂，服周之冕"②。剌取三代之

① 《管子学刊》1991年第4期。

② 《论语·卫灵公》。

制，以完成他的改制的理想。不是黜周王鲁，也不是抑今扬古。

殷人的承袭，本是兄终弟及。宋宣公突然复古，传位给他的弟弟穆公，种下了两世大乱。《公羊传》说："故君子大居正，宋之祸，宣公为之也。"①可见《公羊》不一定复古。

《公羊传》记宋襄公泓之战不同于《左传》：

> 楚人济泓而来，有司复曰："请迨其未毕济而击之。"宋公曰："不可。吾闻之也，君子不厄人。吾虽丧国之余，寡人不忍行也。"既济，未毕陈，有司复曰："请迨其未毕陈而击之。"宋公曰："不可。吾闻之也，君子不鼓不成列。"已陈，然后襄公鼓之，宋师大败。故君子大其不鼓不成列，临大事而不忘大礼，有君而无臣，以为虽文王之战，亦不过此也。②

襄公在生死存亡迫在眉睫的大战中，因为忠于自己的理想，放弃取胜的机会，终于失败，以至受伤而死。《公羊传》因为看重理想，所坚持的标准十分苛刻。

如襄公七年，齐侯灭莱。《公羊传》称："曷为不言莱君出奔，国灭君死之，正也。"《公羊传》认为国君应当在国家灭亡时自杀，否则不得其正。

朱东润在其《公羊探故》中说："《公羊传》因为着重理想，他的结论有时是非常苛刻的。……国君在国家灭亡时，应该自杀。但是在理想主义者看来，一些也不觉得苛刻，当然也有他底理想。明思宗在北京陷落的时候，抱定国君死社稷的理由，在煤山自缢，在他身后，照耀了复仇之火，经过二十年，中国方才勉强安定，但是最后还激起民族

---

① 《公羊传·隐公三年》。
② 《公羊传·僖公二十二年》。

革命，推翻满清。理想主义者终于获得最大的成功，不是偶然的。”

这种理想主义的原则在《公羊传》体现为“以义解经”，专讲“春秋大义”。以正名分为原则。

孔子为王说　这是公羊学十分关注的政治哲学。有新王说、圣王说、素王说、文王说、先王说、后王说，此处不作展开。学者有兴趣，可读康有为《孔子改制考》，书中的第八卷《孔子为制法之王考》，总论了公羊学家对孔子为王的具体内容。

孔子改制说　《史记·太史公自序》说：“周道衰废，孔子为司寇，诸侯害之，大夫壅之。孔子知言之不用，道之不行也，是非二百四十二年之中，以为天下仪表，贬天子，退诸侯，讨大夫，以达王事而已矣。子曰：‘我欲载之空言，不如见之行事之深切著名也。’”

孔子作《春秋》，托史的方式来改制，体现出他的一种制度性的焦虑，拨乱世是改乱制，反诸正是创新制，孔子为政，必先正名，即定新制度，以此规范人们的政治生活。历史上任何制度都会变，因此要改旧制创新制。春秋时，世卿乱国，所谓世卿即卿大夫世世袭位，孔子改定选举制，采用“选贤举能”的任官制度。由此规定了中国官吏制度的基本架构达两千年之久。此外，孔子改定大一统制、夏时制、嫡子继承制、选举制等。

孔子主张用制度来批判人性，用新制度批判旧制度，这是因为春秋二百四十二年的人性之恶暴露无遗。

孔子的改制说是春秋公羊学的核心思想，由此可知春秋公羊学是政治儒学，是外王儒学，是批判儒学。①

张三世说　即由“据乱世”进到“升平世”，再进到“太平世”，但

---

①　参见蒋庆：《公羊学引论·公羊学的基本思想(上)》，辽宁教育出版社1995年版。

此“三世说”原来是就春秋二百四十二年分成三个阶段而说的。由乱世进小康世，再进大同世。三世说提出了人类的理想社会，不承认现实社会具有永恒性，具有批判现存制度的作用，同时又代表着人类对美好社会的追求。这就是最后达到推行大道，选贤与能，讲信修睦的大同之世。

通三统说 《公羊传》主张新王朝的建立和改制，必参照前二代的旧统，新统取代旧统，但也包含而不排斥旧统，并存其旧制旧典。孔子提出殷之新统，包容夏之旧统，周之新统包容殷之旧统。新王之统对旧王之统要有一种宽容精神，从而克服政权在交替中的震荡和流血，这就是政治文明。这种大一统是多元的大一统，天下非一姓独有，亦非一党独有，乃百姓公有。中国历史上为什么总是保持统一？我们研究《公羊传》的“通三统”学说，从中可以获得宝贵的智慧和经验。如果没有这种政治文明的多元的大一统的宽容精神，又如何能实现国家的统一呢？

《公羊传》专就经文逐层地加以问答体的说明。何休说：“公羊传多非常异议可怪之论。”其中尤以“三科九旨”为最重要。

何休以为“三科九旨者，新周，故宋，以春秋当新王，此一科三旨也。”“所见异辞，所闻异辞，所传闻异辞，二科六旨也。”“内其国而外诸夏，内诸夏而外夷狄”，“天下远近大小若一”，“是三科九旨也”。①

六、《穀梁传》的解释系统

《穀梁》的作者穀梁赤，穀梁是复姓，据说穀梁赤是孔子门人子

① 何休：《春秋公羊经传解诂序》。

夏的弟子,穀梁赤传于荀子,荀子传于鲁人申公,申公传于博士江翁。在战国时即已流传,大约在《左传》传世后百余年,与秦孝公同时;但是口耳相传,到西汉才成书。比较《公羊》、《穀梁》二传,杨伯峻认为,记事有矛盾,态度有褒贬,不是由同一师传。又认为《穀梁》抄《公羊》。《公羊》成书于汉景帝时代,《穀梁》只能成书于汉景帝以后。

《穀梁传》在历史上较少受到人们的重视。但《穀梁传》的观点不同于《公羊》,如对宋襄公与楚国战于泓的事,《公羊传》赞美宋襄公仁义道德,而《穀梁传》持批评态度。《穀梁传》的文章一般比较简短。

《穀梁传》中的民本思想尤为突出。僖公二十六年:"民者,君之本也。"《穀梁传》十分重视农民和农业生产。僖公三年记曰:"一时言不雨者,悯雨也。悯雨者,有志乎民者也。"在一个像中国这样的农业大国里,君之忧雨、悯雨、喜雨,正是其忧民、有志乎其民的表现。在《穀梁传》看来,以民为本,不仅在经济上落实是否利民,而且要看民是否在一个国家有重要的地位。

七、"三传"之特色

春秋时代,风云变幻,人物浮沉,可以《三传》记载为见证。《三传》之中又应首推《左传》。在古文经学家中,如桓谭、王充、章太炎等都推崇《左传》;在今文学家中,如董仲舒、何休、康有为等都推崇《公羊传》。

《左传》叙事纷繁,议论纵横,美不胜收。叙外交善于辞令,说战争长于指挥。许多美文,脍炙人口,百读不厌。《公羊》、《穀梁》

均成书于汉代，早就立于学官。《公羊》一书集较多经师之说编成，不止《公羊》一家。可谓博采众长，择善而从。而《穀梁》较《公羊》、《左传》更为简洁，此其优点，但情节均去，无法读懂，令人如坠五里云中，不知所云，则又是其缺点。

《左传》之特色，在以史解经。唐刘知幾比较三传得失，指出《左传》有“三长”：即“《左传》独得《周典》，成不刊之书，著将来之法”，此其一长；丘明“躬为太史”，“博总群书”，“广包它国，每事皆详”，此其二长；丘明“上询夫子，下访其徒，凡所采摭，实广闻见”，此其三长。

而《公》、《穀》有“五短”，大抵以“记言载事，失彼菁华；寻源讨本，取诸胸臆”；“自我作故，无所准绳，理甚迂僻，言多鄙野”；“违夫子之教，失圣人之旨”。（《史通·申左》）刘氏所见《三传》之优劣，虽非至当至公之论，亦不是没有见解的。

又《左传》详于史实。《左传》成书，即著竹帛，定型较早。《公》、《穀》口耳相传，难免失真。《公羊传》、《穀梁传》之特色，重义法，以专讲“微言大义”，可以放言高论，而不必合乎史实。且《公羊》又有附会《春秋》为汉家立法一说，故汉代崇尚《公》、《穀》，最早立于学官。《公羊》、《穀梁》以事解经明显不如《左传》，对于史料的把握和运用多有错误。

晋荀崧《上晋元帝疏》曰：“孔子既没，微言将绝，于是丘明退撰所闻，而为之传。其书善礼，多膏腴美辞，张本继末，以发明经意，信多奇伟，学者好之。称公羊高亲受子夏，立于汉朝，辞义清隽，断决明审，董仲舒之所善也。穀梁赤师徒相传……其书文清义约，诸所发明，或是《左氏》《公羊》所不载，亦足有所订正。”（《晋书·荀崧传》）他对《三传》的特色，提出了比较公正的评价。

宋胡安国在其《春秋传举要》中，也对《三传》的特色作了简要的评价："《左传》叙事见本末，《公羊》、《穀梁》词辩而义精。学经以传为案，则当阅《左氏》；玩词以义为主，则当习《公》、《穀》。"[①]寥寥数语，既指明了《三传》各自的特色，也告诉了我们学习《三传》应该有不同的侧重面。

朱熹对《三传》作者的优劣，说得更加具体尖锐："左氏曾见国史，考事颇精，只是不知大义，专去小处理会，往往不曾讲学；《公》、《穀》考事甚疏，然义理却精。二人乃是经生，传得许多说话，往往不曾见国史。"[②]这些评论，大抵是公正的、确切的。

概括起来说，《左传》的优点是"考事颇精"，"叙事见本末"，而且"多膏腴美辞"，"信多奇伟"，缺点是"不知大义，专去小处理会"。《公》、《穀》的优点是"词义清俊，断决明审"，"词辩而义精"，缺点是"考事甚疏"。这大概就是汉代崇尚《公》、《穀》，将其立于学官，作为《春秋》基本教材的原故。

平心而论，《春秋》文简旨约，非得详述本事，无以知其内容，明其体例。《左传》从史的角度出发，搜罗史料，订正真伪，比较客观，宜为统治集团及其代言人所不喜，因而视之为"异端"，斥之为"离经叛道"，是不足为怪的。

《春秋经》在汉代以前，还是单行本，把经文移于《左传》文前的，相传是晋代的杜预；移于《穀梁》文前的，据说是晋代的范宁；移于《公羊》文前的，据说是唐代的徐彦。经文既移于《三传》之前，单行本自然就没有存在的价值了。

《公》、《穀》为今文，汉初已立为学官，《左传》为古文，至汉武帝

---

① 黄宗羲：《宋元学案·武夷学案》。
② 《朱子语类》。

建武年间始立为学官。晋初,《三传》俱立于国学,至杜预注《左传》,而《左传》大兴,《公》、《穀》则日就衰退。

清陈澧在《东塾读书记》卷十中说:"《穀梁》在《公羊》之后,研究《公羊》之说,或取之,或不取,或驳之,或与己说兼存之,其较《公羊》为平正者,以此也。"

近代学者黄侃著《三传平议》。他对《左传》肯定较多。黄氏以为,叙述《春秋》经传原委,以《史记》、《汉书》为准,既指明经传互为表里,又为最简当。《春秋》大意均可从《左传》中求得,《左传》运笔铸词,也能体现褒贬劝惩精神。《公羊》、《穀梁》说事不甚明确,《公羊》不明经意,也不明事实真相。《穀梁》虽与《公羊》谨肆小殊,而亦不能免上诸弊。《春秋》依赖《左传》提供史实,才意旨昭明;《左传》依赖《春秋》指明大意,才叙事严谨。《公》、《穀》存在不少弊病,《公羊》为甚。

欲考《春秋》二百四十二年的史实,则宜精研《左传》,欲明《春秋》的"微言大义",则宜究《公》、《穀》,这几乎成为历代学者的共识。

语录精华

世衰道微,邪说暴行有作,臣弑其君者有之,子弑其父者有之;孔子惧,作《春秋》。《春秋》,天子事也。是故孔子曰:"知我者其惟《春秋》乎!罪我者其惟《春秋》乎!"昔者禹抑洪水而天下平,周公兼夷狄,驱猛兽而百姓宁,孔子成《春秋》而乱臣贼子惧。

——《孟子·滕文公下》

孟子曰:"王者之迹熄而《诗》亡;《诗》亡,然后《春秋》作。晋之《乘》,楚之《梼杌》,鲁之《春秋》,一也。其事则齐桓晋文;其文则史。孔子曰:'其义则丘窃取之矣。'"

——《孟子·离娄下》

第六章 《大 学》略 说

一、什么是《四书》

北宋以来，《大学》、《中庸》、《论语》、《孟子》地位提高。经朱熹注解，编为四书，其重要性超过五经。从元代到清代一直是读书人必修的教科书。

《四书》按照普通的顺序是《大学》、《中庸》、《论语》、《孟子》，前二者又简称《学》、《庸》，后二者又简称《论》、《孟》。可见这四部书历代读书人用得很熟。

在新学校未出现前，从前的私塾里，学生入学，是从《四书》读起的，《四书》就是那个时代的小学教科书。那时先生不讲解，只教学生背诵，不但得背正文，还得背朱熹的小注。那时的科举考试，考生要作八股文，题目就从《四书》里抽出，而且以朱熹注的《四书》为标准答案。科举考试要以朱熹的《四书集注》中的注释作为立论的根据。八股文的所谓代圣贤立言，实际上是把朱熹在《四书集注》中阐述的理学思想在八股文中敷衍一番而已。科举分几级，考中的得着什么秀才、举人、进士种种资格的，凭着这种资格可以建功立业，也可以升官发财。科举几乎是当时读书人的唯一出路。

朱注的《四书》被定为科举用书，是从元仁宗皇庆二年（1313年）开始的。《四书》原来不是并行的。《论语》是经，而《孟子》是子。《汉书·艺文志》根据《七略》，列《论语》于《六艺略》，而列《孟子》于《诸子略》。

《大学》、《中庸》原为《礼记》中的两篇文章。《中庸》的单印本《中庸说》,《汉书・艺文志》已有记载。《论语》、《孟子》单行。这些书原来只算是诸子书,朱熹原来也称其为“四子书”。到汉代,《礼记》、《论语》、《孟子》都立过博士,上升到经的高度。

韩愈、李翱将《大学》、《中庸》视为与《孟子》、《易经》同样重要的经书。二程朱熹祖述他们的观点,也推尊《大学》、《中庸》。《大学》的单印本始于司马光撰《大学广义》。

朱熹本人对佛学有相当研究,他深切感到仅仅依靠《五经》决不能维持儒教之尊严,因为《五经》里面所说的哲学上的本体论和方法论远不及佛教经典博大精深,要想维持儒教的支配地位,就得在儒家经典中寻找针对佛学的本体论与方法论的新材料并另加新解说。

朱熹终于在《礼记》中找到两篇前人所忽视的,但对朱熹却显得非常主要的文章,这便是《大学》和《中庸》。

朱熹将《大学》、《中庸》这两篇文章与《论语》、《孟子》合在一起,构成《四书》。

《四书》的提出,是与《五经》并立,实际是用来解说《五经》的。

朱熹认为:“《四书》,《五经》之阶梯”。实际上,在宋元明三代,《四书》的权威已超越《五经》。《五经》和《四书》的成立,其间相隔一千三百年左右。《五经》名称始于西汉时的汉武帝时代;《四书》的名称却始于南宋的朱熹。

汉学家的研究以《五经》为主体;宋学家的研究却以《四书》为中心。

《论语》——孔子的言行录。本书奠定了孔家思想的基本原理。

《孟子》——孟子的言行录。本书奠定了儒家的政治思想体系。

《大学》——引“诗云”的专论。儒家的人生哲学和政治纲领。

《中庸》——引“子曰”的专论。儒家的哲学观和人生观。

宋儒喜言心性,而《大学》言心,《中庸》言性,恰与之合。故朱子以《论语》、《大学》、《中庸》、《孟子》四书为可以代表孔子、曾子、子思、孟子一脉相传的道统。《四书》的经典地位及意义在于扩大了《五经》的价值体系。《五经》的经典意义在于对原典的保存,但没有反映变化了的时代需求和时代精神。《四书》则扩大了经典的开放价值体系,既满足了不同时代的文化需求,又是一个划时代的宋学的凝集。

二、《大学》和《大学》的作者

《大学》是一篇论述儒家人生哲学的论文,也是儒家最有系统的一篇政治哲学论文。全文十章,一千五百四十六字。“大学”原意为王公贵族子弟的学校,也就是培养统治者的学校,故解释为“大人之学”。《大学》这篇论文讲的是执政者如何治理天下的最根本的学问。

《大学》原是《礼记》中的一篇,没有单行本,也不知作者是谁。汉代人说子思所作,宋代人以为曾子所作,清代人以为汉代群儒作。近人认为是思孟学派的作品。也有人认为是秦汉之际荀子后学之作。

《大学》作者是不是曾子?郑玄并没有说明,郑玄以前的经学家也没说明,就是唐初的孔颖达作《礼记正义》也没有说明。这是一个复杂的而又众说纷纭的问题。

到北宋程颐与朱熹着重提出《大学》的问题。北宋司马光撰著了《大学广义》一书,这是《大学》单印本的开始。但司马光没有改动《大学》原文,也没有指明《大学》是谁作的。

到了程颐,“北宋五子”的大程,他移易《大学》原本章节,成《大学》定本。程颢、程颐尊崇《大学》,认为《大学》是孔门的遗书,是“初学入德之门”。本书主要讲做人的道理。郑玄说:“大学者,以其记博学,可以为政也。”

郭蓝芳先生说:“其内涵具有久远的溯源,其价值则概括了全人类的道德法则。”①

古人做学问的程序,没有比得上《大学》的。这是《大学》改定本的开始,也是《大学》在经典研究以及儒家哲学研究上地位上升的开始。二程改动《大学》,在汉学家看来是极要不得的。这也是经学上汉学派与宋学派最大不同点之一。

朱熹认为《大学》是孔子弟子曾参所作,这才取得儒教经典的最高地位。但是,《大学》的真面目也更糊涂了。依郑玄的《礼记注》,《大学》是《礼记》中第四十二篇。

朱熹指为曾子和曾子门人作,自有他的一番苦心。朱熹抬高《大学》的地位,是为了建立从孔子到曾子、到子思、到孟子、到二程、到朱熹的道统。

朱熹对《大学》原文作了删改。《大学》一篇文字有错乱脱漏之处,朱熹做过细致的分析整理,将篇内经传分开,指出经仅一章,“盖孔子之言而曾子述之”,传共十章,“则曾子之意而门人记之

---

① 转引自郭蓝芳:《〈大学〉浅解·前言》,中国社会科学院出版社2003年4月版。

也”。于是发生了古本《大学》与今本《礼记·大学》不完全相同的问题。但也有人认为，这种说法可以探讨。因为经就是经，传就是传。古本《大学》与今本《大学》不同，应将朱熹《四书章句集注》与今本《十三经注疏本·礼记》对照读。

朱熹则进一步认为《大学》所教，是穷理正心，修己治人之道，《大学》讲格物、致知、诚意、正心、修身、齐家、治国、平天下的内圣外王之道。

《大学》的内容至今仍然有着深刻的含义，是儒家论述修身治国的重要篇章，提出治国之道，以修身为本。

一是强调严于律己，即把自己经常置于群众的监督之中，所谓“十目所视，十手所指，其严乎！”

二是强调自己的表率作用，所谓“一家仁，一国兴仁；一家让，一国兴让；一人贪戾，一国作乱”。

三是要宽以待人，所谓“是故君子有诸己，而后求诸人；无诸己，而后非诸人”。

四是要有容人的度量，所谓“其心休休焉，其如有容焉。人之有技，若己有之；人之彦圣，其心好之”。

古来有小学大学。小学里教洒扫进退的规矩和礼、乐、射、御、书、数，所谓“六艺”的。大学里教穷理、正心、修己、治人的道理。所教的都切于民生日用，都是实学。

《大学》这部书便是古来大学里教学生的方法，规模大，节目详；而所谓“格物、致知、诚意、正心、修身、齐家、治国、平天下”，是循序渐进的。

程子说“初学者入德之门径”。于今可见古人为学的次第。这部书里的道理，并不是为一时一事说的，是为天下后世说的。这是

“垂世立教的大典”，所以程子举为初学者的第一部书。

朱熹则说，《大学》所教，是穷理正心、修己治人之道。曾参作为传人，发明其义。孟子死后，而其传泯焉，其书虽存，而知者鲜矣。

河南程氏两夫子出，而有以接乎孟氏之传，实始尊信此篇而表章之，次其简编，发其归趣，然后灿然复明于世。

朱熹又说，《大学》是为学纲目，修身治人底规模。好像盖房子，读《大学》等于搭好房子的间架，以便将来以他书填补去。又说，先通《大学》，立定纲领，其他经皆杂说在里许。通得《大学》了，去看他经，方见得此是格物致知事，此是正心诚意事，此是修身事，此是齐家、治国、平天下事。①

照朱熹看来，《大学》是一个无所不包、无所不能容纳的纲领或间架，他书、他经都可以填补进去，这是一个大胆新奇的说法，在过去是没人这样说过的。

《大学》一文不长，只有两千字，但此文极有生命力。这是因为这篇文章抓到人生的关键，适应了社会需要，又为后人留下了阐释、发挥的空间。

> 大学之道，在明明德，在亲民，在止于至善。知止而后有定，定而后能静，静而后能安，安而后能虑，虑而后能得。物有本末，事有终始，知所先后，则近道矣。古之于欲明明德于天下者，先治其国；欲治其国者，先齐其家；欲齐其家者，先修其身；欲修其身者，先正其心；欲正其心者，先诚其意；欲诚其意者，先致其知。致知在格物，物格而后知至，知至而后意诚，意

---

① 《朱子语类》。

诚而后心正，心正而后身修，身修而后家齐，家齐而后国治，国治而后天下平。自天子以至于庶人，壹是皆以修身为本。其本乱而末治者否矣，其所厚者薄，而其所薄者厚，未之有也。

这段话，层次分明，逻辑整严，说理透彻，明白易懂。

明明德、亲民、止于至善，构成《大学》的基本思想和纲领。

三、三纲八目的内涵

《大学》一书又提出了修己治人平治天下的三纲八目，是先秦的儒家伦理学说进一步系统化。它提出了"自天子以至于庶人，壹是皆以修身为本"的观点。将人的道德修养确定为儒者的修己治人、化民成俗、改良政治的中心环节，进一步强化了儒学以人伦道德为中心的本质特征。

第一章提出三纲领八条目。

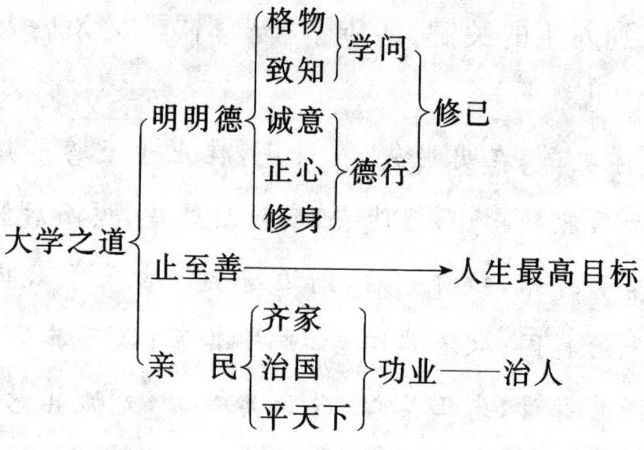

所谓三纲，即执政者治理天下的三条基本原则。文章开宗明义提出："大学之道，在明明德，在亲民，在止于至善。"

此为总纲。把道德修养和治理国家结合为一体,以执政者个人的道德修养作为治理天下的根本。

将此三纲分别言之,就是三条纲领:

第一,“明明德”,即发扬人自身内在的光辉美好的德行。或谓:“明明德”即“修其身”,“明明德于天下”即使天下人皆能修其身。孔颖达释为:“谓身有明德而更彰显之。”

第二,“亲民”,即新民,指教化人民,使人民日新其德,具有新的道德风尚。“亲民”一词在学术史上,有二说:朱熹作新民讲;王阳明作亲民讲。朱说符合全文大意。

第三,“止于至善”,止,训为“处”或“达”,即处于最完善的境地。

这完善的境地指的是什么呢?传文解释说:“为人君止于(要做到)仁,为人臣止于敬,为人子止于孝,为人父止于慈,与国人交止于信。”

仁、敬、孝、慈、信,就是大人君子所要达到的最高道德标准。只有这样,才能“知止(目标)而后有定(方向、志向坚定),定而后能静(处事镇静),静而后能安(不再犹豫动摇),安而后能虑(考虑认真、谋画得当),虑而后能得(得到真理、达到目的)”。

所谓“八条目”是实现三纲的八个步骤。

即:“物格而后知至,知至而后意诚,意诚而后心正,心正而后身修,身修而后家齐,家齐而后国治,国治而后天下平。”

格物、致知、诚意、正心、修身、齐家、治国、平天下,这就是八目。

“格物”即推究事物的原理。朱熹注疏说:“凡天下事物莫不有其理,当一一求之,用力之久,一旦豁然贯通,即能悟出贯穿全体的大道理。”

“致知”就是认识到万事万物的本来之理。

“诚意”的“意”，谓意念，“诚意”即真心实意。传文解释说：“所谓诚其意者，勿自欺也”，“故君子必慎其独也”。

何谓慎独？大庭广众能够做到，而个人独处时，以为人家看不到，便放胆做不正当之事，这是不行的。所以君子要特别注意个人独处时的行为，人前人后都一样，这就叫“慎独”。

诚意这个精神境界，用今天的话来说，就是为人处世要讲诚信。

《大学》提出了两个途径：或是通过“格物致知”的间接工夫可达到诚意的境界；或是通过“慎独”的直接工夫达到诚意的境界。

“正心”，传文解释说：“心有所忿怒，则不得其正；有所恐惧，则不得其正；有所好乐，则不得其正；有所忧患，则不得其正。”正心就是守持儒家的正道，不愤怒，不恐惧，不好乐，不忧患，对种种感情有克制力，防止个人感情和欲望的偏向。

“修身”，即修养身心，是八条目的中心，是一个重要的枢纽，这里指修养的完成。《大学》说：“自天子以至于庶人，壹是皆以修身为本。”

“明明德”，则是修身之本。

“齐家”的家指家族，就是教化家族，做到对父母要孝、对兄弟要悌、对子女要慈。家族是国家组织的细胞，国是放大的家，齐家就可以治国。

一个家族中的成员只要做到对父母孝、对兄弟悌、对子女慈，那这家的家风就有仁、让之风，也就是有德之家。

《大学》将家族看成是国家组织的细胞，国是放大的家，齐家就可以治国，国就是诸侯之国。《大学》是极重视家教的，即家族的教育、家庭的教育。因为国家和社会是由家族和家庭组成的。如果没有家的稳定，自然不会有社会和国家的稳定。

《大学》传文认为如果修身齐家做不到，更不用说治国了："孝者所以事君也，弟者所以事长也，慈者所以使众也"。能孝父母，也就能忠事君长；能敬兄弟也就能服从长官；能慈爱儿女也就能爱护百姓。

故《大学》传文曰："一家仁，一国兴仁。一家让，一国兴让。"

《大学》的三纲与八目，是方法论，内容是讲内圣外王之道。

格物、致知、诚意、正心为内圣，内圣是就个人内心修养而言，可归入修己。

修身、齐家、治国、平天下为外王，外王是就个人在社会中发挥的作用而言，可归入治人。

从格物致知起以至于治国平天下，可以说将儒家的人生哲学和修身处事的方法说得条理井然，综括无遗。

由《大学》提出格物—致知—诚意—正心—修身—齐家—治国—平天下八个条目，构筑一个由内到外，由精神追求到制度规范相统一的完整体系，将周代以来的礼治思想制度化、系统化，它既是帝王的统治术指南，又是臣民的修养法则与行为准绳，并因其纲领鲜明而被列为《四书》之首。

四、治国平天下的三条标准

第一，执政者自身以德行为先，推己及人。《大学》说："所谓平天下在治其国者，上老老而民兴孝，上长长而民兴弟，上恤孤而民不倍,是以君子有絜矩之道也。所恶于上,弗以使下,所恶于下,弗以事上,所恶于前,弗以先后;所恶于后,弗以从前;所恶于右,弗以交于左;所恶于左,弗以交于右。此之谓絜矩之道。”

第二,仁德爱民,以民为本。《大学》传文说,执政者要像爱护子女一样爱护百姓。故又曰:“民之所好好之。民之所恶恶之。此之谓民之父母。”“得众则得国,失众则失国。是故君子先慎乎德。有德此有人。有人此有土。有土此有财。有财此有用。”

第三,“财聚则民散,财散则民聚。”只有让百姓富起来,才能得到百姓的拥护。人民是立国之本。所以,“仁者以财发身,不仁者以身发财,国不以利为利,以义为利也”。

《大学》是儒家的人生哲学,也是儒家的政治哲学。它的人生观是入世的、积极的、进取的,它的政治哲学是以人民为本位的。儒家的道德理想和政治理想是与个人修养结合在一起的。这个人生观,首先要求个人道德的自我完善,以此为基础,修身、齐家,进而承担起治国、平天下的社会责任。

《大学》是一有系统条理的伦理、政治一贯的理论,是一篇成熟的儒家思想的论文。《大学》还继承了孔子的仁政学说和孟子的民本学说,以之作为治国平天下的根本原则。并对这一原则作了清楚的发挥。

金克木先生说:“《大学》是个政治哲学的完整纲领,是为统一天下而作的。”朱熹时代,天下大一统势所必至,当时各族、各地经济已发展,人民生活及思想的要求,包括西部民族地区在内,已不能再忍受继续分裂,而要求定于一,要求一个统一的天下。怎样一统?一统后怎样?不一统又怎样?这就是朱熹讲“修身”直到“齐家、治国、平天下”的纲领文献《大学》的背景。朱熹认为在“平天下”的政治思想根本纲领上，各种思想学说都可纳入这个大系统中。[①]

语录精华

大学之道，在明明德，在亲民，在止于至善。

格物、致知、诚意、正心、修身、齐家、治国、平天下。

得众则得国，失众则失国。是故君子先慎乎德。有德此有人。有人此有土。有土此有财。有财此有用。

一家仁，一国兴仁；一家让，一国兴让；一人贪戾，一国作乱；其机如此。此谓一言偾事，一人定国。

德者本也，财者末也，外本内末，争民施夺。是故财聚则民散，财散则民聚。

是故君子有大道，必忠信以得之，骄泰以失之。生财有大道，生之者众，食之者寡，为之者疾，用之者舒，则财用恒足矣。

仁者以财发身，不仁者以身发财。未有上好仁，而下不好义者也；未有好义，其事不终者也；未有府库财，非其财者也。

---

① 张岱年等著：《国学今论》，辽宁教育出版社1991年12月版，第39—40页。

第七章 《中庸》略说

一、《中庸》的作者

《中庸》相传为孔子之孙(孔伋)即子思所作,《汉书·艺文志》上说:子思著书有二十三篇,但只剩下《中庸》。这本书,也是谈人生哲学的,是《大学》的姊妹篇。

孔子的学说,注重人生大道,对于自然和天道则避而不谈。子思为补充儒家学说的这一缺点,将天人合一的思想加以发挥,以为孔子之道本原于天。

《中庸》,首尾和中段思想不一贯,从前就有人疑心。近来有人认为,本书的中段也许是子思原著的一部分,发扬孔子的学说,如"时中"、"忠恕"、"智仁勇"、"五伦"等。首尾可能是另一关于《中庸》的著作,经后人混合起来的;这里阐述的是孟子的天人相通的哲理,所谓"至诚"、"尽性"等。其著者可能是孟子学派的人。

子思作为战国时期儒家思想的重要代表,对后世影响极大,孟子就是受业于子思的门人,并且融合发展了子思的学说,后人称为思孟学派。

子思的学术宗旨一如前述,但他究竟传了哪些经,以及究竟有哪些著作传世,目前并不是十分清楚。《汉书·艺文志》儒家类著录有《子思子》二十三篇,后亡佚。清人黄以周有辑本,名《子思子》。完整的传世著作,据说只有《礼记》中的《中庸》和《坊记》等,相传为子思所作。其中最为重要的,当然要数《中庸》。

《中庸》中的一些内容,特别是用词,明显是在秦汉之间才有可能,这究竟应该如何解释,宋儒们似乎都无意深究。比如《中庸》说"今天下车同轨,书同文,行同伦","载华岳而不重",以及称民为"黔首"等等,显然不可能是子思时的语言。正如郭沫若在《儒家八派的批判》中所说,已经后人的润色窜易是毫无问题的。

尽管如此,《中庸》的基本倾向似乎依然是子思的。

章太炎在《子思孟轲五行说》一文中指出,《中庸》是在用五行附会人事,"古者洪范九畴,举五行,傅人事,义未彰著。子思始善附会,旁有燕、齐怪迂之士,侈搪其说,以为神奇。耀世诬民,自子思始。"

近年来郭店楚简于儒家文献有重大突破,根据李学勤先生观点,这些书大致证实《中庸》出自子思,而且可以推论《大学》与曾子有关,从中可以看到从子思到孟子的思想演变之轨迹。[①]

二、子思对孔子思想的继承和发展

孔子说:"中庸之为德也,其至矣乎!"[②]还说:"过犹不及"[③]、"和而不同"[④]、"执其两端,用其中于民"[⑤],但是到子思那里,则把孔子"中庸"思想和方法论,提升到了世界观的高度。《中庸》完成了孔子中庸思想本体论化的过程,成为宇宙人生之根本。

---

① 《郭店楚简研究·中国哲学第二十辑》,辽宁教育出版社 1999 年 1 月版,第 16 页。
② 《论语·雍也》。
③ 《论语·先进》。
④ 《论语·子路》。
⑤ 《中庸》。

何谓“中”？“喜怒哀乐未发之谓中”，这是一种心理平衡的宁静状态。

何谓“和”？“发而皆中节谓之和。”

“致中和”的思想是孔学的核心，是中庸之道的精髓。《中庸》一书进一步发挥了孔子的“中和”思想。

从《论语》、《孟子》里虽然也可看出一些，但不如这部书的分明易晓。学者必须从这部书入手，才不会走错了路。

二程将《中庸》奉为“孔门传授心法”。亦即韩愈所说的道统的传承。朱熹亦从道学着眼治《中庸》。从中到和，再到天地位、万物育，也是内圣外王之道。《中庸》所论述的“中庸之道”，如言“君子之道，譬如行远必自迩，譬如登高必自卑”、“凡事豫则立，不豫则废”，真可谓“言在耳目之间，而思出千载之上”，可以突破历史和阶级的局限。

何谓中庸？程颐解说道：“不偏之谓中，不易之谓庸。”凡事取其中，为不易之长道，就是中庸。

可见“执其两端用其中”，是中庸之道对待矛盾事物的态度和方法。

《中庸》第十章以子路问强为例，孔子说，南方人的强，宽大教人不报复；北方人的强，勇猛无畏。二者都有可取之处，又都有偏颇；中庸之道介乎二者之间，把二者结合起来，既吸收南方人的柔强，又吸收北方人的刚强。留有余地，过犹不及，是中庸之道的又一原则。

三、《中庸》中的五伦三德

《中庸》是一篇论性理的文章，比《大学》难读。

《中庸》开头说:“天命之谓性,率性之谓道,修道之谓教。”这三句是说,人的本性是上天给予的。顺应和发扬人的本性就是道,使人们推广和遵循天赋之道,就是教化。

道是不可须臾离的人道。就天赋人的本性而言,传文说:“天下之达道五,所以行之者三,曰君臣也,父子也,夫妇也,昆弟也,朋友之交也。五者天下之达道也。知(智)、仁、勇,三者天下之达德也。所以行之者一也。”

又儒家的五伦说,只有《中庸》说得明白:“君臣也,父子也,夫妇也,昆弟也,朋友之交也。五者天下之达道也。”子思把君臣放在五伦的第一位,这是从孔子的尊王思想而来。

至孟子则提出父子有亲,君臣有义,夫妇有别,长幼有序,朋友有信,将父放在第一位。这与孟子的注重人情与倾向民本主义有关。

《中庸》认为,亲亲、忠君、夫妇之别、兄弟间之友悌、朋友间之信义,都源出于人的本性,而实行和发扬这五伦道德规范,靠智、仁、勇三种道德情操,而要具备这三种情操,就靠修身。

四、诚的多重内涵

孔子在世时,很少谈性与天道,而子思正是在这里填补空白,《中庸》一书开宗明义就说:“天命之谓性,率性之谓道,修道之谓教。”在子思那里提出了一整套天人合一的理论。

孔子未明言诚,但他所说的忠、信、笃敬、正直等品格都与诚有直接关联,然而未曾提升到哲学本体的高度。

孟子始言诚云:“诚者,天之道也;思诚者,人之道也。至诚而不动者,未之有也;不诚,未有能动者也。”①

孟子有一句名言:“万物皆备于我矣。反身而诚,乐莫大焉。”②可见孔孟仁学离不开诚学。孟子将诚扩大到天道,强调大自然的存在与变化是真实无妄的。

《中庸》又阐述了一整套儒家的政治伦理思想,此书的逻辑起点是“诚”,提出“诚者物之终始”,“不诚无物”,“诚”是世界本体,万物由此而生,又说:“诚者天之道也,思诚者人之道也”。天道的“诚”在人就表现为人性,这就使天、人、物合而为一。

“诚者天之道。”肯定了大自然的存在是真实无妄的,大自然既非上帝所造,亦非由心所生,没有大自然就没有人的一切,这就排除宗教创世说,人道之诚本于天道之诚。不诚无物,不诚无人,不诚无事,人世间一切都是实实在在的。

“思诚者人之道”,此说已超出儒学的一家之说,提出普遍的人生原则,可称之谓诚的哲学。作为人生哲学,真诚是做人的根本。以诚论信,是谓诚信,民无信不立,人无信不行。人的道德修养若能达到“诚”的地步,就能通天。

子思又十分重视人的道德修养,将孔子的“内省”发展为“慎独”,子思上承孔子,下启孟子,对后来宋明的儒学发生了极大的影响。

性是天赋。率性是遵从天赋,这就是为人之道。这样,天道即人道,人道即天道。对此,子思名之曰:诚。他说:“惟天下至诚为能尽其性。”诚是儒家提出的一个哲学范畴,意为信实无欺或真实无妄。《中庸》说:“诚者,天之道也。诚之者,人之道也。”诚是天的根本法则,

① 《孟子·离娄上》。
② 《孟子·尽心上》。

努力达到诚的境界是为人之道。又说:“诚者,物之终始,不诚无物。”

不但天地的大道为诚,人类的本性为诚,就是宇宙万物的本性也无一不为诚。鸢飞戾天,鱼跃于渊,水流云飞,花开叶落,也都是诚的显现。又说:“诚者物之终始。不诚无物。”这样,诚乃是天人合一,物我一体的枢纽。“唯天下至诚为能尽其性。能尽其性,则能尽人之性。能尽人之性,则能尽物之性。能尽物之性,则可以赞天地之化育,可以赞天地之化育,则可以与天地参矣。”

尊德性　道问学

子思在倡导这种以“自我”为中心的“天人合一论”的前提下,又提出了“尊德性”,“道问学”。

就修养的工夫讲,子思举出尊德性和道问学两个纲领。这两个纲领对于从事修养的人是同时并进,不可偏废的。《中庸》则将天命、人性、人道和政教联系在一起,提出了君子“尊德性而道问学,致广大而尽精微,极高明而道中庸”的修养原则。

“道问学”中包括博学、审问、慎思、明辨、笃行五项。博学、审问二项乃指他人的指教而获得知识的手段,此所得知识乃外来的知识。慎思、明辨二项乃指由自己内心的思辨获得知识的手段,此所得知识乃内省的知识。

最后,笃行一项乃指将知识发为行动而言,即指实践而言。人通过问学思辨四者明白了何者为善,那就应当把你所选择的善紧紧抓住,一一实行。

“尊德性”的方法,即同于《大学》中慎独。而“内省不疚”与“不愧于屋漏”就是“慎独”的简易工夫。[①]

---

① 出自《诗经·大雅·抑》:“相在尔室,尚不愧于屋漏。”意指你独自一人在室,心地光明,不在暗中做坏事,起坏念头。屋漏指屋之西北角阴暗处。

子思把至诚称为中和。《中庸》说："喜怒哀乐之未发，谓之中。发而皆中节，谓之和。中指体，和指用。体用相兼叫做中和。"孔子重视中庸。而子思将此发扬光大。子思在《中庸》里，一方面将诚看作天道，一方面又看作人性，他将天人合一的思想发挥得尤其透彻。儒学到了子思才具有比较明显、比较充实的形而上学。他把修养工夫分为尊德性和道问学二纲，这在后世竟引起朱陆的异同，使宋代哲学大放异彩。

宋儒对《中庸》格外重视，以为"此篇乃孔门传授心法"，于是朱熹将之从《礼记》中抽出，同《大学》、《论语》、《孟子》合为《四书》，此后风光了七百年之久。

《中庸》是"孔门传授心法"的书，是子思记下来传给孟子的。书中所述的人生哲理，意味深长；会读书的细加玩赏，自然能心领神悟终身受用不尽。《四书》到了朱子手里才形成体系。他接受二程的见解，加以系统的说明，四种书便贯串起来了。

但朱子的意思，有了《大学》的提纲挈领，便能领会《论》、《孟》里精微的分别去处；融贯了《论》、《孟》的旨趣，也便能领会《中庸》的心法。人有人心和道心；人心是私欲，道心是天理。人该修养道心，克制人心，这是心法。

朱子的意思，不领会《中庸》里的心法，是不能从大处着眼，读天下的书，论天下的事的。他将《中庸》放在第三部，和《大学》、《论》、《孟》合为"《四书》"，作为初学者的基础教本。

后来规定《四书》为科举用书，原也根据这番意思。朱子教人读"《四书》"，为的是成人，后来人读《四书》，却重在猎取功名；这是不合于他提倡的本心的。至于顺序变为《学》、《庸》、《论》、《孟》，那是书贾因为《学》、《庸》篇页不多，合为一本的缘故；通行既久，居然约定成俗了。

语录精华

尊德性而道问学，致广大而尽精微，极高明而道中庸。

中也者，天下之大本也；和也者，天下之达道也；致中和，天地位焉，万物育焉。

唯天下至诚，为能尽其性；能尽其性，则能尽人之性；能尽人之性，则能尽物之性；能尽物之性，则可以赞天地之化育；可以赞天地之化育，则可以与天地参矣。

或生而知之，或学而知之，或困而知之，及其知之一也。或安而行之，或利而行之，或勉强而行之，及其成功一也。

子曰："好学近乎知，力行近乎仁，知耻近乎勇。"知斯三者，则知所以修身；知所以修身，则知所以治人，知所以治人，则知所以治天下国家矣。

博学之，审问之，慎思之，明辨之，笃行之。有弗学，学之弗能弗措也；有弗问，问之弗知弗措也；有弗思，思之弗得弗措也；有弗辨，辨之弗明弗措也；有弗行，行之弗笃弗措也。人一能之，己百之；人十能之，己千之。果能此道矣，虽愚必明，虽柔必强。

第八章 《论 语》略 说

在中国历史上，最伟大的思想家是孔子，对中国人影响最大的著作是《论语》。《论语》是中国古代最好的一部经典，是中国古代最伟大的圣人孔子及其弟子的言行录，是一部语录体的对话录，是中国私人著书的开始，是孔子思想的真传。

西方人第一本必读的书是《圣经》，中国人第一本必读的书是《论语》。《论语》是一部孔子的言行录。由于孔子在中国的圣人地位，这部书由诸子提升为经。但也是后人了解孔子的原始资料。透过《论语》的简单记载，孔子的思想、孔子的志行，就呈现在后人的眼前，《论语》是中国文学中最早最成功的传记书。

早在汉朝初年，《论语》就被定为读书人启蒙必读的书。它不像五经可以选读，也可以只通一经——那时能兼通几种经书的，是很少的。此后可说无人不读《论语》。

到南宋朱熹编为《四书》，明清科举考试试题均出自《四书》，更离不开《论语》了。到这时《四书》超过《五经》，尤其是《论语》，几乎是读书做官的敲门砖。自从科举废除后，一直到今天，《论语》还是读书人必读之书。

一、《论 语》题 解

《论语》是这样一部书，它记载着孔子的言语行事，也记载着孔子的若干学生的言语行事。

《论语》的名称,始见于《礼记·坊记》。最早对《论语》作题解的是刘向父子:《论语》“皆孔子弟子记诸善言也”①。

《汉书·艺文志》中说:“《论语》者,孔子应答弟子、时人及弟子相与言而接闻于夫子之语也。当时弟子各有所记;夫子既卒,门人相与辑而论撰,故谓之《论语》。”②

《文选·辩命论注》引傅子也说:“昔仲尼既殁,仲弓之徒追论夫子之言,谓之《论语》。”

孔子弟子将有关孔门师徒间的言论,流传于口耳之中的资料,加以论撰,辑录而成《论语》。

由此可见,《论语》就是孔门弟子听课或日常发问的言谈笔记,或记孔子的言语行事。

曹聚仁在《中国学术思想史随笔》上说:“孔门弟子三千人,即称那升堂入室的七十二子,他们也留有七十二种不同的《论语》。可是,那几个最有名的,如颜渊、曾参、子路,他们的《论语》都没有流传下来。于今,我们所见到的《论语》,乃是子夏的笔记本,子夏虽在七十二子之外,却不是最得意的门生。”这种根据孔门弟子派别多而认为《论语》的笔记也多,是符合客观道理的。

但也有人认为,孔门有七十二位升堂入室的弟子,不一定就有七十二种不同的《论语》,今本《论语》是否是子夏的笔记,也还值得商榷。

先秦确实存在若干种不同版本的《论语》,《论语》的原始形态

---

① 刘向:《别录》。
② 刘歆:《七略》。

可能是许多种不同笔记本,而不是一部书,也不是同一部中有许多不同的版本。几千年来,《论语》的这种原始形态,由于后来的合并加上原始形态的不同《论语》也不见了,于是发生种种猜疑,而看不到其本来形态。

关于《论语》的命名历来歧见很多,均没得到公认,可存而不论。

先秦时期若干不同的《论语》名称,有称《论》、《语》、《传》、《记》、《论语说》等名称,很可能是不同的文本的《论语》,即由不同弟子记录的不同笔记,这是说《论语》在最初不是一部书,正如刘歆所说:"当时弟子各有所记。"因此,《论语》有不同名称,也就不足为怪了。刘熙在《释名释典艺》中说:"《论语》记孔子与弟子所语之言也。论,伦也,有伦理也。语,叙也,叙己所欲说也。"

"夫子既卒,门人相与辑而论撰"这种情况,在《礼记》中也有所揭示,弟子们就孔子讲的话,有不同的回忆与讨论,乃至由此也形成孔门的不同流派。所谓"孔子逝而微言绝,七十子丧而大义乖",盖源于此。

"当时弟子各有所见",刘歆的这句话证明当时孔门弟子各有自己的笔记,即自己的《论语》文本,所谓"夫子既卒,门人相与辑而论撰",这是否可以作为当时统一各种笔记本子的根据呢?不能,孔子死后,其弟子或再传弟子发生派别的分化,所谓"儒分为八",为了争为孔门的嫡传或正统而互相攻讦,因而也就不可能坐在一起,"相与辑而论撰"。

由此可见当时并没有统一各种《论语》的《论语》。

《论衡·正说篇》载:"《论语》者,弟子共记孔子之言行,敕记之时甚多,数十百篇。"这证明各弟子各有自己的笔记。现存的先秦古籍,每部顶多只有几十篇,从当时情况看,一部《论语》不可能有“数十百篇”,这可能是指数部《论语》合计有“数十百篇”。

先秦两汉书中的大量孔子言行,其中只有极少部分见于今本《论语》。以《孟子》为例,全书共记录孔子言行四十八条,而见于今本《论语》者仅三条。①

这三条资料可以看作是引自今本《论语》的,但那些占绝大部分的,不见于今本《论语》的资料从何而来呢?这些资料很可能来自其他没有流传下来的各种《论语》文本。

《孟子》中引自《论语》处,别称此书为“传”的资料可资明证:

《滕文公下》:“《传》:‘孔子三月无君,则皇皇如也,出疆必载质。’”显然此语来自别种《论语》。

《荀子》书中有关孔子的史料,更无一条见于今本《论语》,可见当时这位编撰《荀子》一书的人还没有见到今本流传下来的《论语》,只是见到了别一种《论语》。

现存的先秦古籍,每部顶多只有几十篇,因此,王充所说“数十百篇”是指各种《论语》总篇数。但未必是实数。

刘向《别录》认为《论语》“皆孔子弟子记诸善言也”。

刘歆也说:“《论语》者,孔子应答弟子时人及弟子相与言而接闻于夫子之语也。”他们都是在谈记言的《论语》,今本《论语》属此类书。但与刘向同时的匡衡则认为:“《论语》、《诗经》,圣人言行之要。”②

---

① 《孟子·公孙丑上》一条:“孔子曰:‘德之流行,速于置邮而传命’。”
《滕文公上》二条:“孔子曰:‘……君子之德,风也;小人之德,草也。草尚之风,必偃’。”“孔子曰:‘大哉尧之为君,唯天为大,唯尧则之,荡荡乎民无能名焉!君哉舜也!巍巍乎有天下而不与焉!”

② 《汉书·匡衡传》。

王充知道当时的《论语》有“数十百篇”,所以他所说的“弟子共记孔子之言行的”《论语》也许是泛指各种《论语》,包括记言和言行共记的《论语》。

《论语》最初是起源于一个祖本呢?还是由许多本不同《论语》编汇而成的呢?这是一个《论语》源流的探讨,而且数千年来,一直是众说纷纭,但不管怎么说,《论语》这部书基本上是孔门弟子的听讲笔记。

二、《论语》的编者和成书年代

《论语》一书主要记录了孔子的言论,也记载了孔子几位弟子的言论,如曾参、子夏、子贡等言论,故“论”读作 lún,而非 lùn。由此可见,这部书不是出于一人之手,也不是成于同一时代。考《论语》的编者,有如下几种说法:

(一)孔子众弟子共同编纂

班固说:“《论语》者,孔子应答弟子,时人及弟子相与言而接闻于夫子之语也。当时弟子各有所记,夫子既卒,门人相与辑而论纂,故谓之《论语》。”《汉书·艺文志》认为《论语》是“门人相与辑而论纂”。在东汉,弟子与门人是有区别的。弟子指学生,门人指学生的学生。如果班固确是说《论语》为孔子的第二代学生所辑集,那么我们说这大体是符合事实的,因为《论语》是记到孔子学生的言论为止。

郑玄所据大约是《论语崇爵谶》:“子夏六十四人共撰仲尼微言,以当素王”的说法,但谶纬之书荒唐不经,是不能相信的。

郑玄云:“仲弓、子夏等所撰定”[①]说“等”,当指其编著者甚广,即说“孔子众弟子所撰定”,故东汉经学家赵岐《孟子题辞》说:“七十子之畴,会集夫子所言,以为《论语》。”

魏宋均注的《论语崇爵谶》说:“子夏六十四人共撰仲尼微言,以当(一作事)素王。”

唐陆德明《经典释文·论语音义》则引郑玄说:“仲弓、子游、子夏等撰。”

朱子亦云:“《论语》多门弟子所集,故言语时有长短不类处。”[②]

(二)由仲弓、子游、子夏等弟子编纂

东汉经学家郑玄在《论语·序》中说:“仲弓、子游、子夏等撰。”

宋陆九渊在《语录》下说:“王肃、郑康成谓《论语》乃子贡、子游所编,亦有可考者。”

又认为曾参、有若“不以名而以子称之,盖子夏辈平昔所尊者,此二人耳”。

宋胡寅《论语详解》和宋赵顺孙《四书纂疏》均谓《宪问》篇不书姓,且直称名,疑通篇皆宪所记。

宋永亨《搜采异闻录》云:“《论语》所记孔子与人语及门弟,并对其人问答,皆斥其名,未有称字者,虽颜、冉高弟,亦曰回、曰雍;至闵子,独云子骞,终此书无指名。昔贤谓出于曾子有子之门人;予意出于闵氏,观所言闵子侍侧之辞,与冉有、子贡、子路不同,可见矣。”这是认为《论语》由闵子编成的。

清刘宝楠《论语正义》卷末附录说:“《论语》之作,不出一人,故

---

① 《释义叙录》引。

② 《朱子语类》。

语多重见，而编辑成书，则由仲弓、子游、子夏首先商定。"

（三）曾子、有子的弟子编纂

唐柳宗元《论语辩》说："孔子弟子，曾参最少，少孔子四十六岁，曾子老而死；是书记曾子之死，则去孔子也远矣。""曾子之死叱避而退，则固尝有师之号矣。今所记独曾子最后死，余是以知之。盖乐正子春、子思子之徒与为之尔。"

柳宗元又说："且是书（指《论语》）载，弟子必以字，独曾子有子不然。"或曰："孔子弟子尝杂记其言"，"然而卒成其书者，曾氏之徒也"。

梁皇侃《论语通》说："《论语》者，是孔子殁后七十弟子之门人共所撰录也。"

程子在《论语集注序说》说："《论语》之书，成于有子、曾子之门人，故此书独二子以子称。"此说甚辩，近儒康有为、梁启超也都认为此说不可易；只不过康氏采柳说，而梁氏取程子说。

但也有人不同意这种说法，如杨时受业于程子，但不主其师说，他在《论语解》上说："《论语》首记孔子之言，而以二子（即有子、曾子）之言次之，盖其尊亚于夫子。"

陆九渊亦云："《学而篇》子曰次章便载有若一章，又而曰而下，载曾子一章，皆不名，而以子称之，盖子夏辈平昔所尊者此二人耳"①。

至清姚鼐于《古文辞类纂·论语辨》注云："《檀弓》最推子游，似子游之徒所为；而于子游称字，曾子、有子称子，似圣门相沿称著如此，非以字与子为重轻也。"

---

① 《象山语录》。

今人杨伯峻先生也认为《论语》一书为曾子弟子所为:

第一,《论语》不但对曾参无一处不称"子",而且在孔子诸弟子中,《论语》记载他的言行最多。除了他与孔子问答的内容外,在《学而篇》有两章,《泰伯篇》有五章,《颜渊篇》有一章,《子张篇》有四章,共有十二章都是单独记载了他的言行的。

第二,在孔子的弟子中,要数他最年轻,《论语》中有一章记载了曾参将死之前对孟敬子的一段对话。孟敬子是鲁大夫孟武伯的儿子仲孙捷的谥号。假定曾参死在鲁元公元年(周考王五年,公元前 436 年。依《阙里文献考》"曾子年七十而卒推定"),则孟敬子肯定死在战国初期,这样,此事的记载就在孟敬子之后。据《檀弓》记载鲁悼公死时,孟敬子对答季昭子的一番话,可见当曾子年近七十时,孟敬子已是鲁国执政大臣之一了。

这一段记载当为曾子弟子所记,则无疑义。《论语》所叙的人物和事迹没有比这更晚的,因此,《论语》的编定者当为曾参的学生。由此可见,《论语》的动笔当在春秋末期,而成书在战国初期。[①]

总之,以《论语》为孔门弟子所撰,其说虽失于泛,但尚不至于错误。

三、《论语》的版本和演变

《论语》在汉代有三种版本:《鲁论》是鲁人传习的《论语》,《齐论》是齐人传习的《论语》,孔壁中发现的《论语》是《古论》。

三种本子的篇数不同,《鲁论》二十篇;《齐论》二十二篇(多《问

---

① 杨伯峻:《论语译注 · 导言》,中华书局 1958 年版。

王》、《知道》两篇，据王应麟《汉书·艺文志》考订，《问王》为《问玉》之误)；《古论》二十一篇(篇次与《鲁论》、《齐论》相异)。

《鲁论》和《齐论》同是今文，但内容不同。

西汉末安昌侯张禹改定《齐论》和《鲁论》为一新的本子，谓之《张侯论》。

东汉末，郑玄注《论语》，又将《张侯论》和《古论》加以改定，而成为一种新的版本。今天流行的《论语》，即沿用了郑玄的改定本。

四、《论语》精华举要

现行的《论语》各篇目次序是：学而、为政、八佾、里仁、公冶长、雍也、述而、泰伯、子罕、乡党、先进、颜渊、子路、宪问、卫灵公、季氏、阳货、微子、子张、尧曰。共计二十篇。前十篇为《上论》，后十篇为《下论》。

《论语》一书，虽为杂录之书，但可以说是孔子学说的代表文献。也就是载孔子之道的书。《论语》一书的内容极其丰富，涉及许多社会、思想领域。主要是阐扬孔子仁义道德之说，倡导爱人与义利之辨，建立道德的明确观念，而成为中国的传统文化。中国文化和平而互敬互爱，在家讲父慈子孝，兄友弟恭，夫妇相敬爱，于国家求忠，于朋友求信。由此而建立的人际伦理，成就一坚固的永久的有韧性的民族，虽屡受侵凌，终屡次复起。此皆由于我中华民族精神文化深厚坚固，乃能永远不会动摇。这一文化的形成，原基于孔子学说。孔子的学说，由《论语》而传其大要。

《论语》各篇侧重不同，以下分别就《论语》的语录精华分类略

作举要说明:

1. 仁学思想

孔子的学说,以仁为道德的中心。全书的核心思想是仁。从仁出发,而及于义、道、德、忠、信、恭、和、恕,以及孝、弟、智、勇、敬、宽、敏、惠、知、行、礼、乐,君子与小人,文与质等。其内容丰富而复杂,此处只就其大要而言之。

所谓仁,就是以人为本,以忠恕为方,而其道在能近取譬,推己及人,就是讲人道。故其论修养、论处世,也以自我为出发点,认为一切当求诸己。

《颜渊》:樊迟问仁。子曰:"爱人","仁者爱人。"

仁的具体是"忠"、"恕"。

何谓忠?《雍也》:"己欲立而立人,己欲达而达人。"

何谓恕?《卫灵公》:"己所不欲,勿施于人。"

孔子说:"吾道一以贯之。"此道即忠恕之道,即仁道。仁就是做人的道理。孔子及其弟子颜回认为做人一举一动都要合乎礼。中国传统文化中的礼,相当于人类学上的所谓文化的理想模式,即人类行为的理想标准。这就是孔子和曾子所说的"己所不欲,勿施于人"。

在世界上各国的大思想家及大宗教家皆主此说。希腊哲人柏拉图说了一句与《中庸》相同的话:"所求乎朋友,先施之。"①《新约全书》的《马太福音》与《路加福音》第六章说:"你们愿意人怎么待你,你也要怎么待人。"这不就是孔子所说"己所不欲,勿施于人"

---

① 芮逸夫:《中国儒家伦理思想的现代化》,转引自胡晓明主编:《释中国》第二卷,上海文艺出版社 1998 年版,第 865 页。

么？此外在犹太教、袄教(拜火教)中也有和“己所不欲，勿施于人”的同义箴言。

可见孔子是最早提出的终身可行之道，不仅是中国人的行为规范，也是世界大多数人的行为规范。

统观世界上许多宗教的教义，都有一个做人的共同规则，这条规则，在孔子那里就成了“己所不欲，勿施于人”。

孔子的这句话是世界各种经典中表达得最有代表性也最精辟的一句话，时至今日，这条规则在当今的世界里，仍具有普遍的价值意义。

2. 学习人生

在《论语》中提出的具有人生第一要义和文化第一要义的命题就是学习。《论语》有二十篇，开卷第一篇就是《学而篇》。

其第一章就是：“学而时习之，不亦说乎？”①

孔子在《论语》中提出的许多品格，如做志士仁人，做君子，都要通过学习才能达到的。

人类通过学习，从野蛮进入文明。学习是无止境的。一个人的生命是有限的，但一个人的求知的道路是无限的。孔子的一生，是“学而不厌”的一生，也是“诲人不倦”的一生。

孔子说：“德之不修，学之不讲，闻义不能徙，不善不能改，是吾忧也。”②他的学生子夏发挥了他的学习观点说：“日知其所亡，月无忘其所能，可谓好学也已矣。”③

---

① 《论语·学而》。
② 《论语·述而》。
③ 《论语·子张》。

子夏还根据孔子的办学思想，提出了“仕而优则学，学而优则仕”①。

孔子提出“三人行必有我师，择其善者而从之，其不善者而改之”。②

“见贤思齐”、“见不贤而内自省。”③

“君子学以致其道。”④

“知之为知之，不知为不知，是知也。”⑤

“以文会友，以友辅仁。”⑥

“敏而好学，不耻下问。”⑦

在学习方法上《论语》提出：温故知新。

“温故而知新，可以为师矣。”⑧温故可以知新，温故是继承传统，知新就是创新，这就是继往开来，就是推陈出新。

“日知其所亡，月无忘其所能，可谓好学也已矣。”⑨每天学到新知，每月温习不忘旧知。

又提出循序渐进：

“无欲速，无见小利，欲速则不达，见小利则大事不成。”⑩学习不能急功近利。只求走捷径，冀图侥幸成功者，终将无成。

孔子十分重视学习的态度和方法，而且强调说到就要做到，言行要一致。这就是学贵力行。这种求实的作风，对今天尤其要紧。

---

①④⑨ 《论语·子张》。
② 《论语·述而》。
③ 《论语·里仁》。
⑤⑧ 《论语·为政》。
⑥ 《论语·颜渊》。
⑦ 《论语·公冶长》。
⑩ 《论语·子路》。

“博学而笃志，切问而近思。”[1]“工欲善其事，必先利其器。”[2]

3. 君子和君子风度

英国人讲绅士和绅士风度不过几百年，中国孔子两千年前就提出君子和君子风度。可见中国人讲精神文明源远流长。

《论语》提到君子处，一百零七次。

重道：“君子谋道不谋食”[3]，“君子忧道不忧贫”[4]，“君子学以致其道”[5]。

尚德：“君子怀德，小人怀土。”[6]

尊仁：“君子去仁，恶乎成名？君子无终食之间违仁，造次必于是，颠沛必于是。”[7]

明义：“君子喻于义，小人喻于利”[8]。“君子义以为上。”[9]

懂礼：“如其礼乐，以俟君子。”[10]

求知：“君子于其所不知，盖阙如也。”[11]

讲信：“君子信而后劳其民，未信，则以为厉己也；信而后谏，未信，则以为谤己也。”[12]

子曰：“人而无信，不知其可也。大车无輗，小车无軏，其何以行之哉？”[13]

孝悌：“君子务本，本立而道生。孝弟也者，其为仁之本与！”[14]

---

①⑤⑫ 《论语·子张》。

②③④ 《论语·卫灵公》。

⑥⑦⑧ 《论语·里仁》。

⑨ 《论语·阳货》。

⑩ 《论语·先进》。

⑪ 《论语·子路》。

⑬ 《论语·为政》。

⑭ 《论语·学而》。

守节："可以托六尺之孤，可以寄百里之命，临大节而不可夺也！君子人与？君子人也！"①

学文："君子博学于文。"②

君子的内在气质：

"质胜文则野，文胜质则史。文质彬彬，然后君子。"③"君子坦荡荡，小人长戚戚。"④"君子泰而不骄，小人骄而不泰。"⑤

君子外在风貌："君子所贵乎道者三：动容貌，斯远暴慢矣；正颜色，斯近信矣；出辞气，斯远鄙倍矣。"⑥"君子有三变：望之俨然，即之也温，听其言也厉。"⑦

言行方面："君子讷于言而敏于行。"⑧"君子耻其言而过其行。"⑨

为人方面："君子病无能焉，不病人之不已知也。"⑩"君子成人之美，不成人之恶。"⑪

孔子又提出三达德。"君子之道者三，我无能也；仁者不忧，知者不惑，勇者不惧。"⑫

4. 独立人格

"三军可夺帅也，匹夫不可夺志也。"⑬志，就是理想。即仁人

---

①⑥ 《论语·泰伯》。
②③ 《论语·雍也》。
④ 《论语·述而》。
⑤ 《论语·子路》。
⑦ 《论语·子张》。
⑧ 《论语·里仁》。
⑨⑫ 《论语·宪问》。
⑩ 《论语·卫灵公》。
⑪ 《论语·颜渊》。
⑬ 《论语·子罕》。

君子终身为之奋斗的大目标。

“岁寒,然后知松柏之后凋也。”①天寒花木凋谢,惟有松柏常青。这是赞颂松柏经风雪而傲然挺立,象征一个人坚持真理、坚持理想、恪守志向,不为逆境屈服。

“当仁,不让于师。”②为追求仁(如杀身成仁等),就是面对老师也不谦让。如亚里士多德所说:“吾爱吾师,吾尤爱真理!”

人格修养非一朝一夕可以完成。孔子说:“吾十有五而志于学,三十而立,四十而不惑,五十而知天命,六十而耳顺,七十而从心所欲,不逾矩。”③

5. 学思行结合

孔子说:“学而不思则罔,思而不学则殆。”④这是学思结合。

又说:“始吾于人也,听其言而信其行,今吾于人也,听其言而观其行。”⑤这是言行结合。

这既是人格修养的方法,也是知识学问获得的方法。

孔子所谓学,主要是学文即学习书本知识,学习古代典籍,包括《诗》、《书》、《礼》、《易》、《春秋》。孔子主张博学多识,他认为人非生而知之,只有通过学习和实践,才能获得真知。

6. 诚信做人

《述而》上说:“子以四教。文、行、忠、信。”

《为政》上说:“人而无信,不知其可也。”

《学而》上说:“与朋友交,言而有信。”

---

① 《论语·子罕》。
② 《论语·卫灵公》。
③④ 《论语·为政》。
⑤ 《论语·公冶长》。

《颜渊》上说：子贡问政，孔子认为可以“去食”、“去兵”，“自古皆有死，民无信不立”，可见无论是做人，经商，还是从政，都要讲诚信。

7. 仁政德治

《为政》上说：“为政以德，譬如北辰，居其所而众星拱之。”

孔子主张德政，反对霸道。对内主张爱民、裕民。对外和平友好。这就是所谓“近者悦，远者来”①。

定公问：“一言而丧邦，有诸？”孔子对曰：“言不可以若是其几也。人之言曰：‘予无乐乎为君，唯其言而莫予违也。’如其善而莫之违也，不亦善乎？如不善而莫之违也，不几乎一言而丧邦乎？”②孔子于此强调君主如果独断专言，而臣下又不敢实话实说，就会埋下亡国的祸根。

北宋赵普说过：“半部《论语》治天下。”其实，孔子说过：“道千乘之国，敬事而信，节用而爱人，使民以时。”③如果真能做到这一句话，也就治好一个国家了。

8. 礼乐文明

《学而》上说：“礼之用，和为贵。先王之道斯为美，小大由之。有所不行，知和而和，不以礼节之，亦不可行也。”

孔子提倡礼乐文明，这是一种和平精神，和谐精神，多元文化的互相学习和交流沟通的精神。我们今天要建设一个和谐的家庭，和谐的社会，和谐的国家，和谐的世界，都离不开这种精神。

9. 中和精神

《论语》中的“和”的精神是孔子学说的精华。“和”包涵有“中

---

①② 《论语·子路》。

③ 《论语·学而》。

和”、“和谐”、“和平”、“兼容”、“和睦”多层含义。

《论语·学而》中有一句话：“礼之用，和为贵。先王之道斯为美；小大由之。”

《论语·雍也》上又说：“中庸之为德也，其至矣乎，民鲜久也。”这是孔子首次提出中庸的概念。中庸何解？中，即中和之道；庸，即平易可行。古希腊亚里士多德也说中庸是一种美德。《礼记·中庸》上进一步发挥说：“执其两端，用其中于民，其斯以为舜乎！”这种“中立而不倚，和而不流”的精神乃是中华民族文化数千年绵延不断的重要原因。

这“和”不仅是说人生观，说如何做人，而且是孔子提出的涵盖性包容性很强的人文精神。孔子在《论语》中提出的“和”的精神，是一个极重要的思想，“和”是一种开放的精神，包容的精神，一种多元化的思想，不走极端的思想，这可以说是中华民族精神的重要组成部分。

孔子的“和”的思想，既是孔子的宇宙观、世界观、自然观，也是孔子的方法论和处世为人修身养性的大智慧，“和”是孔子学说的精神支柱，是中华民族的精神支柱，也是中华民族的几千年来赖以生存发展的大智慧。

《论语·子路》上说：“君子和而不同，小人同而不和。”

这是孔子提出的极其重要的一句话，这里所说的“和”就是团结，团队精神，就是凝聚力，就是互助精神，就是民族团结。

中华民族的团结也是“和”的精神。从历史上讲，“和”还有民族融合的意思。和平统一也是民族精神的组成部分。也要本着“和为贵”的精神。“一国两制”也是“和”。

“和”包含了天人合一，物我统一，人与自然的关系。中华民族几千年而不断,当与天人合一,生态平衡,善待大自然的观念有关。“和”还指人与人之间的相处,包括家庭关系、党派关系、民族关系和国家关系的处理。

10. 小康社会和大同理想

孔子“祖述尧舜,宪章文武”,尧舜讲大同,文武讲小康。[①]《论语》里也多有这方面的论述。如:“老者安之,朋友信之,少者怀之。”[②]《论语》中,孔子有关理想社会的论述与《礼记・礼运篇》描述的社会理想是相通的。

11. 献身真理

要为真理而斗争,就是闻道、传道、行道、殉道之精神。

孔子说:“朝闻道,夕死可矣!”[③]“志士仁人,无求生以害仁,有杀身以成仁。”又说:“人能弘道,非道弘人。”[④]

但是孔子也十分重视一个人的进退出处,他认为在一个昏乱无道的社会里,是不能与无道之君同流合污的,所谓“邦有道,贫且贱焉,耻也;邦无道,富且贵焉,耻也”[⑤]。“邦有道,穀(爵禄);邦无道,穀,耻也。”[⑥]因此主张“危邦不入,乱邦不居,天下有道则见,无道则隐”[⑦]。

孔子特别赞美两个人善于立身处世,一个是“邦有道,不废(见用于时),邦无道,免于刑戮”的南容[⑧],另一个是“邦有道则仕,邦

---

① 《礼记・礼运》。

②⑧ 《论语・公冶长》。

③ 《论语・里仁》。

④ 《论语・卫灵公》。

⑤⑦ 《论语・泰伯》。

⑥ 《论语・宪问》。

无道则可卷而怀之”(不参与政治)的蘧伯玉,即不与“乱邦”、“危邦”的统治者合作。[1]孔子因此称赞他们是“君子哉若人!”

五、中国人的宝典

我们要学习孔子,首先就要研究真正能代表孔子思想和学说的第一手资料,这就是《论语》。《论语》一书,是孔子及其弟子研习学问、探索人生、社会的记录。

梁启超说过:“《论语》比较的最可信,现在要研究孔子和儒家的学术,除了他没有第二书更好了。”[2]

他又说,《论语》一书是“孔门相传宝典”,除了末五篇,“其余则字字精金美玉,实人类千古不磨之宝典。盖孔子人格之伟大,宜为含识之俦所公认,而《论语》则表现孔子人格唯一之良书也”[3]。他又说:“孔子个人有多少价值,《论语》便也连带有多少价值。”蒋伯潜说:“所以在《十三经》中,《论语》倒是极值得一读,而且,须趁先研读的一部书!”[4]

由此可见,《论语》一书是孔子及其弟子言论学行的真实记录,是研究孔子思想的主要依据。

就政教而言,《论语》乃人生之南针,行为之准绳,政教之刑范,内圣外王之极则。

就学说而言,《论语》为通经之钥,赵岐《孟子题辞》:“《论语》

---

① 《论语·卫灵公》。
② 陈引驰编校:《梁启超国学讲录二种》,中国社会科学出版社 1997 年 6 月版,第 249 页。
③ 同上书,第 7 页。
④ 蒋伯潜、蒋祖怡著:《经与经学·论语》,上海书店出版社 1997 年 5 月版,第 125 页。

者，五经之錧鎋，六艺之喉衿也。六经之旨，散在《论语》。”

其例证如下：

“子所雅言，诗、书执礼。”盖圣门重《诗》、《礼》之教，曰“小子何莫学《诗》？”曰“不学《诗》无以言，不学《礼》无以立。”曰“兴于《诗》，立于《礼》，成于《乐》。”《论语》言《礼》，凡四十余章，言《诗》者亦十余章，《礼》、《乐》、《诗教》，皆显言之。

陈澧曰：“《论语》说《易》、《书》者少，《春秋》则更未论及。然‘有恒’，‘无大过’，‘思不出其位’，《易》之精义也；‘孝友施于有政’，《书》之精义也；‘巍巍乎，舜禹之有天下也’数章，及‘尧曰咨’一章，论尧、舜、禹、汤、文、武，《尚书》百篇，此提其要矣。‘晋文公谲而不正，齐桓公正而不谲’，及‘天下有道，则礼乐征伐自天子出’，‘禄之去公室五世矣’二章，《春秋》二百四十二年之事，尤提其要矣。‘陈恒弑君，孔子请讨’即在西狩获麟之年，此尤《春秋》之所以作也。经学之要，皆在《论语》中。故《论语》者，五经之錧鎋也。”①

日本学者林泰辅在所著《论语年谱》中，收集记载古今中外有关《论语》的著作有三千多种。美国大学图书馆曾于20世纪50年代将《论语》列为世界十大名著之一，并且就《论语》的中外译本作了调查，认定《论语》译本之多，流传之广，仅次于《圣经》。只就日本战后的《论语》译本，也有百余种以上。由此可见“论语学”不仅是中国的国学，而且已成为一门世界性的学问。

---

① 陈澧：《东塾读书记》。

第九章 《孟 子》略 说

一、《孟 子》题 解

孟子(前 372—前 289 年),名轲,字子舆,邹人(邹今山东邹县)。邹与鲁极近,其思想受孔子思想的影响。孟子自幼受着良好的家庭教育(孟母三迁),稍长,就学于子思的门人。学成后,他目击当时社会的混乱,慨然有澄清天下之志。

《史记·孟子荀卿列传》上说他“道既通,游事齐宣王,宣王不能用。适梁,梁惠王不果其言,则见以为迂远而阔于事情。当是之时,秦用商君,富国强兵;楚、魏用吴起,战胜弱敌;齐威王、宣王用孙子、田忌之徒,而诸侯东面朝齐。天下方务于合纵连横,以攻伐为贤,而孟轲乃述唐、虞、三代之德,是以所如者不合”。

他曾经向梁惠王、齐宣王等贡献意见,但他们都摈而不用。当时各国争霸,以攻伐为贤,而孟子言仁义,倡王道,因此,当时的人都以为孟子的主张迂阔不切实际。后来,孟子自己也知道了他的主张在当时没有实现的可能,乃退而与门人万章等述孔子之意,作《孟子》七篇。孟子生于周烈王四年,卒于周赧王二十六年,年八十四。

孟子是战国时代的儒家大师,是思孟学派的嫡传,他继承发展了孔子的学说。

孟子在现实生活中的遭遇与孔子相似,其何以至此? 便是他和孔子一样固持其已有的信念，不为现实短视的功利所惑。之所以如此，除了个人的性格原因外，显然也与其所受教育、所传承的学说有着相当的关联。因此，在系统研究孟子的学说及其影响之前，有必要将其学说之源作一简略的描述与分析。

按照《史记·孟子荀卿列传》的说法，孟子的学术来自孔子之孙子思，不论他是子思的及门弟子，还是子思弟子之门人，他的学术精神似乎都是在子思学说的基础上发展的。但他的学说，则由于荀子的批评而可窥见涯略。

荀子说："略法先王而不知其统，犹然而材剧志大，闻见杂博。案往旧造说，谓之五行，甚僻违而无类，幽隐而无说，闭约而无解。案饰其辞而祇敬之曰：此真先君子之言也。子思唱之，孟轲和之。世俗之沟犹瞀儒，欢欢然不知其所非也。"①

据此可知，子思的学术主张法先王，并据往旧思想资源造作五行说。他的这些学说得到孟子的响应和鼓吹，因而在战国中晚期形成很大的学术派别，即"思孟学派"。

近年来郭店楚简于儒家文献有所突破，根据李学勤先生观点，这些文献的发现大致证实《中庸》出自子思，而且可以推论《大学》与曾子有关，从中可以看到从子思子到孟子的思想演变之轨迹。②孔子的学说，以伦理思想为核心，主要是阐发他的仁礼学说，过去，学术界认为"孔子的学说缺乏哲学论证与思辨性"，此说现在看来要重新评估了。

子思的学说既如前述，显而易见，其形而上的色彩较浓，他虽

---

① 《荀子·非十二子》。

② 李学勤：《先秦儒家著作的重大发现》，《郭店楚简研究·中国哲学第二十辑》，辽宁教育出版社1999年版，第16页。

然试图从理论上对儒家学说进行更为周密的论证和阐释，但由于无法切合当时的社会实际，因而它在当时并没有发挥作用，真正发挥作用还要等到千年之后的宋儒时代。

孟子的学说也同样带有不切合实际的形而上色彩。只是孟子的时代毕竟不同于子思的时代，故而孟子在进行形而上的学术建构的同时，更要着力回答杨朱、墨子等非儒学派对儒家提出的那些质疑和责难。

二、《孟子》的内容举要

《孟子》据说是孟子本人和弟子公孙丑、万章等共同编定的。书中说“仁”兼“义”，分辨“义”“利”甚严；而辩“性善”，教人求“放心”，影响更大。又说到“养浩然之气”，那“至大至刚”、“配义与道”的“浩然之气”，这是修养的最高境界。

孟子生在战国时代，他的好辩，据他自己说，是不得已的：“予岂好辩也哉？予不得已也。”书中攻击杨朱、墨翟两派，词锋犀利咄咄逼人。朱自清先生说：“他的话流露着英气，有圭角，和孔子的温润是不同的。所以儒家只称为亚圣，次于孔子一等。”①

（一）性善论

子思认为诚是天道，也是人的本性，而孟子则认为人的本性是善的，不必借助“外铄”，认为人生来就有仁、义、礼、智四种品德，只要将此善良之本性的萌芽扩而充之，就可成为圣贤。

范寿康先生认为，孟子论性善，兼用演绎与归纳两种方法。②

---

① 朱自清撰、钱伯城导读：《经典常谈》，上海古籍出版社 1999 年 12 月版，第 44 页。
② 参见范寿康：《中国哲学史通论》，三联书店 1983 年 12 月版，第 77—79 页。

就演绎方面讲,他根据《诗》、《书》以及子思的学说来演绎出他的性善论。孟子认为同出于天的一切人类的本性都是相同,而且也都是善的。在孟子看来,“口之于味也,有同嗜焉。耳之于声也,有同听焉。目之于色也,有同美焉”①,人类的五官都是一样的。不但五官如此,就是人类的心也是相同。所以他说:“心之所同然者何也?谓理也,义也。圣人先得我心之所同然耳。故理义之悦我心,犹刍豢之悦我口。”②这样,人类的五官及心性既是相同,人类的好恶也就不得不同,因为善是人类所同好,恶是人类所同恶,这就可以证明人类的本性是善的。故孟子曰:“人性之善也,犹水之就下也。”③

就归纳方面讲,孟子举出种种特殊心理事实来证明性善。譬如见到一个儿童落在井里时,无论何人都想加以拯救。分析这时候的人的心理,那人决不是想获得拯救儿童的那种名誉,也不是想纳交于儿童的父母,又不是怕自己不拯救而受别人的责备,他的拯救儿童无非是出于自己的真心或自己的本性的发现。这样看来,无论何人都具有“不忍人之心”④,这“不忍人之心”就是“恻隐之心”,而这“恻隐之心”就是“仁之端”。同样,从其他各种事实里面,我们又可以看到人人又都具有“羞恶之心”、“辞让之心”、“是非之心”。“羞恶之心”就是“义之端”,“辞让之心”就是“礼之端”,“是非之心”就是“智之端”。因为无论何人都具有这四端,由此可见人的本性是善的。

然而孟子的性善论是有缺点的。为什么呢?如说人的本性完

①②③ 《孟子·告子上》。
④ 《孟子·公孙丑上》。

全是善的,那么照理恶就决不至于产生,即有外物的诱惑,物欲不是也就无从产生么?孟子自己对这一点也未始不曾觉到,但他总想用种种强辩把他的性善论加以维持。

他说:"口之于味也,目之于色也,耳之于声也,鼻之于臭也,四肢之于安佚也,性也。有命焉,君子不谓性也。仁之于父子也,义之于君臣也,礼之于宾主也,智之于贤者也,圣人之于天道也,命也。有性焉,君子不谓命也。"①

这样,他把性已经分为二部。前者是性的恶的部分,后者是性的善的部分,前者是利己的欲望,后者是利他的同情。性善论之难自圆其说,于此可见。

孟子主张性善论,所以必然地也主张先天良心论。人是生而具有良心的。他对这种先天的"良心"有时名之曰"本心"②。因为我们具有良心或本心,所以我们具有良知、良能。分体用言,良心或本心是体,良知、良能是用。孟子说:"人之所不学而能者其良能也。所不虑而知者其良知也。孩提之童无不知爱其亲,及其长也,无不知敬其兄。"这就是他所谓良知、良能。

这样,孟子不但是一个先天良心论者,他又是一个先天知识论者。他不但主张人人都有向善的本心,并且更主张人人都先天地具有各种关于善的知识。他所谓良心是包含有上述恻隐、羞恶、辞让、是非四心的。孟子的这种良知说开了明代王阳明哲学的先河。

孔子把知、仁、勇三德并称,《中庸》祖述孔子之说称知、仁、勇为天下之三达德。到了孟子,他把三德改成仁、义、礼、智四德,而

---

① 《孟子·尽心下》。
② 《孟子·告子上》。

汉代董仲舒又加以扩充，把仁、义、礼、智、信称为五常之道。孟子虽提倡仁、义、礼、智四德，但他所注重的却在仁、义。

他答梁惠王说："王何必曰利？亦有仁义而已矣。"①他又说："仁，人之安宅也。义，人之正路也。"②又说："仁，人心也；义，人路也。"③因为孟子这样注重仁、义，所以后世遂把仁、义看做孔孟学说的根本思想。

考孟子把仁、义二者并称，决非出于偶然，他大有他的用意。但是孔仁与孟仁有差别，孟比孔更强调三点：孟认为在社会秩序和制度建立的过程中，重点是仁，不是礼；仁爱之心不是来自血缘，而是来自良知，是超血缘的；人的内心的自觉，在反求诸己。

（二）仁政说

孟子的政治经历有点和孔子相似。他在学有所成的青壮年时代如赵岐《孟子题辞》所说，"遂以儒道游于诸侯"，到处宣扬他的"仁政"、"王道"思想，试图凭借各国诸侯的政治势力推行自己的政治主张。

孟子的"仁政说"建立在他的"性善论"的基础上。执政者有不忍人之心，始有不忍人之政。他说："人皆有不忍人之心。先王有不忍人之心，斯有不忍人之政矣。以不忍人之心行不忍人之政，治天下可运之掌上。"④孟子由他的"性善论"导出他的仁政王道学说。即反对以武力战争霸道解决问题，他大声呼吁，善战者服上刑；反对严刑峻法，提倡仁义德治；主张薄税敛，复井田，制民之产；

---

① 《孟子·梁惠王上》。
② 《孟子·离娄上》。
③ 《孟子·告子上》。
④ 《孟子·公孙丑上》。

提出“民为贵”和“乐民之乐者,民亦乐其乐;忧民之忧者,民亦忧其忧。乐以天下、忧以天下,然而不王者,未之有也”①。

“仁政说”,落实在经济上,就是“正经界”,“复井田”,“制民之产”。孟子说:“无恒产而有恒心者,惟士为能。若民,则无恒产,因无恒心。苟无恒心,放辟邪侈,无不为已。及陷于罪,然后从而刑之,是网民也……是故明君制民之产……”②孟子主张复井田制,又提出:“仁政必自经界始。”不许暴君污吏破坏划分井田的法规。

孟子进一步提出执政者要与民同乐,尚贤使能,使俊杰在位。主张通过兴办学校,以明人伦的道德教育。在政治上,实行王道仁政,以行仁义统一天下。

孟子的政治理想对孔子的学说作了重要的发挥和发展,在一定程度上融入此后两千年中国传统社会官方意识形态的一部分,其“王道”、“仁政”、“民贵君轻”等等观念成为中国传统社会知识分子的政治信念。正是从这个意义上说,孟子在后世被追封为“亚圣”,地位仅次于孔子,并不时有人将儒家学说统称为孔孟之道,确实是有相当根据的。

由于孟子所处的战国时代历史条件的急剧变化,各国诸侯所面临的问题,也不再是如何遵循君臣之义,推行王道,实行仁政,而是在激烈的生死存亡争夺战中保护自我,以求生存发展为第一要义。故而在这种情势下,孟子的王道理想对人人自危的各国诸侯来说,则只能表示赞赏与尊重,而无意于实地推行。于是孟子在周游列国年届六十之际,只好像他素来崇拜的孔子那样,退出现实政

① 《孟子·梁惠王下》。
② 《孟子·梁惠王上》。

治，开始了聚徒讲学的生涯，“与万章之徒序《诗》、《书》，述仲尼之意”，更加着意于理论体系的建构。

（三）道统说

孟子是继承孔子学说“接着往下说”的。但是，当我们仔细考察《孟子》七篇以及其他的孟子资料，我们不难发现孟子的学说虽然在总体上合乎孔子的一般原则，但在许多细节和重要的细目上，他又借重孔子的名声而阐释自己的思想见解。因此我们看到，孟子虽然一再声明他序《诗》、《书》，是在述仲尼之意，但他在传道的方面，诚如他自道的那样，“尽信《书》不如无书”，并没有太多地注意综核古事，注解章句，而是以“万物皆备于我”的主观精神，尽最大限度地利用孔子和儒家的智慧资源，证成己说。

因此，他的那些哲学理念和政治主张，说到底基本上都是他的创造性贡献与发挥。

孟子的学说与孔子或原始儒家的思想见解并不存在着多大的偏差。因为事实上包括孟子在内的历代儒者，由于他们所面对的外部环境不尽相同，时代背景有所不同，因此他们对孔子与原始儒学思想见解的阐释便不可能陈陈相因，而必然要填充新的内容，在不违反大原则的前提下作出新的解释与发挥。更何况在孟子的时代，儒学的发展已面临杨朱、墨子等被孟子视为异端邪说的严峻挑战，孟子如欲继承儒家道统，推动儒学的进步与发展，便不能不在遵循孔子学说一些大原则的前提下，提出新的理论与证据，以回应时代的挑战。孟子在儒学发展史上所担当的使命，一方面是正面阐释孔子的学说，推进儒学理论的发展；另一方面，则是基于儒学的原则，批判异端邪说，廓清儒学发展的障碍。

首先，孟子在儒学发展史上第一次提出儒家的道统问题，以为所谓儒家学说并不具有任何神秘意味，而是尧、舜、禹、汤、文王、武王、周公、孔子等历代先贤往圣心心相传的王道主义和仁政学说，只是到了孔子之后，由于一时无人继承，这个道统险遭中断。

他暗示："由尧、舜至于汤，五百有余岁；若禹、皋陶，则见而知之；若汤，则闻而知之。由汤至于文王，五百有余岁，若伊尹、莱朱，则见而知之；若文王，则闻而知之。由文王至于孔子，五百有余岁，若太公望、散宜生，则见而知之；若孔子，则闻而知之。由孔子而来至于今，百有余岁，去圣人之世若此其未远也，近圣人之居若此其甚也，然而无有乎尔，则亦无有乎尔。"①言下之意，他孟子的历史使命正是为了继承这一道统而不使之中断，并力图使之发扬光大。

另一方面，由于孟子时常感到自己肩负的历史使命，时常觉得自己有责任站在儒学正统的立场上去回应各种非儒学派的质疑和责难，以维护儒学的纯洁性。公都子问孟子："外人皆称夫子好辩，敢问何也？"孟子说："予岂好辩哉？予不得已也。……圣王不作，诸侯放恣，处士横议，杨朱、墨翟之言盈天下。天下之言不归杨，则归墨。"因此他强调，"杨墨之道不息，孔子之道不著。能言距杨墨者，圣人之徒也"②。

不论孟子在理论上对杨墨的批判是否真的如他所说的那样有道理，但我们由此不难看到的一个事实是，孟子至少在主观意图上是为了捍卫儒学的纯洁性，虽说不免有点迂腐，但毕竟迂腐得可爱。

孟子建构的儒学道统，以及对杨、墨等异端邪说的批判，如果

---

① 《孟子・尽心下》。

② 《孟子・滕文公下》。

从理论上来说当然存在相当多的问题,但从当时儒学发展的实际情况,以及从儒学史的意义上看,孟子在这两个方面的努力,不仅挽救了儒学,拨正了儒学发展的方向,而且对后世儒学的发展实在产生了难以估量的影响。

唐韩愈在他的《原道》中,充分肯定了孟子的道统说,并认为孟子的传道之功不在大禹之下,并将孟子归为儒学道统的必然环节。

他说:“尧以是传之舜,舜以是传之禹,禹以是传之汤,汤以是传之文王、周公,文王、周公传之孔子,孔子传之孟轲。轲之死,不得其传焉。”

孟子是儒学发展史上的功臣,孟子的道统说是儒学史上的一大关键,孟子提出并解决了儒学发展史上的正统与非正统,亦即异端之间的大是大非问题。

总之,儒家作为一个独立的学派,形成于春秋末期,孔子是它的创立者和祖师。

孔子死后,儒分为八。

到了战国时期,孟轲与荀况是儒家学派的互相对立的两大派别。一般说来,从孔子到《大学》到《中庸》再到孟子,可以说是儒学思想的早期发展路线。

由孔子开创的早期儒学,是一个以伦理学说为中心的思想学派,它是以人道为出发点和实际归宿来思考一切的学说。孔子以仁释礼,以礼规范仁,将仁礼结合构成了儒学的人道伦理学说。

孟子道性善,提出仁义礼智根于心,从内在的心性发挥了孔子学说。荀子则言性恶,提出以礼法改造人的本性,将孔学的伦理学说转化为外在的行为规范。

最早注释《孟子》的可能是西汉刘向。从汉到唐为《孟子》作注的共十家，其中九家皆亡，只有东汉赵岐的《孟子》注本流传到现在。赵岐的注本“虽不及后来之精密，而开辟荒芜，俾后来得循途而深造，其功要不可泯也”[1]。而《四库总目提要》则云：“汉儒注经，多明训诂名物，惟此注笺释文句似后世之口。”

南宋朱熹所撰《孟子集注》，共征引自东汉到南宋三十四家之说，集宋儒以理学的义理、性命之学说《孟子》之大成。而训诂章旨，仍采用赵岐之注。

清焦循所撰《孟子正义》，共征引六十余家等重要注本说《孟子》，其征引之广博，迄今无人能及。

又有今人杨伯峻的《孟子译注》上下册，这是一本对现今读者读懂《孟子》很有价值的注本。

语录精华

孟子曰：“天时不如地利，地利不如人和。三里之城，七里之郭，环而攻之而不胜。夫环而攻之，必有得天时者矣；然而不胜者，是天时不如地利也。城非不高也，池非不深也，兵革非不坚利也，米粟非不多也；委而去之，是地利不如人和也。故曰：域民不以封疆之界，固国不以山谿之险，威天下不以兵革之利。得道者多助，失道者寡助。寡助之至，亲戚畔之；多助之至，天下顺之。以天下之所顺，攻亲戚之所畔，故君子有不战，战必胜矣。”

——《孟子·公孙丑下》

① 《十三经注疏》。

中篇 诸子略说

一、轴心时代与周秦诸子学术的奠定

德国哲学家雅斯贝尔斯(1883—1969年)在20世纪50年代初发表的《历史的起源和目标》一书中提出“轴心时代”的理论,以公元前五百年为中心,从公元前八百年到公元前二百年,在这一段时间里,人类的精神文化几乎同时或独立地在中国、印度、波斯、巴勒斯坦和希腊开始奠定。一直到今天,人类历史在每一次新的飞跃前,总是要回忆或重新认识轴心时代的文化创造,从中寻找精神动力。代表中华文化的原创经典《五经》、《四书》和周秦诸子的学说,也是在这一段时间里萌发奠定的。

本篇所说的周秦诸子的学术,正是萌发于这一轴心时代,从那时起,中华文化经历了两千年的发展,但是直到今天,如果要寻找源头的话,还是要回到那个时代,这就是中国古代的百家争鸣的春秋战国时期。

诸子学说的发生,不是偶然的。既有时代背景,又有学术渊源。

诸子出于“救时说” 就时代背景而言,春秋战国时期(约公元前8世纪至公元前3世纪,西汉建立为公元前206年),是我国思想解放的一个时代。旧的制度在破坏,旧的统治者在没落。清代史学家赵翼说这时候是“天地一大变局”。

《淮南子·要略》上说,有殷周之争,而太公之谋生;有周公之遗风,而儒者之学兴;有儒者之弊,而后墨者之教起;有齐国之地势,桓公之霸业,而管子之书作;有战国之兵祸,而后有纵横家;有韩国法令的新故相反,而后有申子的刑名之书;有秦孝公之图治,而后有商鞅变法……

值得注意的是《淮南子·要略》提出的诸子出于“救时说”,与《庄子·天下》的“天下大乱,圣贤不明……道术将为天下裂”、《汉书·艺文志》的十家九流之起于“王道衰微,诸侯力政”,三家所说,辞虽异而意实同,于此可见诸子之起,实由于乱世之所需。

诸子出于“王官说” 就学术渊源而言,诸子之学是从“六艺”(即《诗》、《书》、《礼》、《乐》、《易》、《春秋》)中变化出来的。“六艺”在古时有小学六艺:礼、乐、射、御、书、数。大学六艺则是:诗、书、礼、乐、易、春秋,到汉代提升为六经。

《汉书·艺文志》上说:“诸子十家,其可观者九家而已。皆起于王道既衰,诸侯力政,时君世主,好恶殊方,是以九家之术蜂起并作,各引一端,崇其所善,以此驰说,取合诸侯。……今异家者各推其所长,穷知究虑,以明其指,虽有弊短,合其要归,亦六经之支与流裔。”

班固提出的“诸子出于王官说”,如果说是某子出于某王官,则未必可信。但是,诸子起源于王官之学,则毫无疑义。六艺作为官学,原本就有极大涵盖性。

夏商周三代的王官之学,到东周末。已是天子失官,礼崩乐坏,学术下移。孔子创立私学,整理《诗》、《书》、《礼》、《乐》、《易》、《春秋》,可以说关系到中华民族文化传统的存亡继绝的大事。

二、上承“六艺”,下开“九流”

孔子不独为儒家之开山祖,且其学说又与九流术数诸学有关,所谓“上承六艺,下开九流”,皆与孔子有关。

孔子(前551—前479年)就是第一个这样的教师,弟子三千,有成就的七十二人。齐国当时是一个经济文化都很发达的国家,首都临淄有个地方叫稷下,孟子在这里讲过学,荀子也在这里讲过学。从孔子创办私学,中国古代文化由官学走向民间。也为即将到来的战国时期的百家争鸣揭开序幕。

试观《汉书·艺文志》,大凡名家、纵横家、农家、兵家的诸派学说皆由孔子的某一观点引申而阐发之。孔子问《礼》于老聃,由此而通道家。孔子学《易》以言阴阳,如立天之道曰阴阳,一阴一阳之谓道,是孔子又兼阴阳家之学。孔子言殊道同归,言审法度,则兼明杂家、法家之学。

孔学不仅专属儒家,我们从孔门弟子的类型大体也会发现他们与先秦诸子的关系。颜渊近似道家,子路近似兵家,樊迟近似农家,子贡近似纵横家,子张近似墨家,子夏近似法家。后世学者也有以墨子尝学于儒,庄子尝学于田子方,韩非尝学于荀卿,而认为先秦学派,均来自儒家。

从《汉书·艺文志·诸子略》上看,九流中的儒家是“祖述尧舜,宪章文武,宗师仲尼”。而孔子并不在儒家之中。儒家中有孟子、荀子,而无孔子。又班固于论述九流中的任何一派时,都说其学合于孔子所言，或合于孔子所传之六艺之教之一端。如说名家合于孔子“正名”之旨；法家合于《易》之“明罚饬法”之义；阴阳家合于《书经》中羲和之“敬授民时”之义；纵横家合于孔子“贵使者”之义；农家合于孔子“所重民食”之义；小说家合于孔子“虽小道必有可观”之义；道家合于“《易》之谦谦”之义。

又韩昌黎言孔墨相为用，以“兼爱”即孔子之“泛爱众”，以“尚俭”即孔子所称“禹无间然”之义说。虽未确，然谓“孔必用墨，墨必用孔”，因属不刊确论。①

廖平则说：“九流为六艺之余裔，各分圣人之一体。盖同祖仲尼而性近小别，后来弟子各尊其师，张皇所短，以为新异，论议歧分，遂成别派。”

考《汉书·艺文志》论九家多取《论语》为说，以圣人广大无所不包，枝叶虽分，其源可溯。“无为”即道家之旨，“仁义”为儒者所宗。“刑法”既有明文，“坚白”是所托祖。由从质而成农墨，因言语流作纵横，杂家、小说，亦莫外焉，今证其义，可见《论语》，无所不包，一语之微，遂成宗派，乃知圣无虚言，学有总汇，殊途同流，百虑所以一致也。②

仲尼弟子有公孙龙，操坚白同异之辩，而在名家。吴起从曾申、子夏学儒者之业，而在兵家。韩非从荀卿学而在法家。田骈从公孙龙学，而在道家。

孟子弟子又有邹衍、淳于髡、尹文子、宋钘、禽滑厘之属，皆七十子后学，而分为百家。

---

① 韩愈：《韩昌黎全集·读墨子》，中国书店出版社1991年版，第184页。

② 廖平：《论语汇解凡例·包括九流》。

《庄子·天下篇》为研究诸子所必读之文：

> 天下大乱，圣贤不明，道德不一，……天下多得一察（俞樾云：察当读为际，一际犹一边也）焉以自好，……各为其所欲焉以自为方……道术将为天下裂。

《天下篇》以道术为古代学术的总称，即古人之大体，百官以此相齿、旧法世传之史，可见东周中世前，学在王官，由史官世传。儒家能明六艺以教人，在诸子中为最早。及道术分裂，于是百家纷起。

诸子百家各从自己的立场出发，各执孔子学说之一端，企图以自己的一套学说和政治主张去整顿社会秩序。《天下篇》上指出，《易》、《诗》、《书》、《礼》、《春秋》不是儒家的专利品，而被诸子百家共认为学脉源头。《天下篇》认为中国学术最初皆源于一，此一即道。此道在《诗》、《书》、《礼》、《易》、《春秋》之中。《五经》乃中国道术的总汇。从三代到战国，其道术之演变，是从一到多，百家之学，导源于《六经》。

但班固并不说孔子为九流之一。班固认为孔子之学，上承六艺，下统九流。此说从班固直至清末为许多学者所共认。

战国诸子学说就其渊源而言，也是凿王官之学之窍，而各有突破。故刘歆说："今异家者各推所长，穷知究虑，以明其指，虽有弊短，合其要归，亦六经之支与流裔。"①

刘歆的"九流出于王官说"，分别考究，虽有很多不通之处，但就其总体而观之，是有根据的。并且与《庄子·天下篇》提出的"道术将为天下裂"的说法是相通的。

---

① 王先谦：《汉书补注》。

《史记·论六家要旨》:“《易大传》:‘天下一致而百虑,同归而殊途。夫阴阳、儒、墨、名、法、道德,此务为治者也,直所从言之异路,有省不省耳。’”

王充《论衡·本性篇》云:“孔子道德之祖,诸子之中,最卓者也。”

清代提出诸子出自六艺之教的学者,以章学诚为最著名,他说:

> 诸子之为书,其持之有故而言之成理者,必有得于道体之一端,而后乃能恣肆其说,以成一家之言也。所谓一端者,无非六艺之所该,故推之而皆得其所本,非谓诸子果能服六艺之教而出辞必衷于是也。《老子》说本阴阳,《庄》、《列》寓言假象,《易》教也。邹衍侈言天地,关尹推衍五行,《书》教也。《管》、《商》法制,义存政典,《礼》教也。申、韩刑名,旨归赏罚,《春秋》教也。①

孙星衍在《尸子集本叙》中说:“儒家通天地人,法阴阳五行,守五帝三王之道,固已兼诸子所贵矣。道家清虚卑弱得儒之智,法家信赏必罚得儒之礼,墨家贵俭兼爱得儒之仁。”

王蘧常《诸子学派要诠》则云:

> 儒家助人君顺阴阳,明教化,游文于六艺之中,留意于仁义之际,其学本《六经》,无待论矣;道家历记成败存亡祸福古今之道,然后知秉要执本,清虚自守,卑弱自持,合于尧之克攘、易之嗛嗛,则其学本于《周易》;阴阳家敬顺昊天,历象日月星辰,敬授民时,则其学本于《尚书》;法家信赏必罚,名家正名

① 章学诚:《文史通义·诗教上》。

辨物，则其学本于《礼》《春秋》；墨家贵节俭，右鬼神，《礼经》恭俭庄敬之学也；小说家街谈巷议，道听途说者之所造，太师陈《诗》观民风之恉也。

三、诸子对《六经》的发展

先秦诸子对《六经》从不同角度作出了反思和阐发。儒家侧重人伦政治，对《六经》作出中庸式的积极发挥；道家侧重天道思辨，对《六经》作辩证式的消极发挥；墨家发扬《六经》的经验理性，兼采谋略和功利主义；阴阳五刑家将《六经》中的神道观念和鬼神观念发展为术数；而名家从名实关系反思《六经》。

在这大变动的时代，出现过一个士的阶层。《论语》中常常说到士："士志于道而耻恶衣恶食者，未足与议也。""士不可以不弘毅，任重而道远。"孔子是公元前 6 世纪至 5 世纪的人，士的出现，当在此之前很久。这些士是新时代的鼓手。他们或出自旧的已趋没落的贵族，或出自庶民，都著书立说，议论当时的哲学、政治、经济、军事、文化教育的大问题。

司马迁把他们分为六家：阴阳、儒、墨、名、法、道德。[①]

《汉书·艺文志》把他们分为儒家、道家、阴阳家、法家、名家、墨家、纵横家、杂家、农家、小说家等十家。说这十家，"其可观者九家而已，皆起于王道既微，诸侯力政，时君世主，好恶殊方，是以九家之术蜂起并作，各引一端，崇其所善，以此驰说，取合诸侯"。

从这里可以看出，这些家都是私人讲学，各自立说，都是"一家

① 《太史公自序》。

之言”。六家或十家之中,最重要的是儒、墨、道、法四家。春秋末战国初,这四家学说各有其不同之理论体系,但是又有互相渗透联系的地方,如儒墨二家是对立的,但在学术的渊源上,他们又都上承六艺,与《诗》、《书》、《易》、《礼》、《春秋》等元典有着密切关系,他们当时都是显学。

后来的法家吴起、商鞅、韩非,也多师从过孔门的高足弟子或七十子后学,随着时代的大变化,他们从儒学开始,有所发明,有所创新,演变为法家、兵家,在政治上大显身手,商鞅在秦,吴起在魏和楚,重耕战而富国强兵,适应了统一的要求。

诸子百家身处这个思想大解放的时代,对宇宙、人生,对天人(哲学)、古今(历史)、名实、同异(逻辑)等许多的重大问题,发表了极为精彩的见解。两千年前的诸子的精彩议论,今天读来依然觉得是那么鲜活而有生气,与我们的生活与思想是那么贴近。

成中英先生说:“中国传统文化作为中国人文价值的载体,其继承,其发展,已成为不可避免的课题。中国文化包含的人文价值,简言之,即儒家哲学所包含的社会和谐的理念,人性的信念与个人德善的修持之道,道家哲学所包含的自然与美的眼光与境界,墨家哲学所包含的求真与务实的精神与执着,《周易》哲学包含的生命创新,天人合一的人生洞见与宇宙体察,在在都为现代化的工业与科技社会安定提供了一个人性化与人文化的基础与源泉,不但能在科学世界之外滋养生息的园区,也能在科学世界之内建构一个生命价值的标准,为科学的基础与应用研究指引方向,以防逐物而不返,用权力意志代替了生命价值。”①

---

① 《不但丧失德性也丧失知识》,《文汇报》2004年10月27日。

两千年前的周秦诸子的许多精彩议论，忽然起死回生，向我们走来，正如西方人将希腊罗马文艺复兴的许多巨人的经典当作他们智慧的源泉一样，周秦诸子至今也是我们充满智慧的取之不尽的精神宝库，是我们克服现代世界许多弊病的灵丹妙药。我们说21世纪是中国人的世纪，大概就是从这一角度来理解的吧！

第十章　孔子、孟子与儒家略说

一、孔子(前 551—前 479 年)

孔子名丘,字仲尼,鲁国陬邑今山东曲阜人,祖先是贵族,到他幼年,已经没落了。他曾做过管理仓库和畜牧的小官,年五十,为鲁司寇,政绩显著。不久,辞别鲁国,周游列国,向君主、贵族宣传自己的政治主张,但没有什么人赏识他,用他。死的时候七十三岁,约生于公元前 551 年,死于公元前 479 年①。

孔子是第一个把当时贵族垄断的知识传播于民间的人。他有各种不同出身的学生,"有教无类",相传总数达三千,只要交一点学费,就允许入学。

学有成就的有七十余人。颜渊是他最得意的门生,也是最好学的。

孔子自己在好学这一点上,也很自负,说:"十室之邑,必有忠信如丘者焉,不如丘之好学也。"②从孔子开始中国人已经重视知识,把知识看作力量,是认识世界、利用自然、服务改造社会的力量。孔子是个改革家,因此,他自称"我学不厌,而教不倦"。

他的学生子贡称赞他,说:"学不厌,智也;教不倦,仁也。仁且智,夫子既圣矣。"③

---

① 《史记·孔子世家》。
② 《论语·公冶长》。
③ 《孟子·公孙丑上》。

孔子以前，既无私人讲学，也无私人著述。孔子以前，学在王官。到孔子时代，王官失守，学术下移。作为王官之学的所谓六艺，散在民间。孔子教人，以此为教材。他教学生学《诗》、《书》，习礼、乐。庄子《天下篇》说，《诗》以道志，《书》以道事，《礼》以道行，《乐》以道和，《易》以道阴阳，《春秋》以道名分。《诗》、《书》、《礼》、《乐》、《易》、《春秋》，就是孔子用以教人的六种功课。后人说《春秋》是孔子作的，但孔子说自己是"述而不作，信而好古"①，是不是可以说，孔子只是传授知识，没有自己的见解呢？也不能。

孔子是个很有见解的教师，这些见解都包括在《论语》这部书中。

对于天，对于鬼神，孔子就有自己的看法。孔子说："天何言哉，四时行焉，百物生焉，天何言哉！"②荀子说："唯圣人为不求知天。"③孔子是一个不求知天的圣人。在那个时代，天不可知，也就不去求知，是很明智的。

对于鬼神，孔子主张"敬而远之"。他说，"未能事人，焉能事鬼"，又说："未知生，焉知死？"④对于"怪力乱神"，他都存而不论，这也是很明智的。

"仁"是孔子的中心思想，或者说，是他的思想的核心。这无疑是很对的。冯友兰和郭沫若都说仁是"人的发现"。

《论语》中说："仁者，人也。"又说："君子无终食之间违仁，造次必于是，颠沛必于是"⑤。

---

① 《论语·述而》。
② 《论语·阳货》。
③ 《荀子·天论》。
④ 《论语·先进》。
⑤ 《论语·里仁》。

礼乐在孔子看来是很重要的，但离开仁，就无意义了："人而不仁，如礼何！人而不仁，如乐何！"[①]孔子有个学生叫樊迟，问老师："仁是什么？"孔子说："爱人。"又问："知是什么？"孔子说："知人。"[②]仁且智，就是个最好的老师。故孔子曰："爱之能勿劳乎？忠焉能勿诲乎？"[③]

要做到仁，不仅要爱人，而且要推己及人，"己所不欲，勿施于人"。[④]仁者"己欲立而立人，己欲达而达人"。[⑤]这就是《论语》中所说的忠恕之道。换一句话来说，也就是"仁者先难而后获"[⑥]。

孔子用很形象的譬喻，说"仁者乐山"，"知者乐水"。

在孔子看来，仁与知是不可分的，他说："未知，焉能仁？"孔子大概是最早提出这样一个问题的人。道德与文章的关系，品德与学问的关系，理想与知识的关系，他是说得非常明确的，知是仁的必要条件。对道德没有正确的认识，就不可能是自觉的。成仁取义，是我国古代认为最高的道德。历史上，成仁取义的人，都是非常自觉的，富贵不能淫，威武不能屈，贫贱不能移。宋末的文天祥，八百年来，为人所歌颂，就是一个光辉的例证。

孔子的学生称赞他的老师说："子绝四：毋意，毋必，毋固，毋我。"[⑦]不要主观，不要武断，不要强加于人，不要有私心。意、必、固、我，是行仁的大敌。去此四者，目的就在为仁，就在立人达人。这是多么地充满了理智啊！他的弟子能这样认识老师，肯定是观

---

① 《论语·八佾》。
② 《论语·颜渊》。
③ 《论语·宪问》。
④ 《论语·卫灵公》。
⑤⑥ 《论语·雍也》。
⑦ 《论语·子罕》。

察了千百次的结果。

冯友兰先生说孔子颇似于希腊的“智者”，和苏格拉底在西方的历史地位相当。大家知道，苏格拉底有一句名言：“人啊，要认识你自己。”如何才能做到认识自己呢？孔子提出“内省”与“自省”这一求得“自知”的方法：“见贤思齐焉，见不贤而内自省也。”又说：“内省不疚，夫何忧何惧？”

孔子非常重视真性情，他说：“礼云礼云，玉帛云乎哉！乐云乐云，钟鼓云乎哉！”①又说：“不得中行而与之，必也狂狷乎！狂者进取，狷者有所不为也！”②

子夏问他：“《诗》云：巧笑倩兮，美目盼兮，素以为绚兮。何谓也？”他说：“绘事后素。”子夏说：“礼后乎？”③孔子说：你对我真有启发啊，这样，才可以说《诗》了。一位好看的女子，必先有巧笑、美目，才能施脂粉，打扮起来。

人也必须先有真性情，才能行礼。所以，孔子又说：“礼，与其奢也宁俭；丧，与其易也宁戚。”④对于乡愿，孔子是深恶痛绝的，说这样的人是“德之贼也”⑤。

仁，在孔子看来，是最高的品德；他以为“刚毅木讷近仁”⑥，“巧言令色鲜矣仁”⑦。他还说观过知仁。这都是重视真性情的表现。真性情是内容，礼乐是形式。“人而不仁如礼何？人而不仁如乐何？”

孔子和他的学生的关系是很好的。冉耕是他的学生，得了很重的病，孔子去看他，“自牖执其手”，说：这真是命啊，这样好的人，却得了这个不治之症！⑧

---

①⑤⑦　《论语·阳货》。
②⑥　《论语·子路》。
③④　《论语·八佾》。
⑧　《论语·雍也》。

子路很真率，孔子就常常夸他，说“衣敝缊袍，与衣狐貉者立，而不耻者，其由也与！”[①]“道不行，乘桴浮于海，从我者其由与！”[②]孔子及其弟子们是多么的坦然！心地又是多么的光明！

他称赞曾皙，当曾皙表示向往“暮春者，春服既成，冠者五六人，童子六七人，浴乎沂，风乎舞雩，咏而归”这样一种学而乐的人生境界时，孔子喟然而叹曰：“吾与点(即皙)也。”[③]

孔子的理想人物是周公，毫无疑问，周公是一个有过大功业的人。殷周二代社会性质有所不同，分封制度是周人的创举。

王国维作《殷周制度论》，说：“中国政治与文化之变革，莫剧于殷周之际。”“殷周间之大变革，自其表言之，不过一姓一家之兴亡与都邑之转移。自其里言之，则旧制度废而新制度兴，旧文化废而新文化兴。”

范文澜以为西周开封建之端。孔子作为改革者提出“正名”。子路对孔子说：卫国的国君等着你去治理国家，你从什么地方着手呢？孔子说：我首先要做的就是正名啊！

正名，就是：君君，臣臣，父父，子子。君不像个君，臣不像个臣，一切乱哄哄的，就什么也说不上了。

孔子还强调：“其身正，不令而行；其身不正，虽令不从。”[④]“上好礼，则民莫敢不敬；上好义，则民莫敢不服；上好信，则民莫敢不用情。”[⑤]

执政者先要以身作则，要礼贤下士，要伸张正义，要讲诚信，作

---

① 《论语·子罕》。
② 《论语·公冶长》。
③ 《论语·先进》。
④⑤ 《论语·子路》。

为一种政治家的修养，这应当说是起码的要求。

研究孔子，离不开《论语》，而研究《论语》，主要的文本有何晏《集解》，邢昺《疏》，《朱子集注》，刘宝楠《论语正义》等等。钱穆的《孔子弟子通考》[①]，也有助于我们了解孔子以后儒林的师承与发展。

二、儒的起源与分派

儒作为一个学派形成于春秋之鲁。儒的文化起源于上古的巫官文化。在上古，巫、史、祝、卜、宗，都讲天人之际，而且以沟通天人之际为其职务与使命。

儒是由巫祝演变而来的。儒到孔子时代，已脱离巫风，但在孔子身上，也存有巫的遗风。如梦见周公，谈天命，自比于老彭，希图风鸟出世，又以相礼谋生。

又古代是巫史不分的。他们是一批礼乐之士。

《左传·昭公十七年》记载："仲尼曰：'吾闻之，天子失官，学在四夷'。"

《论语·微子》云："大师挚适齐，亚饭干适楚，三饭缭适蔡，四饭缺适秦，鼓方叔入于河，……"

过去在王室中的礼乐之士，流散民间，以传授知识为生，于是学术下移平民，从此学术从统治者手中，移向民间。在三代文化繁荣昌盛时，巫史守在王官之学。到周王朝没落，礼崩乐坏，他们就抱着典籍向民间求生。儒于此应运而生。

---

① 见《先秦诸子系年》。

孔子创始的儒家,是春秋战国时的显学。孔子的学说是三代文化仪礼制度的总结。从儒的发生来考察,孔子是殷人之后,又明白表示"吾从周"。

儒是殷民族礼教的传教士,在殷亡后,他们继续保持殷人的礼教,继续从事宗教典礼职业,即治丧、相礼、教学,周人也利用他们为自己服务,儒是夏商周文化的保存者、传承者,又是周文化的缔造者。

蒋伯潜说:"孔子主学、思并重。但他的弟子,却分为偏于学和偏于思的两派。子夏笃学切问,偏于学,为传经之儒;闻一贯之道的曾子,偏于思,为传道之儒。子夏之传,至战国而有荀子,西汉初《五经》之传,大都出于子夏、荀子。曾子之传,有曾子、孟子,故宋代理学诸儒,自以为承孔、曾、思、孟道统之传。从汉到清,我国学术为孔子所笼罩,而蜕分衍变,举不能跳出经学、理学二派范围之外。"①

《史记·儒林传》说:"自孔子卒后,七十子之徒,散游诸侯,大者为师傅卿相,小者友教士大夫,子贡终于齐。如田子方,段干木,吴起,禽滑厘之属,皆受业于子夏之伦,为王者师。……威、宣之际,孟子荀卿之列,咸遵夫子之业而润色之,以学显于当世。"

关于儒家学派的演进与分派,我在《洙泗儒学分派考》、《子夏氏"西河学派"初探》、《子夏氏"西河学派"再探》等文中,有所论述。②

---

① 蒋伯潜、朱剑芒著:《经学纂要·经学提要》,岳麓书社 1990 年 12 月版,第 140 页。

② 孔祥骅:《洙泗儒学分派考》,《华东师大(哲学社会科学版)学报》,1992 年第六期。《子夏氏"西河学派"初探》、《子夏氏"西河学派"再探》。见学术月刊 1985 年第二期,1987 年第七期。

三、孟子(前372—前289年)

孟子和《孟子》一书,在本书第九章《孟子》略说已作论及。本章从儒家学说之传承,进一步展开论述。

孟子名轲,字子舆,邹人。邹和鲁都在现在的山东,相去不远。战国时,人们将儒家称之为"邹鲁之士,缙绅先生"。

孟子是孔子以后的儒学大师。《史记》有一篇《孟子荀卿列传》,记载了孟子的生平。

孟子受业于子思。子思是孔子的孙子。学成,便游事齐宣王,宣王不能用他。后来到大梁,游事魏惠王,惠王以为他迂阔而远于事情,也不用他。那时,商鞅见用于秦,吴起见用于魏国和楚国。很多国家,都在变法图强。孟子却向往唐虞,说仁义,言必称尧舜。孟子以继孔子为己志,他说:"乃所愿,则学孔子也。"[①]

打开《孟子》第一页,我们就开门见山读到孟子的政治主张:

> 孟子见梁惠王。王曰:"叟,不远千里而来,亦将有以利吾国乎?"
>
> 孟子对曰:"王何必曰利?亦有仁义而已矣!王曰,何以利我国,大夫曰,何以利吾家,士庶人曰,何以利吾身,上下交征利,而国危矣。"

在今天这个专讲利益最大化的时代,孟子为我们敲响警钟!

反战　孟子说:"春秋无义战。"孟子之世,"天下方务于合纵连横,以攻伐为贤。"秦用商鞅,楚魏用吴起,齐用孙膑,以富国强兵为

---

① 《孟子·公孙丑上》。

第一要务。孟子目睹战争带来的灾难,大声呼吁:“争地以战,杀人盈野,争城以战,杀人盈城。此所谓率土地而食人肉,罪不容于死。故善战者服上刑。”[①]孟子的理想国是王道仁政。他对当时的现实生活,是鞭笞的,他痛恨那一批“率兽食人”的贵族。

井田制　他把井田制度看作是理想的制度,他说:“请野九一而助,国中什一使自赋。卿以下必有圭田,圭田五十亩,余夫二十五亩。死徙无出乡,乡田同井。出入相友,守望相助,疾病相扶持,则百姓亲睦。方里而井,井九百亩,其中为公田。八家皆私百亩,同养公田。公事毕,然后敢治私事。”[②]他还以为“养生丧死无憾”,是王道的开端。

他描述的理想国,是五亩之宅,树之以桑,五十岁的人可以衣帛,养猪养鸡,不失其时,七十岁的人可以食肉。百亩之田,不违农时,耕耘收获,可以使一家人吃得饱。“谨庠序之教,申之以孝悌之义,颁白者不负戴于道路矣。”七十岁的人穿绸吃肉,一般老百姓不愁饥寒,理想的世界(王政)就可以看得到了。[③]

民贵君轻　他说:“民为贵,社稷次之,君为轻。”他的“民贵君轻”的思想是我国传统文化中的民主精华。

他对齐宣王说:“君之视臣如手足,则臣视君为腹心。君之视臣如犬马,则臣视君如国人。君之视臣如草芥,则臣视君如寇仇。”[④]

这里体现了孟子对人格的独立和平等的尊重。你地位再高,

---

① 《孟子·离娄上》。
② 《孟子·滕文公上》。
③ 《孟子·梁惠王上》。
④ 《孟子·离娄下》。

也得把架子放下来，才能得到人民的拥护和爱戴。

孟子和孔子不一样，他喜欢论天，喜欢论性。在他心目中，有主宰之天、命运之天和义理之天。

他强调人性都有善端，恻隐之心是仁之端，羞恶之心是义之端，辞让之心是礼之端，是非之心是智之端。人都有"不忍人之心"，不忍看到别人的困苦，不忍看到别人的悲哀，即我们现在所说的同情心。发扬这种同情心，就可以为善。

与民同乐　他对齐宣王说：你好货，你好色，能与百姓同享，就好了。他主张与民同乐，听说齐宣王欢喜音乐，他问道："独乐乐，与人乐乐，孰乐？"宣王说："不若与人。"又问："与少乐乐，与众乐乐，孰乐？"说："不若与众。"

孟子对齐宣王说："现在你作乐，老百姓听到钟鼓管龠之声，都很发愁地说：'我们的国君这样喜欢音乐，为什么使我们过这样的生活啊——父子不相见，兄弟妻子离散！'这没有别的原因，只是你不与民同乐。假如你能与民同乐，百姓听到钟鼓管龠之声，必欣欣然有喜色，相互祝贺国君的健康！周文王的园囿很大，七十里见方，老百姓还嫌小。齐宣王的园囿，才四十里见方，老百姓却嫌太大。"

孟子继续解释说："一个是与民同乐，砍柴的，打草的，捉野鸡兔子的，都可以随便进去；一个是禁止老百姓进去，杀了一头麋鹿，如杀人之罪，简直像国中的一个大陷阱啊！"①

这里透露出孟子对井田制的向往，也是中国古代民主思想的一种体现。所谓"与民同乐"正是往古历史在孟子心中的再现，是一种对"天下为公"理想的追求。这种古代的民主思想，又为中国

---

①《孟子·梁惠王下》。

近代空想社会主义和科学社会主义理论所继承。以孟子为代表的中国古代的民主思想,当然也应该为我们今天所继承和弘扬。

孟子法先王,复古,向往三代的文化和政治经济政策,是有他一定的对现实的批判含义的,我们不能因此就说他落后,反动。欧洲的文艺复兴,人们说是再生,也就是要复希腊罗马之古,重新发现人。

批判杨墨 在孟子的当时,新奇的学说一时蜂起,孟子对于这些新奇之说大抵都持反对的态度,而就中他所反对最力者不消说是杨朱的学说和墨翟的学说。

孟子是怎么批判杨、墨的呢?孟子说:"圣王不作,诸侯放恣,处士横议,杨朱、墨翟之言盈天下。天下之言不归杨,则归墨。杨氏为我,是无君也;墨氏兼爱,是无父也。无父无君,是禽兽也。"①又说:"能言距杨、墨者,圣人之徒也。"

杨朱"贵生"、"重己"、"全性宝真"、"不以物累形",主张"为我","拔一毛而利天下,不为也"。

墨子"兼爱",不分亲疏,爱己之父如同爱人之父。为着攻击杨墨二子起见,孟子特地举起"仁、义"的大旗。

墨子主张兼爱,所谓兼爱就是没有差别的爱,在理想的终极上,墨子主张平等的博爱,在实行的出发点上,博爱就是不分亲疏远近的爱。墨子的"兼爱",就理想的终极而言,与孔子的"仁"并没有什么不同,可是就实现仁的程序而言,则与儒家的主张有很大区别。墨子虽主张在出发点上也应平等,可是孔子却主张在出发点上是应有差别的。而孔子在出发点上所主张的那种差别,在孔子

① 《孟子·滕文公下》。

的学说里面，就叫做“义”。所以由儒家的眼光看来，墨子可说是“有仁而无义”，于是儒家认为墨子的所谓仁是不完全的。这是孟子所以把仁义并称的第一个理由。

至于杨朱的学说，其根本思想大体可以分为两层。

第一层，杨子主张人类完全是天地的委形，因此，人类完全受着天地的指挥和支配，人类是毫无创造的能力与自由的。

第二层，杨子的理想是在于原始的单纯的无文化的生活，与其说是生活，毋宁说是生存，较为妥帖。杨子以为人类如想达到理想的境域，完全无需乎社会的生活，只要各自为我就行了。他于看重差别这一点虽可说多少是与孔子所谓义相近，但他的理想却与孔子的仁完全相反。

杨子的理想在个人生活，而孔子的理想却在社会生活。由儒家的立脚点说，杨子是有义而无仁，于是他所谓义也就难称完全。这是孟子所以把仁义并称的第二个理由。

总之，孟子的并称仁义，完全是为着攻斥异说和阐明儒学。当时杨墨之说极有势力，所以他特地把仁、义二字合称起来，用以对抗杨墨，排斥杨墨。因此，仁、义二字可以说是孟子所用以张扬儒教真义的一个明显标帜。由此可见，孟子提出“义”的重要思想概念，是有特定的利益纷争激烈的社会背景的。

范寿康评价说：“孟子是一个政治家，也毋宁可以说是一个政论家。他的政治说的特色是民本主义。他说：‘民为贵，社稷次之，君为轻。’又说‘闻诛一夫纣矣，未闻弑君也。’他这一种议论是与孔子的思想互有不同。孟子为人气魄固然雄大，可是他的议论比较粗忽，所以我们不能说他是一个头脑精密的学问家。”①

---

① 参见范寿康著：《中国思想史通论》，三联书店 1983 年 12 月版，第 81 页。

孟子的修养论　孟子以为“学问之道无他，求其放心而已矣”。[①]在孟子看来，人们本来是具有完善的本心的，不过因为利欲的掩蔽，人们的本心往往至于丧失，所谓求其放心，就是寻找已经放弃的本心，也就是找回放弃和丢失的良心。

因此可以说，所谓“求其放心”就是“复性复初”之义。这样，孟子所提出的修养工夫大体上可分四步，就是：(一)寡欲，(二)存夜气[②]，(三)扩充，(四)养气。

孟子讲大义凛然，提出“吾善养吾浩然之气”，一往无前，为真理奋不顾身，要作社会良心和民族脊梁。此种境界的提出，造就和培育了中国两千多年的无数志士仁人。

什么是浩然之气？　孟子说：“其为气也，至大至刚，以直养而无害，则塞于天地之间。其为气也，配义与道，无是，馁也；是集义所生者，非义袭而取之也，行有不慊于心，则馁矣。”[③]

这种浩然之气，也就是正气，成仁取义之气。有了这种气，则“万物皆备于我”，“天地与我为一”，也就是宋儒(理学家)所说的“人欲尽净，天理流行”的一个境界。人达到这种境界，至大至刚，富贵贫贱威武不能摇动他的心志。

孟子认为一个人的“浩然之气”要靠“善养”，所谓“善养”，既是养气的原则，又是养气的方法。“气”始终与“义”和“道”联系在一起。孟子比较历史上的北宫黝、孟施舍、曾子不同的养勇方法。北宫黝遇事蛮干一味求胜，只是匹夫之勇；孟施舍讲究内心的支持，

---

① 《孟子·告子上》。

② “夜气”也就是孟子所说的“平旦之气”。人从夜以至平旦，尚未与外界事物接触的清明之气，有了这清明之气才能发现天所赋予我们的良心，扩充仁义礼智诸善性。

③ 《孟子·公孙丑上》。

故不畏惧，这就比北宫黝层次高了。但孟施舍又赶不上曾子，曾子重视内心之仁，按内心之仁去做，就无所畏惧，这就比孟施舍更高了。①孟子进一步提出养气必须配义与道，这就不仅是勇气，更兼义气和道气。我们看到历史上许多英雄豪杰大义凛然，一身正气，就是得力于其内心道德的支撑，匹夫之勇是没有道德支撑的。

"善养浩然之气"，有一个长期修养积累的过程，故孟子说："集义所生者，非义袭而取之。"孟子说，宋人拔苗助长，结果"非徒无益，而又害之"。可见，"养气"是不能心急的，既要"勿忘"，又要"勿助"。"勿忘"，气才成为"集义所生者"；"勿助"，才能避免"义袭而取之"的弊端。人的修养离开内心自然的形成，只靠人为的打造，多半是难以成就大器的。②

《孟子》一书，有东汉赵岐所撰《孟子注》，是最早的也是一直流传到今天的注本。南宋朱熹所撰《孟子集注》，共征引自东汉到南宋三十四家之说，集宋儒以性理说《孟子》之大成。清焦循所撰《孟子正义》，共征引六十余家等重要注本说《孟子》，又有今人杨伯峻的《孟子译注》上下册，这是一本对现今读者读懂《孟子》很有价值的注本。

孟子而后六十年又出儒家大师荀子。

四、荀子（约前 298—前 238）

荀子名况，字卿，战国末期赵国人。五十岁到齐国，在当时的学术文化中心稷下学宫讲过学，"最为老师"，曾三次担任齐国祭酒

---

①② 《孟子·公孙丑上》。

(大学校长),后来去楚国,做过地方官兰陵令。晚年在兰陵著书,著名的法家人物李斯和韩非都是他的学生。他的著作是西汉时刘向编的,称为《荀卿新书》。其中,主要是荀卿写的,但也有他的学生记载他言行的作品。

荀子是先秦又一大儒家,他不仅是儒家的大师,还是先秦哲学的总结性人物。同时他又被视为法家,是儒法过渡人物。

清汪中说:“荀子之学,出于子夏氏之儒。”①孔子的礼乐学说到子夏设教西河,发生新变,子夏于诸经皆有发明,荀子则继承了子夏氏之儒。

荀子为儒家的一大转手,儒学到荀子发生巨变,他根据时代的要求,将道、墨、法的观念注入儒学。在政治上,他主张王霸并用,礼法并重,同时他又开法家、兵家之先路。荀子的思想传到他的弟子李斯、韩非手里就发展而为法家思想。

荀子的礼不同于孔子的礼。孔子的礼,讲血缘的亲疏远近贵贱,不变革旧体制维护等级制的;荀子的礼,反血缘、世袭的社会结构,主张按人的贤愚划等级。

孔子之礼,多在修己反省及内在道德的自觉提升。荀子的礼,多在社会规范,礼法制度而成为法家的前驱。

礼是荀子学说的核心观念。礼到了荀子那里,已具有法度、规范、秩序的含义。即所谓“礼者,法之大分,类之纲纪也”。②

孟子和荀子都称儒家,但两家的学问来源大不同:

孟子通古今,长于《诗》、《书》,而由《诗》入,《诗》以道性情,故云人性本善;

---

① 《述学·荀卿子通论》。

② 《荀子·劝学》。

荀子精于制度典章之学，隆《礼》、《乐》而杀《诗》、《书》，而由《礼》入，《礼》以立节制，故云人性本恶。

孟子言性善，主扩充，推原于恻隐之心，故重感情；

荀子言性恶，主矫正，谓人性虽恶，但弃恶从善，由于知善之质，而重理论。

孟子论政，尚德教，尊先王，寄其理想于远古，言必称尧舜，鄙视战国现实政治，专讲王道仁政，向往太平大同之道；

荀子论政，重刑赏，法后王，对当时秦之法治十分欣赏，专讲乱世小康之道。

孟子讲仁义，主张内发良知良能；

荀子言礼，以礼谓修养工具，主张外范，应以严肃规范，以为修束身心的标准。

孟子认为天有意志，主张天人合一；

荀子认为天无意志，主张天人相分。

在《天论篇》中，荀子提出了唯物主义的自然观。他说："天行有常，不为尧存，不为桀亡。"治乱和天没有关系，把天和人截然分离，以为"明天人之分"者，才可以说得上是至人。他大呼："大天而思之，孰与物畜而制之！从天而颂之，孰与制天命而用之！"这就是他提出的"制天命而用之"的人定胜天的思想。

他在《非相篇》中，提出破除迷信。

在《解蔽篇》中，提出人有十蔽："欲为蔽，恶为蔽，始为蔽，终为蔽，远为蔽，近为蔽，博为蔽，浅为蔽，古为蔽，今为蔽。"

他说"墨子蔽于用而不知文，……庄子蔽于天而不知人"，都是由于知"道"之一隅，而道是"体常而尽变"的，只知其一隅就不能得其全貌，只有孔子是"仁知且不蔽"。他就这样提出了自己的方法论。

荀子认为学习《诗》、《书》的目的在于隆礼，治国的目的在于实行礼仪教化的王道。《荀子》以及《易传》、《大学》代表了儒家思想向外发展为治国平天下的一路。

《劝学篇》、《修身篇》提出了今天还值得我们重视的教育理论，他说“学不可以已”，“青出于蓝而胜于蓝”，“不积跬步无以至千里，不积小流无以成江海”。

《修身篇》说：“故非我而当者，吾师也；是我而当者，吾友也；谄谀我者，吾贼也。”这都是极有智慧的人生格言。

在《礼论》、《乐论》中，他给儒家所说的礼乐以理论根据：由于人不能不乐，乐则必有表现，声音动静，是变化无穷的，因而，“穷本极变，乐之情也；著诚去伪，礼之经也”。这种说法是很有新意的。

冯友兰先生说《荀子》一书带有儒家总集的性质，夏曾佑说两千年的儒学是荀学，从历史上看，是很有道理的。

《荀子》一书，唐杨倞为之注，清王先谦作《集解》，收集了两千年来学者关于这部书的研究成果。梁启雄撰《荀子简释》，极便初学，有上海古籍出版社的本子(1956 年)。

第十一章　墨子与墨家略说

儒、墨两家，都是战国时代的“显学”。

《韩非子·显学》说：“世之显学，儒、墨也。儒之所至，孔丘也；墨之所至，墨翟也。”

《孟子·滕文公》也说：“杨朱、墨翟之言盈天下，天下之言，不归杨，则归墨。”

《吕氏春秋·尊师》也说：“孔、墨之徒属弥众，弟子弥富，充满天下。”

这说明墨家是唯一可与儒家抗衡的大学派，它的学说在各个诸侯国有着最广泛的市场，它的徒属很多，“充满天下”。其学必有大过人者，故不能不引起我们的重视。

一、墨子和他的学派

墨翟（前468—前376年，采孙诒让说。据孙诒让《墨子间诂》考定墨子生于公元前468年，死于公元前376年。）而钱穆《先秦诸子系年考辨》卷二墨子生卒考，则以为墨翟年寿逾八十，生于前479年，卒于前381年。墨子不是宋人而是鲁人，孔子死而他始生。名翟，战国初期的思想家，墨家学派的创始人。鲁国人（也有说他是宋人或楚人），出身贫苦，当过制作器具的工匠，自称贱人，说:“今翟(墨子名)上无君上之事,下无耕农之难。”①他可能是属于手工业者的士,但也有条件读书。

《史记》说他是“宋之大夫,善守御,为节用。或曰并孔子时,或曰在其后”,说得很简略,知道得也不很清楚。

总之,墨子出身贫寒,生活俭朴。吃藜藿之羹,穿短褐之衣。他的学生和信奉者与他一样,都是苦行主义者。

但也有人认为,墨子不姓墨,“墨”不是他的姓氏,而是他的身份。墨,乃古代的“五刑”之一,《白虎通》:“墨者,墨其额也。”以“墨”名其学派,他可能是刑徒役夫。因此有人说:“役夫之道,墨子之说也。”又说:“此刑徒之所为,黥墨之所务也”,因而呼之曰“墨”,墨者亦遂自承其名说:“吾固‘墨’也。”

《汉书·艺文志》所录九家,若儒、道、名、法、阴阳、纵横、杂、农,莫不各举其学说的宗旨或身份以为名,从未有以姓为称的。司马迁作《史记》时,已经是儒家的天下了。

“背周道而用夏政”　墨子所背的“周道”,即西周之道,亦即周公孔子提倡的德政和礼教。

《淮南子·要略》说:墨子“学儒者之业,受孔子之术,以为其礼烦扰而不悦,厚葬靡财而贫民,久服伤生而害事,故背周道而用夏政”。

孔子在《论语》中极力赞美夏禹。在这点上,墨子是接受了孔子的思想的,这是墨子“学儒者之业,受孔子之术”的一面。

墨子所用的“夏政”,即回到夏禹时代,行“夏禹之道”,以夏禹为楷模。也就是回到大禹治水,“以自苦为极”的时代。

---

① 《墨子·贵义》。

《庄子·天下》说:“墨子称道曰:‘昔者禹之湮洪水,决江河,而通四夷九州也,名山三百,支川三千,小者无数,禹亲自操耒耜而九(同鸠)杂天下之川,腓无胈,胫无毛,沐甚雨,栉疾风,置万国,禹大圣也,而形劳天下也如此。使后世之墨者,多以裘褐为衣,以跂蹻为服,日夜不休,以自苦为极。’曰:‘不能如此,非禹之道也,不足谓墨。’”

墨子创立的学派,门徒很多,是一个很大的学派,其弟子在《墨子》一书中有名者就有四十多人,《公输》篇中说:“臣之弟子禽滑厘等三百人,已持臣守圉之器,在宋城上而待楚寇。”可见其队伍之大。

墨翟与其弟子奔走于鲁、卫、宋、齐、楚之间,实行其“上说下教”的穿梭活动,以推广他们的学说。

所谓“墨突不得黔”,就是说他们存心救世,到处奔走,每到一处,连灶上烟囱还没有熏黑,就又去别的地方了。

这个学派有两个最大的特点:

反对空言,着重实践　墨翟自已经常“度身而衣,量腹而食”,“摩顶放踵,利天下为之”①。他的弟子禽滑厘跟了他三年,手足胼胝,面目黧黑,役身给使,不敢问故。他们强调自己动手,从自己做起,反对不劳而获,空言欺世。

《荀子·王霸》批评墨子:“以是县天下,一四海,何故必自为之?为之者,役夫之道也,墨子之说也。”荀子说他以天下之重,四海之大,怎能以一人之力而自为之?批评墨子的行为是“役夫之道”。

---

①　《孟子·尽心上》。

《庄子·天下》则批评说:“今墨子独生不歌,死不服,桐棺三寸而无椁,以为法式。以此教人,恐不爱人;以此自行,固不爱己。其生也勤,其死也薄,其道大觳,使人忧,使人悲,其行难为也。恐其不可以为圣人之道。反天下之心,天下不堪。墨子虽能独任,奈天下何!”

墨翟奉行的是“生不歌,死不服”的生活信条,坚守的是“粝粱之食,藜藿之羹”的贫苦生活,他们以自己的艰苦奋斗,来抵制贵族的奢侈生活,倡导勤俭的社会风气,是令人敬佩的。但是“其俭难遵”、“其行难为”,这种“役夫之道”,“以此为万民之率”,是很难为人们接受的。墨子学说的中绝不传,恐与此有关。

组织严密,纪律严明 墨者之徒,很有组织性、党派性,还有十分浓厚的宗教性。他们必须信守墨子的学说,为传播它,贯彻它,要献出自己的一切。墨子死了以后,门人弟子必须推选一位众望所归的人,叫作“巨子”,作为自己的领袖。《吕氏春秋·上德》说:

墨者巨子孟胜,善荆之阳城君。阳城君令守于国,毁璜以为符,约曰:“符合听之。”荆王薨,群臣攻吴起兵于丧所,阳城君与焉。荆罪之,阳城君走,荆收其国。孟胜曰:“受人之国,与之有符,今不见符,而力不能禁,不能死,不可。”其弟子徐弱谏孟胜曰:“死而有益阳城君,死之可矣;无益也,而绝墨者于世,不可。”孟胜曰:“不然!吾于阳城君也,非师则友也,非友则臣也。不死,自今以来,求严师必不于墨者矣,求贤友必不于墨者矣,求良臣必不于墨者矣。死之,所以行墨者之义,而继其业者也。我将属巨子于宋之田襄子。田襄子贤者也,何患墨者之绝世也。”……孟胜死,弟子死之者百八十三人。

由此可见墨家组织的严密，纪律的严明，为了“行墨者之义”，他们提倡舍己为人、自我牺牲的精神，而能视死如归，甘之若饴。

《淮南子·泰族训》中也说：“墨子服役者百八十人，皆可使赴火蹈刀，死不旋踵，化之所致也。”

墨者之徒所以能够“赴火蹈刀，死不旋踵”，是其内部实施教化的结果。这在任何其他学派中是没有的。墨家组织的政治化，其集团超出学术范围，俨然是一个武装起来的政治集团，统治者感到是威胁，故竭力铲除墨家组织，这恐怕是墨学迅速衰亡的又一个原因。

墨子有一种侠客精神，拯人之危，急人之难，仗义勇为。所谓“杀己以存天下，是杀己以利天下”①。墨子的人格理想是中国侠士人格的文化源头。司马迁的《史记》里，有《游侠列传》。汉初的田仲、郭解、剧孟、朱家等都是侠士。司马迁评价他们：“其言必信，其行必果，已诺必诚，不爱其躯，赴士之厄困，既已存亡死生矣，而不矜其能，羞伐其德。”

儒墨二家，当时称为显学。从墨子一生来看，他当然也是属于士这个阶层的，他自己的行事虽然和当时士大夫君子相反，被人称为“贱人之所为”②，但他和当时的国君来往是个事实，他决不是个“贱人”。说他专为“贱人”说话，不一定可信。

鲁国是儒家的大本营，墨子的老师叫史角，是周的史官，对周礼是很熟的。当然，他无疑也受儒家的影响。

墨子的兼爱、节用和孔子的爱人、节用有着明显的继承关系。

---

① 《墨子·大取》。

② 《墨子·贵义》。

孟子说:“老吾老,以及人之老;幼吾幼,以及人之幼,天下可运于掌上。”和墨子的兼爱不是也很相近么！他出于儒而非儒。

兼的本义是一手执两禾,引申为同时做几件事和占有几样东西。《孟子·告子上》:“鱼与熊掌二者不可兼得。”兼又有普遍、周遍之义。

《兼爱篇》中,墨子分析乱之所自起,“起不相爱”。他以为“天下兼相爱”,“交相利”就好了。墨子说:“仁人之所以为事者,必务求兴天下之利,除天下之害。”

儒家以为爱是有“等差”的,墨子却主张“爱人若爱其身”,“为彼,犹为己也”。“视人之国若视其国,视人之家若视其家,视人之身若视其身。”“天下之人皆相爱,强不执弱,众不劫寡,富不侮贫,贵不敖贱,诈不欺愚。凡天下祸篡怨恨,可使毋起者,以相爱生也。”

“兼相爱”是墨子的根本思想,诸如非攻、尚贤、节葬、非乐等主张都是从兼爱那里派生出来的。他认为天下之大害,在于人的互争,天下人都应该视人如己,互相帮助,不但利他,而且利己。这就是兼爱主义。又墨子注重功利,凡于国家人民有利的事,才有价值。国家人民利在富庶,凡能使人民富庶的事业才是有用的。墨子是平民的代言人,反对周代贵族的文化和制度。

“兼相爱,交相利”是墨子的理想国。在这个理想国中,人人平等。这种理想,不仅墨子有,儒家也有。如《礼记·礼运》上说:“大道之行,天下为公……故人不独亲其亲,子其子”,当然这也是兼爱精神的体现。

冯友兰在《中国哲学史史料学初稿》中把《墨子》这部书分为五组。

第一组包括《亲士》、《修身》、《所染》等七篇,即孙诒让所说的

“后人以儒言缘饰”之作，对墨子的思想，作了一般的叙述。

第二组二十四篇，包括《尚贤》、《尚同》、《兼爱》、《非攻》、《节用》、《节葬》、《天志》、《明鬼》、《非乐》、《非命》、《非儒》。每一个题目则分上中下三篇，只《非儒》仅分上下，现在有一些散佚了，如《节用》缺下篇，《节葬》缺上中篇。《明鬼》只剩有下篇，《非乐》仅存上篇。这些文章都以“子墨子曰”开头，子墨子是墨子弟子对于墨子的尊称，因此，这些文章，可能都是墨子的讲辞，为他的弟子所记载下来的。《庄子》讲墨子死后，墨家分为三派，相里氏之墨，相夫氏之墨，邓陵氏之墨。一个题目三篇，可能就是三派的记录(见《墨子间诂》俞樾序)。

第三组包括《经上》、《经下》、《经说上》、《经说下》、《大取》、《小取》，共六篇。这就是《晋书》九十四《鲁胜传》所说的“墨辩”。这六篇谈的是关于认识论和逻辑的问题，即鲁胜“墨辩叙”中所说的刑名和自然科学的问题。这些问题，当墨子活动的时候，还没有提出来，当然是后期墨家的作品。

第四组包括《耕柱》、《贵义》、《公孟》、《鲁问》、《公输》五篇，好像儒家的《论语》。是墨子弟子记墨子的言行的。研究墨子的生平，这是很好的资料。

第五组共十一篇，有《备城门》、《备高临》、《备梯》、《备水》，以至《旗帜》、《号令》、《杂守》，讲的是如何防御和守城的工具。这实在是兵家书，即孙诒让所说的“禽滑厘所受兵家遗法，于墨学为别传”者。

二、墨家学说的主要内容

《汉书·艺文志》著录《墨子》七十一篇，今存五十三篇。这是墨家的总集，并非一人所作。其中有没有墨子的作品，不能断定。这些作品，从其内容来看，时代不同，作者亦不同。

清毕沅在《墨子叙》中说："今维《亲士》、《修身》及《经上》、《经下》，疑翟自著。余篇称'子墨子'，《耕柱篇》并称'子禽子'，则是门人弟子记录所闻。"但这些都应该是墨家的思想，墨家的学说。

《韩非·显学篇》："孔墨之后，儒分为八，墨离为三。有相里氏之墨，相夫氏之墨，邓陵氏之墨。"今观墨子《尚贤》、《尚同》、《兼爱》、《非攻》、《节用》、《节葬》、《天志》、《明鬼》、《非乐》、《非命》，皆有上、中、下三篇。决非一人所著，可为"墨离为三"之证。

章太炎说："墨子之学，以兼爱、尚同为本。兼爱、尚同，则不得不尚贤。至于节用，其旨在俭约，则所以达兼爱之路也。节葬、非乐，皆由节用来。要之，皆尚俭之法耳。"①

从墨学的起源上看，是从儒学中分化出来的。儒墨俱学儒者之业，授孔子之术，禽滑厘受业于孔子。②

韩非说："孔墨俱道尧舜，而取舍不同。"但均主救世。

墨家的学说，主要体现在《墨子》的"十一论"中，这"十一论"即《尚贤》、《尚同》、《兼爱》、《非攻》、《节用》、《节葬》、《天志》、《明鬼》、《非乐》、《非命》、《非儒》。

除了《非儒》外，"十论"中每篇都有"子墨子曰"，足以证明它是墨翟的门人弟子所论述的。

从这"十论"中，可以窥知墨家是儒家的最大的反对派，凡是儒家提倡的，墨家都予以反对。

---

① 章太炎著：《国学讲演录》，华东师范大学出版社 1995 年 12 月版，第 214 页。

② 见《史记·儒林传》。

孔子取其禅让,墨子取其节俭;

孔子讲举贤贵公,墨子则尚贤贵兼;

孔子讲命,墨子非命;

孔子讲仁爱,墨子讲兼爱;

孔子主张“亲亲”,墨子主张“尚贤”;

孔子主张“爱有差等”,墨子主张“兼爱”;

孔子主张“崇礼”“厚葬”,墨子主张“节用”“薄葬”;

孔子主张“正乐”,墨子主张“非乐”;

孔子主张礼仪节文,墨子反对繁文缛节;

孔子主张厚葬贵公不事劳役,墨子主张节葬贵兼提倡劳役;

孔子乐生有欲,墨子苦行节欲。

可见墨家几乎没有一项不是与儒家唱对台戏。

墨家在进行“上说下教”的活动时,是根据不同的对象提出不同的主张的,墨子在《鲁问》中说:

对昏乱的国家要讲《尚贤》、《尚同》;

对奢侈的国家要讲《节用》、《节葬》;

对沉溺于音乐声色的国家要讲《非乐》、《非命》;

对那些“务夺侵凌”的国家,要讲《兼爱》、《非攻》。

这些都是对贵族统治阶级的针砭,是当日时代精神的反映。[①]

---

① 孙诒让云:“《鲁问篇》墨子之语魏越云,国家昏乱则语之尚贤尚同,国家贫则语之节用节葬,国家湛湎则语之非乐非命,国家淫僻无礼则语之尊天事鬼,国家务夺侵凌则语之兼爱非攻。今书虽残缺,然自《尚贤》至《非命》,三十篇所论略备,足以尽其诣要矣。《经说》上下篇,与庄周书所述惠施之论及公孙龙书相出入,似原出墨子而诸巨子以其说缀益之。《备城门》以下十余篇,则又禽滑厘所受兵家之遗法,于墨学为别传。惟《修身》、《亲士》诸篇,谊正而文靡,校之他篇殊不类,《当染篇》又颇涉晚周之事,非墨子所得闻,疑皆后人以儒言缘饰之,非其本书也。”

科学技术 墨家的逻辑学,也是墨家的思想方法,人们习称为《墨经》或《墨辩》,它包括《经上》、《经下》、《经说上》、《经说下》、《大取》和《小取》六篇,作者不是一人,编定也非一时。杨向奎先生说:“《经上》《经下》《经说上》《经说下》四篇乃中国以及世界科学上之瑰宝。”

《墨子》中的这四篇,又称《墨经》。自汉以来就没人重视,没人钻研,没人能懂。清毕沅据《经上》读此书旁行五字,才领悟到旧本分上下两行横列,下行是解释上行的。于是“偏览唐宋类书,古今传注所引,正其讹谬,又以知闻疏通其惑”[①],才勉强把它读通。《经上》以下四篇,大都讲的是数学、光学、力学、生理学的原理,今天看来虽然比较浅易,但墨家在两千多年以前便发现了,不能不说是中国科技史上的一大骄傲。

认识论和方法论 《大取》中说:“利之中取大,害之中取小也。害之中取小也,非取害也,取利也。”“利之中取大,非不得已也;害之中取小也,不得已也。所未有而取焉,是利之中取大也;于所既有而弃焉,是害之中取小也。”这种“利害之辩”是非常精到的。

又如在《小取》中说:“或也者,不尽也;假者,今不然也;效者,为之法也;所效者,所以为之法也。故中效,则是也;不中效,则非也。”“盗人,人也;多盗,非多人也;无盗,非无人也,……爱盗,非爱人也;不爱盗,非不爱人也;杀盗,非杀人也。”这种“名”与“实”之辩,开了“坚白异同”的先河,是我国古代逻辑学的一个新的高峰。

---

① 毕沅《墨子叙》。

军事学和古代的机械学　它包括《备城门》以下至《杂守》等十一篇。毕沅称:“其《备城门》诸篇,皆古兵家言,有实用焉。”(《墨子叙》)不过墨子的军事学讲的都是防守的战法,机械也是防守的机械,是建立在防御性战争的基础之上的,是“非攻”思想的体现。

墨翟是一位能工巧匠。《韩非子·外储说左上》说:“墨子为木鸢,三年而成,飞一日而败。弟子曰:‘先生之巧,至能使木鸢飞。’墨子曰:‘不如为车輗者巧也,用咫尺之木,不费一朝之事,而致三十石之任,致远力多,久于岁数。今我为鸢,三年成,飞一日而败。’惠子闻之曰:‘墨子大巧,巧为輗,拙为鸢。’”

《墨子·公输》中也说:“墨子解带为城,以褋为械,公输盘九设攻城之机变,墨子九距之。公输之攻械尽,墨子之守圉有余。”

这两则故事,生动地说明墨翟在机械工艺方面的成就,在我国古代是屈指可数的。

逻辑推理　在《非命上》中提出“三表”的原则,即“有本之者,有原之者,有用之者”。“本之者”,是古代的文献,“原之者”,是群众的见闻,“用之者”,是实践的验证。墨子中的论辩大都是根据这些原则来进行的,因而具有很强的说服力。

墨子的文辞比较质朴,不若《庄子》的波谲云诡,《老子》的俪辞偶句。关于这一点,韩非在《外储说左上》为之辩解说:“墨子之说,传先王之道,论圣人之言,以宣告人。若辩其辞,则恐人怀其文,忘其值,以文害用也。”韩非的辩解是有道理的。

三、《墨子》中保存的古史资料

《墨子》五十三篇,一般都不是抽象的理论,而是“有本之者”,

即引用古代的文献作根据,因而保持许多古史资料。

墨翟是一位博览群书、通古察今的大学者,他自己说:“吾曾见《百国春秋》。”《明鬼下》中所引有周之《春秋》、郑之《春秋》、燕之《春秋》、宋之《春秋》、齐之《春秋》。

《墨子》所引古书有《夏书》、《夏箴》、《禹书》、《禹誓》、《殷书》、《汤说》、《周书》、《周颂》等,今其书已佚,独其所引之文尚在,由此可以窥见古代文献之一斑。

墨子在《尚贤下》中,在历述“尧之举舜也,汤之举伊尹也,武丁之举傅说也,岂以为骨肉之亲,无故富贵面目美好者哉”之后,引证了“先王之书”《竖年》之言曰:“夫圣武知人,以屏辅而身。”

在《尚同中》中,引用“先王之书”《术令》之道曰:“惟口出好兴戎”,意即善用口者“出好”,不善用口者“兴戎”,来说明善用刑则天下治、不善用刑则天下乱的道理。

在《非命下》中,又引禹之《总德》曰:“允不著唯天,民不而葆。既防凶心,天加之咎;不慎厥德,天命焉葆”,来说明出政施教,赏善罚暴,必须符合天的意志,才能保民治国。

这些“先王之书”都是早已遗失的古史资料,赖《墨子》得以保存至今。再如他在《尚贤》、《兼爱下》、《非攻中》所引的佚诗,也足以说明我国古代的诗歌的确是有散失的。

《墨子·贵义》中说他“南游使卫,关中载书甚多。弦唐子见而怪之。墨子说:‘昔者周公旦朝读书百篇,夕见七十士,故周公旦佐相天子,其修至于今。今翟上无君上之事,下无耕农之难,吾安敢废此?’”墨子掌握如此大量的文献资料,是与他好学不倦,在羁旅行役中手不释卷分不开的。

四、墨学的命运

两千年来,儒学走红,而墨子在中国是很寂寞的。墨学之不发达,从根本上说,是人民不需要这种苦行主义、禁欲主义的学说,人类的追求自由、幸福、享受,是为人的本性本质所决定的。但也有人认为,墨学之所以绝,是其内在矛盾与外界压迫所致。

《淮南子·氾论训》:墨学“至楚汉之际而微”,在两汉遭到镇压。

孙诒让《墨子间诂·序》:“魏晋以降,其学几绝。”

隋唐又出现高潮。李白就是一个侠客:“性倜傥,喜纵横术,击剑,为任侠。”清代中叶,汪中对墨学颇有研究。

墨学在近代曾一度再兴。在文学上,墨子的人格理想刺激了近世武侠小说的创作灵感。“墨学与科学”的课题,已故的杨向奎多有研究。

“墨学与中国的农民战争”的课题也是一个有趣的课题。侯外庐在《我对中国社会史研究》中说:“我认为,中国农民战争的口号应溯源于战国末年墨翟一派宗教团体所提出的一条公法,即《吕氏春秋》所载,杀人者死,伤人者刑,墨者之法也。”北宋初年王小波、李顺起义军的口号:“为吾疾贫富不均,今为汝均之!”此一思想源自墨家的“兼相爱,交相利”学说。

“墨学与社会主义”的课题近代也多有人研究。陈启修认为:“墨子在政治思想史上所占的地位,拿现在的话说,应该属于社会主义的范畴里。”[①]梁启超说:“现在俄国劳农政府治下的经济组

① 陈启修:《墨子政治哲学序》。

织，很有几分实行墨子的理想。”[1]孙中山在《三民主义》中说：“古时最爱讲爱字莫过于墨子，墨子所讲的兼爱，与耶稣所讲的博爱是一样的。”胡适认为墨子是宗教的创始主。

秦汉以后，研究墨学的只有晋鲁胜和宋的乐台，此二书均佚。《道藏》中保存了《墨子》较早的本子。清末，出了一位墨学集大成的人物孙诒让，他治《墨子》最精，其所著书曰《墨子间诂》。黄绍箕说：“所谓间者，即指音声之讹误，先后之差舛，篆隶之殊失而言。弥缝其间，犹云弥缝其阙也。”吴毓江的《墨子校注》，见到孙诒让所没有见到的本子，对孙书作了一些补充和改正。

---

① 梁启超：《墨子学案》。

第十二章　老庄与道家略说

一、道家的渊源及其诸派

《汉书·艺文志》:“道家者流,盖出于史官,历记成败存亡祸福古今之道,然后知秉要执本,清虚以自守,卑弱以自持,此人君南面之术也。”道家的来源,相传出于九流之一的史官。史官在黄帝时已有设置,故道家托始于黄帝。

胡适以老子为儒家,即他所谓殷教士的正宗,道家专讲柔道,与儒家本来宗旨相合。孔子则将柔弱的儒改变为刚毅进取的儒,故先秦古书仅称儒墨,并无道家。①

老子的年代有说与孔子同时,但其时尚无道家。

孔子入世,老子出世;孔子积极有为,老子消极无为;孔子注重人事,老子崇奉天道;孔子乐天知命,老子顺应自然;孔子讲求文饰,老子向往自然;孔子强调群体性,老子强调个体性;孔子提倡个人对家国的责任,老子欲求个人对社会生活的超脱。从这里可以看到以孔孟为代表的儒家学说和以老庄为代表的道家学说是相反而又互补的。

《汉书·艺文志》列道家三十七家,其主要代表当是李耳的《老子》、庄周的《庄子》、列御寇的《列子》。这些书中,有的是门弟子记

---

① 胡适:《说儒》。

述的，有的是战国时人假托的，还有待于进一步辨伪和考订。

老庄学说至汉司马谈方称道家："因阴阳之大顺，采儒墨之善，撮名法之要。"它是诸子中比较混合的学派。

一是道家的有为派，托始黄帝，《汉书·艺文志》所录伊尹、太公、鬻熊诸家，及春秋之管仲，皆有功于国；

二是无为无不为派，老子即是；

三是无为派。此中又分为三：庄子任天派，杨朱纵欲派，陈仲子遁世派；

四是韩非的无不为派。

至于后起的道士一派，乃至滥觞于秦汉间的方士，更融合于神仙五行之说，创始于东汉的张道陵、张角之流的道教则与先秦道家无关。

因为道家的学说，玄之又玄，旨归难求，故被称之为"玄学"。到了魏晋南北朝，人们又把《周易》、《老子》、《庄子》叫做"三玄"。颜之推《颜氏家训·勉学》云："洎乎梁世，兹风（指玄谈之风）复阐，《庄》、《老》、《周易》，总谓三玄。"无论在思想上还是在文学方面，道家在我国一直都有着深远的影响。

二、老子和《老子》一书

老子，姓李，名耳，字聃。楚苦县（今河南鹿邑）厉乡曲仁里人。

老子的生平，始见于《史记·老子韩非列传》。做过"周守藏室之史"的小官，这可能说的是孔子初次适周，曾经问礼于老子，老子告诉他："子所言者，其人与骨皆已朽矣，独其言在耳。且君子得其时则驾，不得其时则蓬累而行。吾闻之，良贾深藏若虚，君子盛德，容貌若愚。去子之骄气与多欲，态色与淫志，是皆无益于子之身。吾所以告子者，若是而已。”老子告诉孔子：要像“良贾”“深藏若虚”，要像“盛德”“君子”“容貌若愚”，去掉“骄气与多欲，态色与淫志”，然后可以有所为。孔子对老子佩服得五体投地，谓弟子曰：“鸟，吾知其能飞；鱼，吾知其能游；兽，吾知其能走。走者可以为罔，游者可以为纶，飞者可以为矰，至于龙吾不能知，其乘风云而上天。吾今日见老子，其犹龙耶？”说他是“乘风云而上天”的“龙”。

《庄子·天运》又提到：“孔子行年五十有一而不闻道，乃南之沛见老聃。”“孔子见老聃归，三日不谈。弟子问曰：‘夫子见老聃，亦将何规哉？’孔子曰：‘吾乃今于是乎见龙。龙合而成体，散而成章，乘乎云气而养夫阴阳，予口张而不能嗋，予又何规老聃哉？”这是寓言——本不足征信，但道家常以此引以自豪，从中可以看到庄子是抑孔扬老的。

司马迁在《老子韩非列传》中，一说老子是“隐君子”；二说老子“修道养寿”活到“二百馀岁”；三说老子可能就是“与孔子同时”的老莱子；四说老子就是周太史儋。

诸说均不确定，自然引起人们的怀疑：

老子是否真有其人？《道德经》是否就是他过函谷关时，关令尹强其所著的“言道德之意五千馀言”？

崔述在《洙泗考信录》中说：“《老子》文似战国诸子，与《论语》、《春秋传》之文绝不类。孔子称述古之贤人及当时卿大夫，《论语》所载详矣，何以不载《老子》一言？孟子但距杨、墨，不距黄老，果老聃在杨墨前，孟子何以反无一言辟之？”

此种疑问，很有说服力。可见在杨、墨之言盈天下时，还不曾见到《老子》一书。

梁启超在北京大学为哲学社作演讲《评胡适中国哲学史大纲》,梁氏根据《老子》本书中所用的官名及词语乃战国时人语,不似春秋时人语,由此推论《老子》乃战国时人托名之作。他说:"《老子》书中,用'王侯'、'侯王'、'王公'、'万乘之君'等字样者凡五处,用'取天下'字样者凡三处,不似春秋时人语。"

由此可见《老子》乃战国时人所伪托。观其用对偶说哲理,用韵语写文章,也不像春秋时代的文风。孔、孟不曾有一言一语涉及《老子》,直到韩非,才作了《解老》、《喻老》两篇,说明老子学说的传布,当在战国后期。

《老子》一书,又叫《道德经》,长沙马王堆出土的西汉竹简,则叫作《德道经》。可见老子的学说在西汉已广为传播,当时习称为"黄老"。《史记·申不害传》:"申子之学本于黄老而主于刑名",便是证明。《论衡·自然》解释说:"贤之纯者,黄老是也。黄者,黄帝也;老者,老子也。"一直到东汉,仍然习称"黄老"。及至魏、晋时代,始退黄帝而进庄周,于是习称"老庄",《三国志·魏·何晏传》:"(晏)好《老》《庄》言,作《道德论》及诸文赋著述凡数十篇。"从此老、庄便成了道家的代表人物。

《老子》分上下篇。上篇论道。道可道,非常道;名可名,非常名,主要是探讨宇宙人生哲理,可谓纯粹哲学;下篇论德。上德不德,是以有德;下德不失德,是以无德,主要是讨论社会和政治,可谓社会政治学。

老子的道论 道字的本义是道路。《说文解字》:"道,所由道也。"后引申为道术的意义。所谓道术就是达到人生某种目的的必由之路。诸子百家之学皆可名为道,不一定专指老庄。司马谈《论六家要旨》，将道家作道德家，大约是尊尚道德，菲薄仁义的意思。

《老子》哲学的最高原则是“道”，这个道是世界万物的本原，是宇宙演变的法则。孔子讲人道，老子讲天道。他说：

有物混成，先天地生，寂兮寥兮，独立不改，周行而不殆，可以为天下母。吾不知其名，字之曰道。①

此句可以说是老子论道的总纲。道是先天地生，为天地母的混成之物。道无形无体，故不可名；道之所在，变动不居。道之变动不居，产生天地万物，创生万物。

老子把天地万物的运行生灭，看作纯粹的自然规律，具有物质和物质变化的特性。

道生一，一生二，二生三，三生万物。万物负阴而抱阳，冲气以为和。②

“道生一”，系指宇宙天地生成之前，阴阳未分前的混沌状态，这种处于混沌状态的东西，只能是物质，它生生不已，变化无穷，是万物生成的母体，它“周行不殆”“冲气为和”，已经隐隐约约地说明“道”就是“气”了。“二”指阴阳两气。“三”指由阴阳两气交会生成万物。

“人法地，地法天，天法道，道法自然。”③“天地万物生于有，有生于无。”④

在老子以前，还没有人在自然观上达到这样的高度，所以它是我国古代朴素唯物主义发展的一个里程碑。

司马谈在《六家要旨》中做了很经典的概括：

---

①③ 《老子·二十五章》。
② 《老子·四十二章》。
④ 《老子·四十章》。

道家无为，又曰无不为，其实易行，其辞难知。其术以虚无为本，以因循为用。无成势，无常形，故能究万物之情。不为物先，不为物后，故能为万物主。

《汉书·艺文志》也有类似的评论，说他"清虚以自守，卑弱以自持"，是"君人南面之术"。说他"绝去礼学，兼弃仁义"，认为"独任清虚，可以为治"。两说均指整个的"道家"，但主要是从《老子》书中的政治思想和哲学思想中概括出来的。

自然无为　这是老子哲学的第一要义。老子认为他所处的时代太动乱太黑暗。他说："民之饥，以其上食税之多，是以讥。民之难治，以其上之有为，是以难治。民之轻死，以其上求生之厚，是以轻死。"①食税多而民饥，农民本来就是弱势群体，当权者对他们加大剥削，有钱有势的人势越大，钱越多，小百姓憔悴于虐政之下，而死里求生，必至于铤而走险，社会动荡不安。

老子看到当时社会的腐败，当权者的日益奢侈，日益堕落，贫富分化严重，透彻地指出：

持而盈之，不如其已；揣而棁之，不可长保。金玉满堂，莫之能守；富贵而骄，自遗其咎。②

五色令人目盲，五音令人耳聋，五味令人口爽，驰骋畋猎，令人心发狂，难得之货，令人行妨。③

他警告执政者不要在声色犬马中玩物丧志，不要"富贵而骄"，因为人间的富贵权势，是不能长久保持的。

为挽回这种局势，莫如自然无为，返回自然。老子创导自然

---

① 《老子·七十五章》。
② 《老子·九章》。
③ 《老子·十二章》。

无为,致虚守静,生而不有,为而不恃,长而不宰,知雄守雌,柔弱不争,居下,取后,慈、俭、朴,这才是缓和社会冲突的平衡之道。他说:

道常无为而无不为。侯王若能守之,万物将自化。化而欲作,吾将镇之以无名之朴。无名之朴,夫亦将无欲。无欲以静,天下将自正。①

所谓无为就是顺应自然,只有无为才无不为。他的理想政治是"无为而自化"。

老子大抵反对政治干涉和社会改革,主张"无识无欲",返璞归真,回到原始社会去。他说:

不尚贤,使民不争;不贵难得之货,使民不为盗;不见可欲,使民心不乱。是以圣人之治,虚其心,实其腹,弱其志,强其骨,常使民无知无欲,使夫智者不敢为也。为无为,则无不治。②

绝圣弃智,民利百倍,绝仁弃义,民复孝慈;绝巧弃利,盗贼无有。此三者以为文不足,故令有所属。见素抱朴,少私寡欲。③

老子的"理想国"是:

小国寡民,使有什伯之器而不用,使民重死而不远徙,虽有舟舆,无所乘之;虽有甲兵,无所陈之,使人复结绳而用之,甘其食,美其服,安其居,乐其俗。邻国相望,鸡犬之声相闻,民至老死不相往来。④

---

① 《老子·三十七章》。
② 《老子·三章》。
③ 《老子·十九章》。
④ 《老子·八十章》。

他反对社会的发展，提出回到太古荒蛮之世。劝人知足不争，过着原始的生活。这是一种倒退的愚民的、蒙昧主义的思想。老子又否定一切文化的作用，认为“民多利器，国家滋昏”，“法令滋彰，盗贼多有”①，只有回到“无知无欲”的原始社会中去，天下才能太平。

反者道之动 老子思想的重点，是一个“反”字。即矛盾对立的双方，无不在一定的条件下，向相反方面转化。这就是老子思想中最可宝贵的辩证法。

老子说：“大曰逝，逝曰远，远曰反。”②又说：“万物并作，吾以观其复。”事物变化之最大法则，在老子看来，“曲则全，枉则直，洼则盈，敝则新，少则得，多则惑”③。

“飘风不终朝，骤雨不终日。”④

“天之道其犹张弓欤？高者抑之，下者举之，有余者损之，不足者补之。”⑤

老子认为，大自然处于不断的变动中：“天地尚不能久，而况于人乎。”⑥

天底下的事物，相互对立相互依存而又相互转化。他说：“有无相生，难易相成，长短相形，高下相倾，声音相和，前后相随。”⑦

有人认为老子是权术家和阴谋家。他所谓的“将欲歙之，必固张之；将欲弱之，必固强之；将欲废之，必固兴之；将欲夺之，必固与之”⑧，

---

① 《老子·五十七章》。
② 《老子·二十五章》。
③ 《老子·二十二章》。
④⑥ 《老子·二十三章》。
⑤ 《老子·七十七章》。
⑦ 《老子·二章》。
⑧ 《老子·三十六章》。

是专为对手设立的陷阱，给对手以错觉，以便出其不意地击败对手。

老子的思想充满着生命的智慧，但是这种智慧一旦被统治者所用又是极富有政治权术的，因而被称之为“君人南面之术”。

弱者道之用　光迷信用武力去镇压那些犯上作乱的人是不行的，“民不畏死，奈何以死惧之！”

他从“齿以刚落，舌以柔存”的自然现象中得到启发，认为“柔弱胜刚强”，乃是事物发展的规律，因而他强调要用“柔”的手段去对付老百姓，他说：

> 天下之至柔，驰骋天下之至坚，无有入无间，吾是以知无为之有益。不言之教，无为之益，天下希及之。[①]

> 天下莫柔弱于水，而攻坚强者莫之能胜，以其无以易之。弱之胜强，柔之胜刚，天下莫不知，莫能行。[②]

《老子》可以说也是一部兵法，书中包含军事辩证法。“正复为奇，善复为妖”，“祸兮福之所倚，福兮祸之所伏”。[③]

老子的辩证法用于军事学，就是以弱胜强、避实击虚的指导原则，此外，中国的柔术、太极拳、导引术也多是直接间接地发挥着老子贵柔、守雌的精神。

马王堆汉墓出土的《老子》帛书本，德前道后，但是两千年来，流传的《老子》则是道前德后。不管怎么说，流传的活的文献是在历史上和现实中产生社会效果的文献，与地下新出土的文献是有所区别的。

---

① 《老子·四十三章》。
② 《老子·七十八章》。
③ 《老子·五十八章》。

不过大多数专家认为,《老子》最精彩的、影响最广泛的还是道的论述,他不仅影响了政治哲学,也影响了中国人对宇宙人生的总理解。

三、庄周和《庄子》一书

庄子(前 369—前 286 年)即庄周,战国时宋国蒙(今河南商丘)人,曾为漆园吏。漆园也是宋地。他与梁惠王、齐宣王、楚威王同时。

庄周于"学无所不窥,然其要本归于老子之言"。他的著作有十余万言,大抵都是寓言,充满了幻想。他的文章写得极好,汪洋恣肆。鲁迅说:"其文则汪洋辟阖,仪态万方,晚周诸子之作,莫能先也。"[①]庄子思想丰富深刻,是先秦第一流著作。

《史记·老子韩非列传》上说,当时的贵族们(王公大人)都很器重他。相传楚威王闻其贤,派人带了厚礼,想请他"为相"。庄周笑着对使者说,你带来的礼物是很重的,卿相的位子也很高。你难道不见祭祀时用的牺牛吗?喂养了多年,然后披上美丽的"文绣",牵到太庙中去作祭品。这时候,它想做一头"孤豚"(小猪),就不可能了。你还是回去吧,不要污辱我。

他说:"我宁游戏污渎之中自快",也不愿"为有国者所羁,终身不仕,以快吾志焉"。

庄子生在战国时代,但他远远避开这个污浊的世界,不与那些"以杀人为功"的各国统治者合作。其实,那个时代许多人贪图名

---

① 鲁迅:《汉文学史纲要》。

利，四处跑官、买官做，也只有像庄周那样有着大智大慧明察一切的人才能看到荣华富贵功名利禄背后潜伏着的杀机。

他“以天下为沉浊，不可与庄语”①。将卿相的官位，比作令人作呕的“腐鼠”②；以“蛮”“触”之争，讽喻当时各国之间争城争地的不义之战③；其妻死，惠子吊之。庄子则方箕踞，鼓盆而歌④；其自适，则以梦蝶为喻⑤；把宋人曹商的无耻钻营，讥为舐痔之术⑥；把目光狭小的人，讥为“井底之蛙”⑦。他是以形象生动的比喻和嬉笑怒骂的笔墨，来揭露污秽沉浊的黑暗社会。他的学问博雅宏大，文章汪洋恣肆，在我国学术上和文学上的影响极为深远，所以被后人尊称为“庄叟”“蒙叟”。庄子的学说虽“本归于老子之言”，但他的哲学思想的主要特征是相对主义。

齐是非，齐万物，齐生死　古希腊普罗泰戈拉说：“人是万物的尺度。”但在庄子看来，人的是非不是天下万物的是非。以人观之，各有是非；以道观之，无所谓是非。故庄子说：“彼亦一是非，此亦一是非”，“是亦一无穷，非亦一无穷”⑧。又说：“因其所然而然之，则万物莫不然；因其所非而非之，则万物莫不非。”⑨还说：“自其异者视之，肝胆，楚越也；自其同者视之，万物皆一也。”⑩

在庄子看来，所谓是非、然否、异同，并没有一个客观的标准，只是因为看问题的立场和角度不同，才得出了不同的结论，从而陷

---

① 《庄子·天下》。
②⑦⑨ 《庄子·秋水》。
③ 《庄子·则阳》。
④ 《庄子·至乐》。
⑤ 《庄子·齐物》。
⑥ 《庄子·列御寇》。
⑧ 《庄子·齐物论》。
⑩ 《庄子·德充符》。

入相对主义而不能自拔。

庄子所处的时代,是百家争鸣的时代。在他看来,这种是非是不能辨明的。但是,他的是非生于“成心”的看法,却包含着要克服主观、片面的思想。人们有了成心,就像井底之蛙不可能知道海之大,夏日的昆虫不可能知道冰之寒。(《秋水》篇云:“井蛙不可以语于海者,拘于虚也;夏虫不可以语于冰者,笃于时也;曲士不可以语于道者,束于教也。”)

道通于一 庄子把道看作是最高的原理,以为:“万物一齐,孰短孰长?道无终始,物有死生。”在庄子看来,道是“无所不在”的。《知北游》说:“东郭子问于庄子曰:‘所谓道,恶乎在?’庄子曰:‘无所不在。’”他还否定造物主,或真宰,他以为宇宙是无限的,内容是十分丰富的。《秋水》篇说:“夫物,量无穷,时无止,分无常,终始无故。”物之形体,时时都在变化,没有一成不变的物。《秋水》篇说:“物之生也,若骤若驰。无动而不变,无时而不移。”《知北游》篇说:“人生天地之间,若白驹过隙,忽然而已。”这就是所谓一虚一满,方生方死。运动的变化是绝对的,无条件的。

但是,庄子把这种变化强调到绝对的程度,得出“天地与我并生,万物与我为一”的结论。他说:“莛与楹,厉与西施,恢诡谲怪,道通于一。其分也成也,其成也毁也。凡物无成无毁,复通于一。”莛是小木料,楹是大梁;厉是病丑之人,西施是美女;恢诡谲怪,恢是宽大,诡是奇变,谲是狡诈,怪是妖异。大小美丑,各色各样的稀奇古怪,都是一样的,没有分别的。事物的生成与毁灭,也是没有差别的。这就和事实相背,物的规定性也就被取消了。

庄子认为道无始终无生死,事物时时变化,无论是寿夭、大小、生死、忧乐、荣辱、穷通等等概念,彼此无差别,“万物齐一”。

他做梦变成蝴蝶，醒后说，不知是庄周做梦变蝶，还是蝴蝶做梦变成庄周。

道兼于天　在庄子看来，自然是美好的。人只是万物中之一物，用人的行为改变天地万物是不好的。

他说："牛马四足是谓天，落(即络)马首，穿牛鼻是谓人。"他反对以人为变天然，即"以人灭天"，"以故灭命"。在《至乐》篇中，他说了一个故事：有一只海鸟，飞到鲁国。鲁国国君把它请入太庙，大办酒筵，奏《九韶》以为乐。可是，这只海鸟什么也不敢吃，表现得很悲哀，过了三天，死了。庄子说这就是以养己之道养鸟，而养鸟是要放之于树林，让它自由自在的。好的音乐，人欢喜，禽兽并不欢喜。鱼处水而生，人处水则死。在他心目中，天即自然，也就是道，道的作用也是自然的："道兼于天。"

自由平等　他提倡绝对的精神自由。天地与我并生，而万物与我为一。人要顺乎"事之变，命之行"。他认为摒弃智慧和认识，才能达到绝对的精神自由。他的思想也包含着一些辩证的因素，标志着他在认识论上达到了一个新的高度。

太炎先生云："庄子发明自由平等之义，在《逍遥游》、《齐物论》二篇。'逍遥游'者自由也，'齐物论'者平等也。"庄子的自由平等观与近人不同，近人所谓自由，专讲人与人之间发生关系，庄子讲"无待"，他认为人与人之间的自由，一旦遇到饥寒交迫，就不自由了。就是列子御风，大鹏展翅，皆有待于风，也不自由。真自由是无待，即无条件的、绝对的。近人平等只指人与人平等，人与禽兽草木不平等。佛法讲人与禽兽平等。庄子更彻底，齐物即讲与物平等，仅物平等还不够。是非之心存焉，心中尚不平等，非要去是非之心不可，才是真平等。①

《庄子》一书，现存的是晋郭象的注本，向秀也注过《庄子》，向死其注尚存，郭象是参考了他的著作的。《庄子》一书共三十三篇，内篇七，外篇十五，杂篇十一。就其性质来说，可分为五类：

第一类讲全生，即保全自己，免受危害，如《养生主》、《人间世》等。

第二类主要是对旧世界的批判，反对礼，如《马蹄》、《骈拇》、《胠箧》、《在宥》。

第三类讲养生和修炼，如《刻意》、《缮性》、《达生》之类，和宋钘、尹文的思想极相近。

第四类是讲自然观的，如《天地》、《天道》、《庚桑楚》等。

第五类主要讲相对主义，如《逍遥游》、《齐物论》和《秋水》篇，这是庄子的著作，和《天下》篇中所说的庄周思想精神相合，即所谓"独与天地精神往来，而不敖倪于万物，不谴是非，以与世俗处"也。

庄子不仅是先秦最大的哲学家，而且是诗人，是文学家。这是庄子有别于其他思想家、哲学家的特点。对于旧世界，他和老子一样，是采取批判态度的。老子主张"绝圣弃智"，庄子进一步以为"圣人不死，大盗不止"。庄子对旧的统治者也是充满了愤激之情，以为："彼窃钩者诛，窃国者为诸侯。诸侯之门而仁义存焉！"②

庄子在《天下》篇中，以为"治方术"的人，虽然他们都认为"其有(即所学)为不可加"，但都只不过是"时有所用"的"一曲之士"。

---

① 章太炎讲演、曹聚仁整理：《国学概论》，上海古籍出版社 1997 年 12 月版，第 34 页。

② 《庄子·胠箧》篇。

他对墨翟、禽滑釐、宋钘、尹文、彭蒙、田骈、慎到、关尹、老聃、庄周、惠施都有所议论。如对惠施，说："能胜人之口，不能服人之心。"对墨翟，说："乱之上也，治之下也。"但对他所批评的人，也都作了肯定，例如，说："墨子真天下之好"，称之为"才士"。《天下》篇肯定关尹、老聃是"博大真人"，说其学是"以本为精，以物为粗，以有积为不足，澹然独与神明居"。他说自己："芴漠无形，变化无常，死与生与，天地并与，神明往与，芒乎何之，忽乎何适！"也就是他自己所说的至人。至人是无入而不自得的，哀乐俱不能入的。此篇系庄子自叙，前总论，后分列诸家，可考古代学术源流。

《庄子》书中常常借用许多寓言故事阐明自己的观点，揭露社会的黑暗，讽刺那些可憎可恶的人间万相。他解释说：

> 寓言十九，重言十七，卮言日出，和以天倪。寓言十九，藉外论之。亲父不为其子媒，亲父誉之，不若非其父者也。……重言十七，所以已言也，是为耆艾。……卮言日出，和以天倪，因以曼衍，所以穷年。

《庄子·寓言》中的这一段话，就是寄托他人来说话，往往十言而九见信，这就是寓言，"寓"，寄托的意思。让年高德劭、为世所重的人站出来说话，往往十言而七见信。这就是重言。重，敬重的意思。卮言，就是因势利便、随机应变的辩说。卮，是酒杯，满则倾，空则仰，随着情况的变化而变化。他在《天下》篇中又说：

> 庄周闻其风而悦之，以谬悠之说，荒唐之言，无端崖之辞，时恣纵而不傥，不以觭见之也。以天下为沉浊，不可与庄语。以卮言为曼衍，以重言为真，以寓言为广，独与天地精神往来，而不敖倪于万物。不谴是非，以与世俗处。……上与造物者游，而下与外死生无终始者为友。

“曼衍”是变化无穷的意思。《齐物论》有“和之以天倪，因之以曼衍”的话，就是说“卮言”的随物应变、变化无穷的。“重言”是借历史人物的话，来表达和阐释自己的思想和观点，是真理的化身。“寓言”是推而广之，是把论点引向更加深广的深度和广度，而这些都是出之“以谬悠之说，荒唐之言，无端崖之辞”。

晋郭象在《庄子序》中说庄周“未始藏其狂言，言虽无会而独应者也。夫应而非会，则虽当无用；言非物事，则虽高不行。与夫寂然不动，不得已而后起者，固有间矣，斯可谓知无心者也。夫心无为，则随感而应，应随其时，言唯谨尔。故与化为体，流万代而冥物（与万物暗合），岂曾设对独遘，而游谈乎方外哉？此其所以不经而为百家之冠也”。

郭象这篇序言，既肯定庄周的“狂言”，是“不经”之谈，又肯定他的话是心有所会，事有可征，与万物之情暗相契合的高论，所以可以流传于万代，冠冕于百家，真可谓是庄周的异代知己。

至于庄周在思想方面，发展了《老子》消极的一面，把过去人们所创造的一切文明，都看成是社会动乱的根源，主张“绝圣弃智”回到“愚而朴”的蒙昧时代去，这是他思想消极的一面。

他的文章变幻奇诡，汪洋恣肆，所谓“意出尘外，怪生笔端”①，对后世文学创造有极大的影响。

---

① 刘熙载《艺概·文概》。

第十三章　商鞅韩非与法家略说

一、法家的渊源与分派

郭沫若说："法家的产生应该上溯到子产。"[①]春秋之时，公元前536年，郑国子产铸刑书，将新定的法律条文铸在铁鼎上，公布于众。晋国的叔向反对说："民知争端矣，将弃礼而征于书，锥刀之末，将尽争之。"并举夏商周为例。说这些王朝都是因为有乱政才作刑书的。子产回答他说："吾以救世也。"(《左传》昭公六年)

《汉书·艺文志》上说："法家者流，盖出于理官，信赏必罚，以辅礼制。"所列十家，二百一十七篇。其中《李子》三十二篇，今不传。《李子》是李悝(即李克)作的，他为魏文侯相，富国强兵。

《史记·孟荀列传》和《汉书·食货志》记载道，李悝为魏文侯作"尽地力之教"。以为"籴甚贵伤民，甚贱伤农"。"善为国者，使民毋伤而农益劝"，创为平籴之法，在魏国实行。《晋书·刑法志》说"悝撰次诸国法，著《法经》"。《法经》即三十二篇之一部分(清孙星衍说)。

法家的始祖，一个叫李悝，是子夏的弟子，曾经相魏文侯，著有《法经》。一个叫吴起，是曾子的学生，曾经做过魏西河守，他学的是儒家，其后转为法家，又是兵家。后来著名的法家商鞅也是李悝

---

① 郭沫若：《十批判书·前期法家的批判》，科学出版社1956年版，第309页。

的学生,李斯、韩非或者是李悝的学生,或者是荀卿的学生,由此可见法家也是渊源于儒家的。

司马谈《六家要旨》上说:"法家不别亲疏,不殊贵贱,一断于法,则亲亲尊尊之恩绝矣。"

所谓"一断于法",不搞"亲亲尊尊"的一套,正体现了法家进步思想和改革精神。

《汉书·艺文志》录法家十家,既肯定其"信赏必罚,以辅礼制。《易》曰'先王以明罚饬法',此其所长也"。又批评它说:"及刻者为之,则无教化,去仁爱,专任刑法而欲以致治,至于残害至亲,伤恩薄厚。"班固肯定的一面是对的;否定的一面,显然说明他还没有摆脱"亲亲尊尊"的思想桎梏。

早期法家分三派 韩非认为,在他以前的法家,分为术派、势派和法派。

申不害言术。《申子》六篇,现亦不存。申不害与商鞅同时,迟商鞅一年死,为韩昭侯相,当他活着的时候,国治兵强,韩国没有受到侵犯。他是"主刑名"的。《尹文子》说:"法不足以治则用术。"他说:"术者人君之所密用,群下不可妄窥。"韩非书中屡有论申不害之语,大抵以为他"言术","要其归在于用术以御下"。

慎到主言势。《慎子》四十二篇。慎到是赵人,也在稷下讲过学。他说:"尧为匹夫,不能治三人;而桀为天子,能乱天下。吾以此知势位之足恃,而贤者之不足慕也。"

先秦书中,说到慎到的地方很多。荀子说他"蔽于法而不知贤","有见于后无见于先"。他的生年略后于孟子,《汉志》师古注,以为他先于申不害是不对的。慎子书多散佚。唐魏征所辑《群书治要》,有《慎子》七篇,这大概是《隋书·经籍志》中所说藤辅的注本。

商鞅属法派。他是一位时代的宠儿，又遇到信任专一的秦孝公，他的变法在秦国取得莫大成功，秦汉以后的中国政治舞台可以说是由商鞅开的幕。①

韩非则批判地继承了以上法、术、势三派的法治精神，形成自己一套完整的思想体系，成为法家的集大成者。

韩非在《定法篇》中将早期法家划分为术派、势派和法派："术者，因任而授官，循名而责实，操生杀之柄，课群臣之能者也。法者，宪令著于官府，刑罚必于民心，赏存乎慎法，而罚加于奸令者也。此臣之所师也。君无术则弊于上，臣无法则乱于下。此不可一无，皆帝王之具也。"

他在《外储说右下》上说："故国者君之车也，势者君之马也，无术以御之，身虽劳犹不免于乱，有术以御之，身处逸乐之地，又致帝王之功也。"

在《难三》上则说："法者，编著之图籍，设之于官府，而布之于百姓者也。术者，藏之于胸中，以偶众端而潜御群臣者也。故法莫如显，而术不欲见。是以明主言法，则境内卑贱莫不闻知也，不独满于堂。用术，则亲爱近习莫之得闻也，不得满室。"

在《五蠹》篇中，韩非又赞美慎到的"势"说："民者固服于势，诚易以服人。故仲尼反为臣而哀公顾为君。仲尼非怀其义，服其势也。"

在《奸劫弑臣》中说："故（明主）身在深宫之中，而明照四海之内，而天下弗能蔽、弗能欺者何也？暗乱之道废，而聪明之势兴也。

---

① 郭沫若：《十批判书·前期法家批判》，科学出版社1956年10月新一版，第319页。

故善任势者国安,不知因其势者国危。"

可见韩非是把"法""术""势"作为治国的法宝的,也是人主统治国家必不可少的专政工具和专政手段。由"人治"转向"法治",正是社会发展的客观要求。

二、商鞅和《商君书》

商鞅(前390—前338年)是卫公的同族,因而被称为卫鞅或公孙鞅。曾在魏国做过小官,后来到了秦国,辅佐秦孝公,执政二十一年(从前359年至前338年),适应历史潮流,进行全面改革,取得富国强兵的伟大成就,孝公以商於十五邑封他,号称商君,故又被称为商鞅。

孝公死,惠王立,秦之宗室贵族公子虔诬告商鞅欲反,惠王派兵杀了他,并车裂其尸,诛灭其家。

(一)商鞅变法

商鞅在变法之前,在孝公面前与守旧的甘龙、杜挚展开了一场针锋相对的论战。

商鞅说:"圣人苟可以强国,不法其故;苟可以利民,不循其礼。"只要达到"强国""利民"的目的,就可以打破老规矩,创立新的法制。

甘龙反驳说:"圣人不易民而教,知者不变法而治。因民而教者,不劳而功成;据法而治者,吏习而民安。"

商鞅又说:"三代不同礼而王,五伯不同法而霸。智者作法,愚者制焉;贤者更礼,不肖者拘焉。"三王、五帝都是顺时变法,才成就王霸之业的,只有愚者、不肖者才会墨守陈法,不敢因势利便，进行改革。

杜挚反驳说："利不百，不变法；功不十，不易器。法古无过，循礼无邪。"

商鞅回答说："治世不一道，便国不法古。故汤、武不循古而王，夏、殷不易礼而亡。反古者不可非，而循礼者不足多。"

时代变了，法制也要随之而变。当变就变，国家就会兴旺，当变不变，国家就要危亡。孝公十分赞成商鞅的见解，决定重用商鞅实行变法。[①]

（二）商鞅变法的主要内容

商鞅在立法之初，"恐民之不信"，乃立三丈之木于国都的南门，说是有能将它徙之北门的，奖以五十金，"民怪之，莫敢徙"。有一人抱着试试看的态度，把它移到了北门，商鞅立即奖以五十金。[②]又令于国中曰："有弃灰于地者刑"。有弃灰于道的，立即黥其额。[③]这就是人们所喜言的"立信于徙木，立威于弃灰"。"徙木"，易为也，而予以重赏；"弃灰"细过也，而科以重罚。这不是别的，而是为了取信于民。只有取得百姓的信任，才能形成共识，形成合力，为富国强兵提供充足的条件。

商鞅变法主要内容有：

废井田，开阡陌　扩大了耕地面积，准许土地可以自由买卖。《战国策·秦策三》记蔡泽的话说："商君决裂阡陌。"就是把井田内的纵横小道全部铲除，开垦成为良田。《史记·商君传》也说："为田开阡陌封疆，而赋税平。"就是按亩计税，平均负担。《汉书·食

① 见《史记·商君传》。

② 《史记·商君传》。

③ 《史记·李斯传》："商君之法，刑弃灰于道者"。

货志》记董仲舒的话说:“秦孝公用商鞅之法,改帝王之制,除井田,民得买卖。”《地理志》也说:“孝公用商君,制辕田,开仟伯(阡陌)。”按“辕田”亦作“爰田”,“辕”“爰”并读“换”,即以钱换田的意思。废井田,开阡陌,土地可以自由买卖,实际上就是确立封建社会的土地私有制。

废除分封制,建立郡县制 《史记·商君传》:“集小乡邑聚为县,置令、丞,凡三十一县。”《汉书·百官公卿表》:“县令长皆秦官,掌治其县,皆有丞、尉。”县令是一县的行政长官,县丞管民政,县尉管军事,直接对朝廷负责。于是全国的政权和兵权都集中于朝廷,这就建立了中央集权、君主专制的封建统治制度。

壹赏罚、奖农战 壹赏罚,是主张在赏罚面前,人人平等。《商君书·赏刑》:“所谓壹刑者,刑无等级,自卿相、将军以至大夫、庶人,有不从王令、犯国禁、乱上制者,罪死不赦。”《史记·商君传》:“卫鞅曰:‘法之不行,自上犯之。’将法太子。太子,君嗣也,不可施刑,刑其傅公子虔,黥其师公孙贾。”说明商鞅是执法如山、铁面无私的。

奖农战,按《商君传》说:“僇力本业,耕织致粟帛多者复其身。事末利及怠而贫者,举以为收孥。”

“本业”就是农业;“末利”指的商业,这是说:奴隶努力务农,就可以升为庶民;庶民不努力务农,就要没收为奴隶。

他还使民用粮谷捐官的办法,来推行重农政策。《靳令》中说:“民有馀粮,使民以粟出(捐)官爵。官爵必以其力,则农不怠。”《去强》也说:“按兵而农,粟爵粟任,则国富。”

在奖励战功方面,商鞅更是不遗余力。《商君传》说:“有军功者,各以其率受上爵。”怎么“受上爵”呢?《境内》说得很具体:“能得甲首一者,赏爵一级,益田一顷,益宅九亩,除庶子一人,乃得入兵官之吏。"《韩非子·定法》中也说:"商君之法曰:'斩一首者,爵一级,欲为官者为五十石之官。斩二首者爵二级,欲为官者为百石之官。官爵之迁与斩首之功相称也。'"

重赏的对象是农战的有功者,重罚的对象是包庇和隐藏"奸人"的人。

所谓"奸人",一是破坏法制的反动贵族,二是贪赃枉法的各级官吏。《韩非子·定法》说:"公孙鞅之治秦也,设告相坐而责其实,连什伍而同其罪。"《商君传》也说:商君"令民为什伍,而相收司连坐。不告奸者腰斩,告奸者与斩敌者同赏"。可见厚赏重罚的政策,是贯彻重农重战的方针的手段,也是加强改革力度的一个重要措施。

商鞅对于战功的赏格非常优厚。他还实行"粟爵粟任"、"武爵武任"的政策,把官爵只颁在农业或军事上作出贡献的人。他说:"所谓壹赏者,利禄官爵抟(专)出于兵,无有异施也。"①

废贵族特权　《商君传》说:"宗室非有军功论,不得为属籍。"即使是秦君的宗族,如果没有军功,就要把他的名字从宗室名册上抹掉。这就废除了贵族阶级的一些特权。

变法的结果,依照《战国策·秦策三》记蔡泽的话说:商鞅改革的政绩是"兵动而地广,兵休而国富,故秦无敌于天下,立威诸侯"。

李斯《谏逐客书》说:"孝公用商鞅之法,移风易俗,民以殷盛,国民富强,百姓乐用,诸侯亲服……"

《商君传》也说:商君"行之十年,秦民大悦,道不拾遗,山无盗贼,家给人足。民勇于公战,怯于私斗,乡邑大治。"毋庸置疑,商鞅

---

① 《商君书·赏刑》。

的变法，使秦国富兵强，为秦始皇统一六国打下了坚实的基础。

(三)《商君书》

原有二十九篇，今大体尚存二十四篇，旧题“商鞅撰”，但其中有的是商鞅以后的法家记述商鞅的言行的。

证据之一是《定分》篇中屡称“公孙鞅曰”。

证据之二是《徕民》篇中说：“自魏襄以来……三晋所亡于秦者，不可胜数也。”按魏襄之立上距商鞅之死已有四年。

证据之三，同篇又提到“长平之胜”，按白起坑赵降卒四十万于长平，上距商鞅之死已七十八年，远非商鞅所能及见。但书中所阐述的政治思想和法治精神，无疑都是商鞅的。

韩非在他的《五蠹》篇中说：“今境内之民皆言治，藏商、管之法者家有之。”司马迁在《商君传赞》中说：“余尝读商君《开塞》《耕战》书，与其人行事相类。”可见《商君书》早在战国末年就已经广为流传了。

《商君书》不是商鞅一人所作，亦非一时之作。其中，有的和《韩非子》重复，可以肯定出自商君之手的有《垦令》、《靳令》等(《靳令》是商君著而误编入《韩非子》中的，高亨已有详说，令人信服)。

清人校此书者甚多，有《诸子平议》(俞樾)，《香草续校书》(于鬯)，《读诸子札记》(陶鸿庆)。近人朱师辙作《商君书解诂》，高亨作《商君书注释》，对清代校勘成绩多所吸收，是较好的本子。

三、韩非和《韩非子》

(一) 韩非(前280年—前233年)

韩非是韩国的贵族，喜刑名法术之学，是法家的集大成者，是战国后期的思想家、政治家。

《史记·老庄申韩列传》说他是韩国的“诸公子”，“喜刑名法术之学，而归本于黄老”。他口吃，不善言谈，而“善著书”。和李斯同学，拜荀卿为师。他学得很好，李斯自认为比不上他。其时秦国的综合国力日益强大，韩国日益削弱，韩非多次上书韩王，倡议顺时变法，以图自保。他说：“故治民无常，惟法为治，法与时转则治，治与世宜则有功。”[①]韩王不能用，于是韩非痛恨韩国“不务修明法治”，不知“求人任贤”，加之“儒以文乱法，侠以武犯禁”，便“观往者得失之变”，也就是总结历史经验，针对当时现实，作《孤愤》、《五蠹》、《内外储说》、《说林》、《说难》十余万言，提出自己以法治国、以兵强国的政治主张。

不久，他的著作传到了秦国，秦王读了他的《孤愤》、《五蠹》等论说，非常赞赏曰：“嗟乎，寡人得见此人与之游，死不恨矣。”

那时，李斯已经在秦国，告诉秦王，“这是韩非所著的书”。秦乃急攻韩，求韩非。韩王乃派韩非出使秦国，秦王见了大悦，还没有任用。

李斯、姚贾恐怕韩非得到重用，丧失自己的权力，向秦王进谗言说：“韩非，韩之诸公子也。今王欲并诸侯，非终为韩不为秦，此人之情也。今王不用，久留而归之，此自遗患也，不如以过法诛之。”[②]秦王以为然，将韩非下之于狱，李斯乘机送去毒药，迫使韩非自杀。等到秦王醒悟过来，打发人去赦免他时，韩非已经死了。韩非活了四十八岁，李斯、姚贾都参与谋害他。

司马迁在《史记·老子韩非列传》的末尾，无限叹惋地说：“余

---

① 《韩非子·心度》。
② 《史记·老子韩非列传》。

独悲韩子为《说难》而不能自脱耳。”

(二)《韩非子》五十五篇

此书与《汉书·艺文志》著录的数目相符，说明它没有散失，但也掺入了其他的法家、道家、纵横家的作品。例如《有度》篇说到荆、齐、燕、魏四国之亡，韩非死时，六国都没有灭亡，燕虽小，而国后亡，齐国更是亡在最后，那时韩非已经死了十二年了，显然是后来的法家的作品。

然而书中的《解老》、《喻老》和《主道》、《扬权》四篇，都像道家的思想和言论，可能佐证了韩非早期的思想发展过程流传过程中掺入了道家的作品。

荀卿是他的老师，他在天道观、性恶论这些方面都是继承老师的。其论名实，也是如此。韩非书中的《解老》、《喻老》是很重要的哲学论文。

在政治上，他也和老子一样，主张无为而治。《扬权》云：“故去甚去泰，身乃无害。权不欲见，素无为也。事在四方，要在中央，圣人执要，四方来效，虚而待之，彼自以(用也)之。……夫物者有所宜，材者有所施。各处其宜，故上下无为。”

司马迁说韩非之学“其归本于黄老”，“皆原于道德之意”[1]，并将其与老子合传，则《解老》、《喻老》等四篇本为韩非所作，亦可以理解，然终不似韩非其他论文之犀利、峻峭。至于韩非的《饬令》与商鞅的《靳令》、《有度》，与管子的《明法》完全相同，足以说明其在流传的过程中，掺入了别人的著作。

此书是韩非的法治精神和变法创制理论的体现。它是先秦诸

---

① 《史记·老子韩非列传》。

子中更为成熟的政治论文，论点明确，论据充分，论证严密，逻辑性强，针对性强，更能反映和解决当时的现实问题。

在《二柄》中，韩非以"刑德"为人主之"二柄"，认为"杀戮之谓刑，庆赏之谓德。为人臣者畏诛罚而利庆赏，故人主自用其刑德，则群臣畏其威而归其利矣"。

韩非说："夫虎之所以能服狗，爪牙也，使虎释其爪牙而使狗用之，则虎反服于狗矣。人主者，以刑德制臣者也，今君人者，释其刑德而使臣用之，则君反制于臣矣。"①

他主张以刑德"二柄"御臣下。刑是杀戮，德是庆赏。人臣以诛罚为畏，以庆赏为利。刑德之权，不可使行之于臣下，行之于臣下，"则君反制于臣矣"。在行刑德之权时，要"功当其事，事当其言，则赏。功不当其事，事不当其言，则罚"。言大功小的，也要罚，这并不是因为他没有功，而是因为功不当名。言小功大的，也要罚，并不是因为"不说于大功"，而是因为功不当名之害比没有大功的害还要大。他主张君主"去好去恶"，即没有好恶之心，以为这样才能无所蔽。

在《五蠹》中，他还把"学者"（儒家）、"言谈者"（纵横家）、"带剑者"（游侠）、"患御者"（逃避兵役的人）以及"工商之民"叫做国家的"五蠹"，认为"人主不除此五蠹之民，不养耿介之士"，就有亡国灭朝的危险。

韩非反对儒家，说："儒以文乱法。"以为这些人"称先王之道，以（当衍）籍（借也）仁义、盛容服而饰辩说，以疑当世之法，而贰人主之心"②。

---

① 《韩非子·二柄》。
② 《韩非子·五蠹》。

在《五蠹》中，韩非提出他的历史进化观。强调世异事异，与时俱进。

他说："上古之世，人民少而禽兽众，人民不胜禽兽虫蛇；有圣人作，构木为巢以避群害，而民悦之，使王天下，号之曰有巢氏。民食果蓏蚌蛤，腥臊恶臭而伤害腹胃，民多疾病；有圣人作，钻燧取火，以化腥臊，而民悦之，使王天下，号之曰燧人氏。中古之世，天下大水，而鲧禹决渎。近古之世，桀纣暴乱，而汤武征伐。今有构木钻燧于夏后氏之世者，必为鲧禹笑矣；有决渎于殷周之世者，必为汤武笑矣。然则今有美尧舜汤武禹之道于当今之世者，必为新圣笑矣。"

韩非认为，社会不是一成不变的。他认为"圣人不期修古，不法常可，论世之事，因为之备"。批评"以先王之政，治当世之民"与"宋人守株待兔"一样的愚蠢可笑。

《五蠹》中，韩非批评了儒家，也批评了墨家，说"侠以武犯禁。"韩非的结论是："明主之道，一法而不求智，固术而不慕信。""明主之国，无书简之文，以法为教；无先王之语，以吏为师；无私剑之捍，以斩首为勇。是以境内之民，其言谈者必轨于法，动作者归之于功，为勇者尽之于军。"篇末还抨击了纵横家。

《六反》中，韩非认为当时社会上有六种是非相反、毁誉相反的丑恶现象。

如将"畏死远难，降北之民"尊之为"贵生之士"，"学道立方，离法之民"尊之为"文学之士"，"游居厚养，牟食之民"尊之为"有能之士"，"语曲牟知，伪诈之民"尊之为"辩智之士"，"行剑攻杀，暴憿之民"尊之为"磏勇之士"，"活贼匿奸，当死之民"尊之为"任誉之士"。相反，将"死节之民"贬之为"失计之民"，"全法之民"贬之为"朴陋之民”，“力作而食，生利之民”贬之为“寡能之民”，“嘉厚纯粹，整穀之民”贬之为“愚戆之民”，“重命畏事，尊上之民”贬之为“怯慑之民”，“挫贼遏奸，明上之民”贬之为“谄谗之民”。韩非总结说：“奸伪无益之民六，而世誉之如彼；耕战有益之民六，而世毁之如此。此之谓六反。”国君如不把这种颠倒的现象颠倒过来，而“索国之富强，不可得也”。①

《八说》一开头，就提出：“为故人行私，谓之不弃；以公财分施，谓之仁人；轻禄重身，谓之君子；枉法曲亲，谓之有行；弃官（放弃官守）宠交，谓之有侠；离世遁上，谓之高傲；交争逆令，谓之刚材；行惠取众，谓之得民”。

他认为“此八者匹夫之私誉，人主之大败也；反此八者，匹夫之私毁，人主之公利也。人主不察社稷之利害，而用匹夫之私誉，索国之无危乱，不可得矣。”②

《八奸》上说，凡人臣之能为奸者有八术。一是买动君主的宠姬，为他在君主面前说话，叫同床；二是买动近习，叫在旁；三是买动君主的爱子、大臣，叫父兄；四是满足人主对于宫室台池的要求，叫养殃；五是施小惠于百姓，在群众中建立威信，叫做民萌；六是利用辩士，进言于君主，叫做流行；七是养侠客，使群臣百姓听于己而不听于君，叫做威强；八是利用外国势力，使君主听命，叫做四方。然后他就一一列举防奸之道。

韩非在《十过》中，说人主如犯下“十过”，就会身败名裂，为天下所笑。何谓“十过”？“一曰，行小忠则大忠之贼也；二曰，顾小利

① 《韩非子·六反》。

② 《韩非子·八说》。

则大利之残也；三曰，行僻自用，无礼诸侯，则亡身之至也；四曰，不务听治，而好五音，则穷身之事也；五曰，贪愎喜利，则灭国杀身之本也；六曰，耽于女乐，不顾国政，则亡国之祸也；七曰，离内远游，而忽于谏士，则危身之道也；八曰，过而不听于忠臣，而独行其意，则灭高名，为人笑之始也；九曰，内不量力，外恃诸侯，则削国之患也；十曰，国小无礼，不用谏臣，则绝世之势也。”①

在《亡征》中，他分析国家招致灭亡之道者有四十七条，包括："好宫室、台榭、陂池，事车服器玩好，罢露百姓，煎靡货财者"，"官职可以重求，爵禄可以货得者"，"境内之杰不事，而求封外之士；不以功伐课试，而好以名问举措，羁旅起贵以陵故常者"，"好以智矫法，时以行杂公，法禁变易，号令数下者"，"无地固，城郭恶；无蓄积，财物寡，无守战之备，而轻攻伐者"，"公家虚而大臣实，正户贫而寄寓富，耕战之士困，末作之民利者"，"见大利而不趋，闻祸端而不避，浅薄于争守之事，而务以仁义自饰者"，"辞辩而不法，心智而无术，主多能而不以法度从事者"，"亲臣进而故人退，不肖用事而贤良伏，无功贵而劳苦贱，如是则下怨者"，"父兄大臣禄秩过功，章服侵等，宫室供养太侈，而人主弗禁，则臣心无穷者"等等，然后加以总结说："亡征者，非曰必亡，言其可亡也。"

以上这些贪腐案例，将从古到今的丑恶的社会现象都揭露了出来，在今天对我们仍然有着借鉴意义。

《八经》云："凡治天下，必因人情。人情者，有好恶，故赏罚可用，赏罚可用则禁令可立，而治道具矣。君执柄以处势，故令行禁止。柄者，杀生之制也；势者，胜众之资也。……故明主之行制也

① 《韩非子·十过》。

天，其用人也鬼。天则不非，鬼则不困，势行教严，逆而不违。毁誉一行而不议。故赏贤罚暴，举善之至者也；赏暴罚贤，举恶之至者也；是谓赏同罚异。赏莫如厚，使民利之。誉莫如美，使民荣之；诛莫如重，使民畏之；毁莫如恶，使民耻之。然后一行其法。”冯友兰说：“明主之行制也天，言其依法而行，公而无私也；其用人也鬼，言其御人有术，密而不可测也。以赏罚之威，一行其法。势术法并用，则国无不治矣。”①

韩非以为“循天顺人”，“明赏罚”是用人的要诀。《用人篇》上说：“闻古之善用人者，必循天顺人而明赏罚，循天则用力寡而功立，顺人则刑罚省而令行。”

又说：“释法术而任心治，尧不能正一国。去规矩而妄意度，奚仲不能成一轮。废尺寸而差短长，王尔不能半中。使中主守法术，拙匠守规矩尺寸，则万不失矣。君人者，能去贤巧之所不能，守中拙之所万不失，则人力尽而功名立。”

韩非认为，只有明赏罚才能使人弃恶扬善。欲求赏罚明就必须任法术而戒心治。法就是规矩、尺寸，大匠脱离了规矩尺寸，什么事也做不成。尧放弃了法术，也就不能“正一国”②。

韩非说：“法者，编著之图籍，设之于官府，而布之于百姓者也。”又说：“法莫如显。”法一成立，便须公布，要使大家都知道。人人要遵守，明主也要一切按法办。术和法是不同的：“术者，藏之于胸中，以偶众端而潜御群臣者也。”因此，“术不欲见”。用术，即使是最亲近的人也不让知道。③

---

① 冯友兰：《中国哲学史》上册，中华书局1961年新1版，第391页。

② 《韩非子·用人》。

③ 《韩非子·难三》。

《有度》中，韩非说："国无常强，无常弱，奉法者强则国强，奉法者弱则国弱。"奉法，意即不曲法从私。这一篇还说："能去私曲就公法者，则民安而国治；能去私行行公法者，则兵强而敌弱。"他主张以法治国，认为"法不阿贵"，"法之所加，智者弗能辞，勇者弗敢争。刑过不避大臣，赏善不遗匹夫"。①

韩非集法家哲学之大成，他主张以法治和法制代替人治。他对于人治政府的弊病分析得极精确，他认为人性之恶，只有以法治之。冠冕堂皇的政治宣言，不能保证政府官员的公正廉洁，以道德力量改进国家难见实效，不能限制贪官酷吏的一颗黑心的无底欲望。靠贤能政府的才德兼备的官员实在难得，韩非主张把各级官吏首先当作坏蛋，以种种法律条款防止他们心生邪念。

韩非说："圣人之治国，不恃人之为吾善也，而用其不得为非也。恃人之为吾善也，境内不什数，用人不得为非，一国可使齐。为治者用众而舍寡，故不务德而务法。"②

这就是法家哲学的道德观的基点。韩非首先不是将执政者当作仁人君子而期待他行仁义之道，而是首先为防止执政者可能作奸犯科而以法律制度加以限制。

"今贞信之士，不盈于十，而境内之官以百数；必任贞信之士，则人不足官；人不足官则治者寡而乱者众矣。故明主之道，一法而不求智，固术而不慕信，故法不败而群官无奸诈矣。"③

韩非又说："仲尼，天下圣人也，修行明道，以游海内；海内悦其仁，美其义，而为服役者七十人。"④以天下之大，而为服役者七十

① 《韩非子·有度》。

② 《韩非子·显学》。

③④ 《韩非子·五蠹》。

人，岂非是贵仁者寡，能义者难？

他又说："夫严刑者，民之所畏也。重罚者，民之所恶也。故圣人陈其所畏以禁其邪，设其所恶以防其奸。是以国安而暴乱不起，吾以是明仁义爱惠之不足用，而严刑重罚之可以治国也。"①

政府中的官员的好坏不是看这个政府冠冕堂皇的宣言，也不是看那些官员的自我表白，而是看这个政府是否有健全的切实可行的法律和互相制约互相监督的制度。在韩非看来，一切祸患起于无公正之法。韩非的立足点，只要建立一个好的制度，坏人也会变成好人。如果制度出了问题，好人也会变成坏人。

法家只重法制，不重视伦理道德的教育，也不重视文学艺术对人性情的熏陶作用，这又是他的片面之处。

在诸子中，著述流传之快，未有如《韩非子》者。在他活着的时候，其书便传到了秦国，以至秦王见到他的《孤愤》、《五蠹》，佩服得不惜用兵去得到他。他死了以后，所著的书，又"传于后世，学者多有"②。可见他的书，确实征服了当时的人君和后世的学者。

《汉书·艺文志》著录《韩子》五十五篇，《隋书·经籍志》著录《韩非子》二十卷。这部书的面貌，今存者大约和汉时是一样的。

清王先慎撰《韩非子集解》，收集清代学者对此书考订和训诂方面的成果，最为详备。近人陈奇猷著有《韩非子集解》，所搜集的有关考订和训诂方面的材料更多，上海古籍出版社出版。另有梁启雄撰《韩子浅释》，中华书局出版，对初学是很方便的。

---

① 《韩非子·奸劫弑臣》。

② 均见《史记·老子韩非列传》。

第十四章　兵家与兵家略说

兵书,是中华民族的智慧结晶,是我国古代文化遗产的一个重要组成部分。我国历史悠久,流传至今的兵书,大约不少于四百种。从治国到治军,从战略到战术,都有着高深的见解,精辟的分析,大大丰富了世界军事理论的宝库,其影响之大,遍及世界。

现在许多国家的军事界、学术界,都在学习和研究我国的《孙子兵法》,他们发现,无论是商场的竞争,还是体坛的竞技,都能从兵书中得到智慧,取得成功。

一个国际性的学习研究《孙子兵法》的热潮正在悄然兴起。我们作为当代的中国人,更应该重视这份珍贵的文化遗产。

一、孙武和《孙子兵法》

孙武(前? —前 484 年),齐国人。齐国发生内乱,他避乱到了吴国。以兵法十三篇,见于吴王阖闾。其时阖闾雄心勃勃,准备大举伐楚,乃用以为将。在他为将期间,吴国“西破强楚,入郢;北威齐晋,显名诸侯”。

他的生平事迹,史书记载甚少,只有“演练宫女”的故事流传于世。据说吴王阖闾对孙武说:“子之十三篇,吾尽观之矣,可以小试勒兵乎?”孙武对曰:“可。”吴王曰:“可试以妇人乎?”曰:“可。”

于是,出宫中美女一百八十人,让孙武在殿前“小试勒兵”,孙武将其分为二队,以王之宠姬二人各为队长,皆令持戟。孙武令之曰:“前,则视心;左,视左手;右,视右手;后,即视背。”约束既布,乃设铁钺,然后三令五申,要求她们服从指挥,严格执行训令,于是击鼓发令,要求她们向右看,宫女听了大笑。

孙武又三令五申,击鼓发令,要求她们向左看,宫女又大笑。于是孙武按照军令,下令斩杀左右队长。吴王使人向孙武求情,孙武断然拒绝说:“将在军,君命有所不受。”于是斩了吴王的两个爱姬,也就是他任命的左右队长。接着“用其次为队长,于是复鼓之”。在训练场上继续演练,“妇人左右、前后、跪起,皆中规矩绳墨,无敢出声”。孙武于是对吴王说:“兵既整齐,王可试下观之。唯王所欲用之,虽赴水火犹可也。”

他把吴王宫中的美女训练成一支可以赴汤蹈火的娘子军。这说明孙武不仅是卓越的军事理论家,而且是杰出的军事指挥员。[①]

《孙子兵法》,简称《孙子》,是我国最早的军事学专著,被人们称之为“兵学圣典”。它一共十三篇,包括计篇、作战篇、谋攻篇、形篇、势篇、虚实篇、军争篇、九变篇、行军篇、地形篇、九地篇、火攻篇、用间篇。全面总结了春秋时代的战争经验,提出了一系列著名的军事学命题,揭示了具有普遍意义的战争规律。

孙武的战争观 “兵者,国之大事,死生之地,存亡之道,不可不察也。”[②]孙武说,战争是关系国家存亡、人民生死的大事,是不得不首先要考虑的。

对于战争,决不能抱任何侥幸心理,就是在和平时期,战争的

---

① 此事俱见司马迁的《史记·孙子吴起列传》。

② 《孙子兵法·始计》。

危险依然存在。所以要“无恃其不来,恃吾有以待之;无恃其不攻,恃吾有所不可攻也”①。

战争是政治斗争的继续,战争应该与政治攻势、外交攻势同时进行,孙武提出:“上兵伐谋,其次伐交,其次伐兵,其下攻城;攻城之法,为不得已。”②

他将“伐谋”、“伐交”放在优先考虑的位置,而将“伐兵”、“攻城”放在次要的位置,甚至认为是“不得已”而采取的下策。在《谋攻》中,他提出“不战而屈人之兵,善之善者也”的原则。孙武认为战争的胜负,取决于综合国力的强弱,其实是两国经济实力的较量。他指出,“故军无辎重则亡,无粮食则亡,无委积则亡”。③他提出了“以全争于天下”的宏观战略。

怎样才谈得上“全争于天下”呢?孙武一口气提出七个问题:“主孰有道?将孰有能?天地孰得?法令孰行?兵众孰强?士卒孰练?赏罚孰明?”④这七个方面都没有问题了,也就掌握了“全胜之券”。

“先为不可胜,以待敌之可胜”,“善守者,藏于九地之下;善攻者,动于九天之上”⑤,这是孙武两千年前说的话,现代战争不正是这样吗?

孙武的战争观是极其辩证的军事科学,至今仍然有着积极的借鉴意义。

---

① 《孙子兵法·九变》。
② 《孙子兵法·谋攻》。
③ 《孙子兵法·军争》。
④ 《孙子兵法·始计》。
⑤ 《孙子兵法·军形》。

孙武的战略原则 孙武明确地指出:“兵者,诡道也。”①“兵以诈立,以利动,以分合为变者也。”②“凡战者,以正合,以奇胜。故善出奇者,无穷如天地,不竭如江海。”③

所谓“诡”,“诈”,“奇”,就是迷惑敌人,就是在敌人面前,“能而示之不能,用而示之不用,近而示之远,远而示之近”,使敌人不明白你下一步的动向,这样才能“攻其无备,出其不意”。④

打仗要掌握主动权,要牵着敌人的鼻子走:“形之,敌必从之;予之,敌必取之。以利动之,以卒待之”⑤。

用兵要“出其所不趋,趋其所不意”,“故我欲战,敌虽高垒深沟,不得不与我战者,攻其所必救也”。⑥

用兵要有所为有所不为,“途有所不由,军有所不击,城有所不攻,地有所不争,君命有所不受”⑦。

就是要“使敌人前后不相及,众寡不相恃,贵贱不相救,上下不相收,卒离而不集,兵合而不齐”⑧。

“示形”于敌,目的在设法调动敌人,牵着敌人的鼻子走,但首先要做好调查研究,才能知己知彼。只有了解自己的弱项和强项,熟悉敌人的长处和短处,才能以己之长克敌之短,才能使敌人防不胜防、处于被动挨打的地位,才能使自己立于不败之地。

故孙武说:“知彼知己,百战不殆;不知彼而知己,一胜一负;不

---

① 《孙子兵法·始计》。
② 《孙子兵法·军争》。
③⑤ 《孙子兵法·兵势》。
④ 以上见《孙子兵法·始计》。
⑥ 《孙子兵法·虚实》。
⑦ 《孙子兵法·九变》。
⑧ 《孙子兵法·九地》。

知彼，不知己，每战必败。”①他又说：“知彼知己，胜乃不殆；知天知地，胜乃可全。”②只有既“知彼”，又“知己”，才能根据不同的情况，作出不同的对策。

孙武提出用兵要集中优势兵力的原则，他说：“十则围之，五则攻之。”“倍则分之，敌则能战之，少则能逃之，不若则能避之。”③所谓“倍则分之”，就是要分散敌人的兵力。

“敌则能战之，少则能逃之，不若则能避之。”打得赢就打，打不赢就走，保存自己的战斗力。

“我专为一，敌分为十，是以十攻其一也。”“我专为一”是要集中自己的优势兵力，握紧自己的拳头。如何才能使“敌分为十”呢？

这就要把敌人调动起来。在运动中，使敌人一分为十。这就得造势，使敌人“备前则后寡，备后则前寡，备左则右寡，备右则左寡，无所不备，则无所不寡。寡者，备人者也；众者，使人备己者也”④。

为达此目的，就必须主动出击，使敌人处于被动地位。

孙武认为战争的胜负，是双方“兵气”、“兵心”和“兵力”的比赛。

孙武说：“故三军可夺气，将军可夺心。是故朝气锐，昼气惰，暮气归。故善用兵者，避其锐气，击其惰归，此治气者也。以治待乱，以静待哗，此治心者也。以近待远，以佚待劳，以饱待饥，此治力者也。”⑤

不要为一时的胜利冲昏头脑而轻敌冒进，要留心“饵兵勿食，

---

①③ 《孙子兵法·谋攻》。

② 《孙子兵法·地形》。

④ 《孙子兵法·虚实》。

⑤ 《孙子兵法·军争》。

归师勿遏，围师必缺，穷寇勿迫”[①]。总之，“知彼”就是“察敌之情，审敌之势”；“知己”就是要“知吾卒之可以击”与“不可以击”[②]，“知可以战与不可以战者胜”[③]。

其他重要的用兵原则 孙武说：“兵无常势，水无常形，能因敌变化而取胜者，谓之神。”[④]在这种认识的基础上，他提出了许多重要的军事命题。

如掌握战争的主动权问题，“致人而不致于人”，要“因敌而制胜”，“应变于无穷”，“敌佚，能劳之；饱，能饥之；安，能动之”。[⑤]

总之，要想方设法，使敌人不得不陷入我的圈套之中。

又如“兵贵神速”的原则。他说：“兵之情主速，乘人之不及，由不虞之道，攻其所不戒也。”[⑥]“胜久则钝兵挫锐，攻城则力屈，久暴师则国用不足”，“夫兵久而国利者，未之有也”。[⑦]他说：“带甲十万，千里馈粮”，一日而费千金，怎么能旷日持久呢？

再如爱护士兵的思想。他说：“视卒如婴儿，故可与之赴深谿”，“视卒如爱子，故可与之俱死”献出自己的生命。如果“厚而不能使，爱而不能令，乱而不能治，譬若骄子，不可用也”。[⑧]

他主张对士卒要恩威兼施，文武并用：“卒未亲附而罚之，则不服，不服则难用也。卒已亲附而罚不行，则不可用也。故令之以文，齐之以武，是谓必取。”[⑨]

《孙子》最后一篇是用间谍的问题。为了了解敌情，就必须使

---

①④⑤ 《孙子兵法·虚实》。

②⑧ 《孙子兵法·地形》。

③ 《孙子兵法·谋攻》。

⑥ 《孙子兵法·九地》。

⑦ 《孙子兵法·作战》。

⑨ 《孙子兵法·行军》。

用间谍。

孙武说:“非圣智不能用间,非仁义不能用间,非微妙不能得间之实”。因此,在三军内部,“莫亲于间,赏莫厚于间,事莫密于间”。如果“间事未发,而先闻者,间与所告者皆死”。

两千多年以前,孙武就注意到间谍在战争中的作用,因而提出要亲信、要厚赏、要严格地保密,要从严惩办泄密的人员,认识到信息和情报的重要性,确实不愧为“兵家之祖”①。

二、吴起和《吴子》一书

吴起(前440—前381年),战国时期卫国左氏(今山东曹县)人。他是我国历史上一位著名的军事家,与孙武齐名,世称“孙吴”。他又是早期法家的一位重要人物,在言法时,又与商鞅齐名。

吴起曾经师事过曾申,也师事过子夏,可见他还是早期儒家思想陶冶出来的人。其母死,起终不归,曾子因此鄙薄吴起,断绝了师生关系。吴起又去鲁国,学习兵法,在鲁国做过将军,在魏国任过西河守,在楚国做过令尹。

吴起在魏,为了取信于民,“乃倚一车辕于北门之外,而令之曰:‘有能徙此南门之外者,赐之上田上宅。’人莫之徙也。及有徙之者,遂赐之如令。俄又置一石赤菽于东门之外,而令之曰:‘有能徙此于西门之外者,赐之如初。’人争徙之。”吴起见已经取得了百姓的信任,于是发兵出师,果然战必取,攻必克。②

---

① 宋·黄震《读孙子》。
② 《韩非子·内储说上》。

后来，吴起又在楚国推行变法："明法审令，捐不急之官，废公族疏远者，以抚养战斗之士"，取得了富国强兵的效果，"于是南平百越，北并陈、蔡、三晋，西伐秦"，使诸侯莫不畏楚之强。

吴起善于用兵，能够得到士卒的死力，常"与士卒最下者同衣食。卧不设席，行不骑乘，亲裹赢粮，与士卒分劳苦"。甚至为"病疽"的士卒，吮其脓血，故士卒乐为用。

他在楚国进行的改革，触犯了贵族们的利益，"故楚之贵戚尽欲害吴起"，后来支持改革的楚悼王死了，宗室大臣群起作乱，射杀了吴起。

此事见司马迁《史记·孙子吴起列传》。

《吴子》　《汉书·艺文志》著录吴起48篇，可见《吴子》在汉后，已经亡佚了大部分。现存仅有六篇：图国、料敌、治兵、论将、应变和励士。书中通过吴起和魏文侯、武侯的对话，阐明他的军事理论和战争规律。

书中提到的"笳"、"鞍"等器物是汉以后才有的事物，这可能是后人的伪托或掺入。《吴子》一书在战国后期至西汉初年就流传开了。其证据有二：

一是《韩非子·五蠹》中说："境内皆言兵，藏孙、吴之书者家有之。"

二是《史记·孙子吴起列传》说："世俗所称师旅，皆道《孙子》十三篇、《吴起兵法》。"

不知什么原因，这部兵书，在流传中却散佚了大部分。今有清孙星衍校《吴子》，见中华书局《诸子集成》。

吴起在论述战争时，把政治放在优先的地位。他看到"昔承桑氏之君，修德废武，以灭其国。有扈氏之君，恃众好勇，以丧其社稷。明主鉴兹,必内修文德,外治武备”①。他认为文德与武备,两者都要抓好。

吴起认为能否进行战争,能否在战争中取胜,首先取决于是否做到“和”。他说:“昔之图国家者,必先教百姓而亲万民。有四不和。不和于国,不可以出军;不和于军,不可以出陈;不和于陈,不可以进战;不和于战,不可以决胜。是以有道之主,将用其民,先和而造大事。”②

吴起认为战争的胜负取决于民心和士心的向背。执政者只有在得“民心”、得“士心”的前提下,才能战胜攻取。“民知君之爱其命,惜其死”,才会在临阵作战时,“则士以进死为荣,退生为辱矣”。认为圣主明君,对于老百姓必须“绥之以道,理之以义,动之以礼,抚之以仁。此四德者,修之则兴,废之则衰”。

吴起说:“凡制国治军,必教之以礼,励之以义,使有耻也。”

吴起在回答魏武侯问时又说:“古之明王,必谨君臣之礼,饰上下之仪,安集吏民,顺俗而教,简募良材,以备不虞。”

吴起认为,战争的胜负由政治的好坏决定。他说:“君能使贤者居上,不肖者处下,则阵已定矣;民安其田宅,亲其有司,则守已固矣;百姓皆是吾君,而非邻国,则战已胜矣。”③

他在《图国》篇中提出了一个极其深刻的观点:“天下战国。五胜者祸,四胜者弊,三胜者霸,二胜者王,一胜者帝。是以数胜得天下者稀,以亡者众。”这就是以政治家的深邃眼光,总结战争给国家和人民带来的深重灾难,这个观点对于今天世界各国的政治家与军事家来说,具有极好的借鉴作用和现实意义。吴起

---

①②③　《吴子·图国》。

是兵家，他的军事理论中，有着很浓重的儒家思想，这也正可看出他的思想渊源。

吴起认为战争的支撑点在于政治，他提出兵不在于多寡，而在于“以治为胜”。他说：“若法令不明，赏罚不信，金之不止，鼓之不进，虽有百万，何益于用？”[①]又说：“发号布令而人乐闻，兴师动众而人乐战，交兵接刃而人乐死。此三者，人主之所恃也。”[②]士卒之所以“乐闻”、“乐战”、“乐死”，就是因为上面的法令明，赏罚信，形成了极大的凝聚力，全国有着统一的意志，全军有着统一的步伐，故能“战无强敌，攻无坚阵”。[③]

吴起在作战原则上，主张“审敌虚实”，“因形用权”，对敌人的长处短处，尽量做到了如指掌。

在《料敌》篇中，吴起深刻地分析了齐、秦、燕、楚及三晋的得失，然后根据各国的民性、国情、地形的不同，分别采取不同的对策，以达到各个击破的目的。同时还详细列举了“击之勿疑”的八种情况，“避之勿疑”的六种情况，以及“急击勿疑”的十三种情况。

一句话，就是要善于寻找敌军的弱点作为突破口，善于回避敌军的优势兵力以保全自己，所谓“见可而进，知难而退也”。他在进攻和退避中，都强调一个“急”字，即要抓住时机，当机立断，否则就要贻误军机，使自己陷于被动。

在《治兵》篇中，吴起强调说：“用兵之害，犹豫最大；三军之灾，生于狐疑。”他虽然善于用兵，但他在战争中，总是把“务悦民心”放在首要的地位。他在《应变》篇中又强调说：“兵之所至，无刊其木，

---

① 《吴子·治兵》。
② 《吴子·励士》。
③ 《吴子·应变》。

发其屋,取其粟,杀其六畜,燔其积聚,示民无残心。其有请降,许而安之。”不掳掠百姓,不虐待俘虏,都是为了树立一面“仁义之师”的大旗。他认为兵凶战危,即使屡战屡胜,也不一定是好事。

吴起在《论将》篇中,特别提到将才在战争中的重要地位。他说:“夫总文武者,军之将也;兼刚柔者,兵之事也。”他认为一个良将,必须具有“总文武”、“兼刚柔”的品质,指出“凡人论将,常观其勇。勇之于将,乃数分之一尔”。但是勇而无谋,必然要坏事的。一个良将必须具有理、备、果、戒、约五种能力。“理者,治众如治寡;备者,出门如见敌;果者,临敌不怀生;戒者,虽克如始战;约者,法令省而不烦。”

吴起又说,凡用兵还要善于抓住四种契机,即气机、地机、事机和力机。气机就是要善于调动三军的士气,地机就是要善于抢占有利的地形,事机就是要善于破坏敌人的团结,力机就是要善于发挥武器的作用。

最后,他概括说:“然其威、德、仁、勇,必足率下安众,怖敌决疑,施令而下不犯,所在寇不敢敌。得之国强,去之国亡,是谓良将。”①

三、孙膑和《孙膑兵法》

孙膑(前380—前321年),战国军事家,齐国(今属山东)人,著名的军事家孙武的后裔。据说他曾与庞涓同在鬼谷子②门下学

① 《吴子·论将》。

② 姓名不详,因其居于鬼谷,故被称为鬼谷先生。

习兵法。

庞涓仕于魏，被惠王用为将军，“自以为能力不及孙膑”，设法秘密召孙膑至魏，陷之于法，膑其双膝盖骨，人们因而称其为“孙膑”。

后孙膑在齐国使者帮助下，偷偷地逃回齐国，齐将田忌待之以上宾。

田忌与齐国诸公子赛马赌金，孙膑教田忌用自己的上驷与对方的中驷比，中驷与下驷比，下驷与对方上驷比，结果两胜一负，赢得千金。

其后，田忌将孙膑推荐给齐威王，威王欲以为将，膑以“刑余之人不可”相辞，乃以田忌为将，而以孙膑为军师，“居辎车中，坐为计谋”。

其时，魏伐赵，赵求救于齐，孙膑以“围魏救赵”之计，在桂陵(今河南长垣西)大破魏军。

十三年后，魏与赵联军攻韩，韩告急于齐，齐使田忌将兵直逼大梁。庞涓不得不退兵追齐。孙膑又用“减灶”之计，即第一天为十万灶，第二天减为五万灶，第三天又减至三万灶，魏将庞涓误以为齐军怯懦，三天之内，逃亡过半，乃以轻骑兼程追逐齐军，孙膑估计庞涓的追兵黄昏时节当到达马陵(今河南大名东南)，乃于山下必经之路刨去大树主干之皮，大书“庞涓死于此树之下”，并使齐军善射者万弩，夹道设伏，与之约曰：“暮见火举而俱发箭。”庞涓果夜至树下，见白书，举火读未毕，齐军万弩俱发，庞涓自知智穷兵败，乃自刭曰：“遂成竖子之名！”齐因乘胜追击，掳魏太子申以归。“孙膑以此名显天下，世传其兵法。”①

---

① 此事俱见司马迁《史记·孙子吴起列传》。

《孙膑兵法》,亦称《齐孙子》 《汉书·艺文志》载:“《齐孙子》八十九篇,图四卷。”班固将齐孙子与吴孙子并列,认为《孙子兵法》与《孙膑兵法》不是同一本书。《隋书·经籍志》不见著录,学术界长期以为两个“孙子”实际上是一人,《孙子兵法》和《孙膑兵法》是一部书。

1972年,山东临沂银雀山汉墓同时出土《孙子兵法》和《孙膑兵法》两书的竹简,才结断了这一宗历史公案,失传两千多年的兵书重新面世。该书分为上、下编。《上编》通过孙膑与威王、田(陈)忌的问答,揭示了战争的规律。《下编》大概是他看到齐相邹忌和将军田忌的矛盾日益激化,知道齐国不足与为,乃辞官归隐,退而与其徒研究军事学的成果。

孙膑见威王说:“昔者,神戎(农)战斧遂;黄帝战蜀禄(涿鹿);尧伐共工;……汤放桀;武王伐纣;帝(商)奄反,故周公浅(践)之。故曰,德不若五帝,而能不及三王,智不若周公,曰我将欲责(贵)仁义,式礼乐,垂衣常(裳),以禁争挠(夺)。此尧舜非弗欲也,不可得,故举兵绳。”

首先,在战争观上,他引用古代“五帝”、“三王”用兵攻取的历史故事说明战争不可避免,只有“战胜而强立”,只有“举兵绳之”,才能解决问题。在各国以武力相拼的时代,只把希望建立在“责(贵)仁义,式礼乐,垂衣常(裳),以禁争挠(夺)”,是行不通的。

但是,孙膑主张慎战。他说:“夫兵者,非士(恃)恒势也。此先王之传道也。战胜则所以存亡国而继绝世也。战不胜,则所以削地而危社稷也。是故兵者不可不察。然夫乐兵者亡,而利胜者辱。兵非所乐也,而胜非所利也。事备而后动。”①

① 以上引文见《孙膑兵法·见威王》。

他始终强调,战争的胜负,在民心的向背,在民众是否拥护。

孙膑提出"间于天地之间莫贵于人"。他说:"其富在于亟归,其强在于休民。"又说:"知道,胜;得众,胜。"[①]还说:"内得其民之心,外知敌之情"[②],"赏未行,罚未用,而民听令者,其令民之所能行也。赏高罚下,而民不听其令者,其令,民之所不能行也。"[③]

孙膑全书中,提出作战要"知道"的地方有数十处之多,什么是他说的"道"呢?就是指战争的战略原则和作战的客观规律。

如《八阵》中说:"知道者,上知天之道,下知地之道,内得其民之心,外知敌之情。阵则知八阵之经,见胜而战,弗见而诤,此王者之将也。"这里道指天时、地利、人和。

《势备》中又说:"凡兵之道曰:曰阵、曰势、曰变、曰权。察此四者,所以破强敌,取猛将也。"这里的道指阵、势、变、权。

他说:"威王问九,田忌问七,几知兵矣,而未达于道也。"[④]

他所说的"道",在于准确地掌握战争的客观规律,根据形势的变化,牢牢地掌握战争的主动权,灵活地调动人的主观能动性,把战争一步一步引向胜利。"道"就是胜利的法宝。

孙膑又提出了一系列的战略原则,如"必攻不守"的原则。这是主动进攻战略。田忌问孙膑"兵之急者"是什么?孙膑回答:"夫赏者所以喜众,令士忘死也。罚者所以正乱,令民畏上也。可以益胜,非其急者也。""夫权者,所以聚众也。势者,所以令士必斗也。谋者,所以令敌无背也。诈者所以困敌也。可以益胜,非其急者

① 《孙膑兵法·篡卒》。
② 《孙膑兵法·八阵》。
③ 《孙膑兵法·奇正》。
④ 《孙膑兵法·威王问》。

也。”田忌提出此六者，皆善者所用，而孙膑是“非其急者也，然则其急者何也”？孙膑回答：“必攻不守，兵之急者也。”

孙膑又提出“让威”和“分兵”及“以寡敌众”的原则。

所谓“以寡敌众”。孙膑提出：“以一击十，有道乎？”孙膑指出诸如“让威”不硬拼战略思想。所谓“让威”，实际上就是“后发制人”，以避开敌人的锐气，增长敌人的骄志，即“告之不敢，示之不能”，“以骄其意，以惰其志”。[1]孙膑说：“敌人众能使寡，积粮盈军能使饥，安处不动能使劳。”[2]又说：“富未居安也，贫未居危也，众未居胜也。”[3]说明众寡、饱饥、劳佚、贫富、安危、胜负，都是可以转化的，只要真正掌握战争的规律，灵活地加以运用，就可以变被动为主动，化劣势为优势。这就是孙膑的战略原则。

所谓“分兵”，就是要分散敌人的兵力，而把自己的优势兵力集中起来，把敌人的强势变为弱势，把自己的弱势化为强势。他说：“能分人之兵，能安(按)人之兵，则锱铢而有余。不能分人之兵，不能安人之兵，则数负(倍)而不足。”[4]而这一些都建立在互相转化的朴素辩证法思想之上。

孙膑认为战争的胜负，系于将帅的是否得人，所以他花了较多的笔墨来论将。他认为作为一个将军，要具备义、仁、德、信四种品质。

他在《将义篇》中说：

> 将者不可以不义，不义则不严，不严则不威，不威则卒弗死。故义者，兵之首也。将者不可以不仁，不仁则军不克，军

---

① 《孙膑兵法·威王问》。

② 《孙膑兵法·善者》。

③④ 《孙膑兵法·客主人分》。

不克则军无功。故仁者，兵之腹也。将者不可以无德，无德则无力，无力则三军之利不得。故德者，兵之手也。将者不可以不信，不信则令不行，令不行则军不转，军不转，则无名。故信者，兵之足也。

他把将的义、仁、德、信看作军队的首、腹、手、足，其重要性便可以想见了。

将军的“仁”就是对待士卒，要“(视之如)赤子，爱之若狡童，敬之若严师，用之若土芥”。将军的“信”就是要“赏不逾日，罚不睘(还)面”。①

他列举二十种情况要招致失败，包括将军的“不能而自能”、“骄”、“贪位”、“贪财”、“寡勇”和“寡决”等。②

有三十二种情况会招致将军的失误，陷于“可败”的局面，包括“是非争，谋事辩讼”，“令不行，众不壹”，“下不服，众不为用”，“民苦其师”，“师老”，“多疑”，“恶闻其过”等等。③

对于将领的要求、选拔和任用关系到“安万乘国，广万乘王，全万乘之民命”④，一定要审慎从事，不可掉以轻心；而将领在见危受命的时候，也要善于“择君”，“不得主，弗将也”。

他在分析“恒胜”、“恒败”的各五种情况时说：“恒胜有五：得主专制，胜；知道，胜；得众，胜；左右和，胜；量敌计险，胜。”这是“恒胜”的五个条件。

又说：“恒不胜有五：御将，不胜；不知道，不胜；乖将，不胜；不

① 《孙膑兵法·将德》。
② 《孙膑兵法·将败》。
③ 《孙膑兵法·将失》。
④ 《孙膑兵法·八阵》。

用间，不胜；不得众，不胜。”[①]这是“恒败”的五个条件。

无论是“恒胜”，还是“恒败”，第一条都是说人君对待将领的态度，是军事上全权委托、完全信任，还是进行遥控、横加干涉，是决定战争胜负的首要条件。

① 《孙膑兵法·篡卒》。

第十五章　阴阳、纵横、名、杂诸家

一、阴　阳　家

《汉书·艺文志》:“阴阳家出于羲和之官”(掌观象授时)。

敬顺昊天,历象日月星辰,敬授民时,是其所长;其缺点则为舍人事而任鬼神。战国末期,齐国的邹衍(驺衍)是这一派的领袖。

驺衍,齐国人,齐地滨海,其人较多新异见闻。孟子、庄子均以齐人为悠眇之言,荒诞之说。孟称“齐东野人之语”,庄说“齐谐志怪”,都以为地理是影响人们思想的因素。

他周游列国,到过魏、赵、燕等国,以阴阳五行游说诸侯,备受礼遇和尊重。

驺衍创大九州之说,以为中国只是大世界的八十一分之一,在这九州之中,叫赤县神州。九州之外,环以大海。齐人叫他“谈天衍”。

驺衍还创为“终始五德”之说。此说以五行为五种天然的势力,每种势力都有盛衰。当其盛时,天道人事受其支配。及其已衰,自有胜而克之者取代。木胜土,金胜木,火胜金,水胜火、土胜水。循环往复,没有停止。每一朝代,都代表一“德”,虞为土德,夏为木德,殷为金德,周为火德。每一朝代的服色,都须与此相应。

这是一种神秘的历史观,汉人受此影响。①

二、纵　横　家

《汉书·艺文志》:"纵横家出于行人之官"(掌使节来往)。

《汉志》有十二家,苏秦、张仪为首。

秦国强盛,首先受到威胁的是三晋。《史记》有《苏秦列传》、《张仪列传》,述此二人之思想活动甚详。

苏秦,游说合纵,最后,"六国纵合而并力","秦(苏秦)为纵约长,并相六国"。司马迁以为"其术长于权变","苏秦起自闾巷,连六国纵亲,此其智有过人者"。

张仪,是连横的主张者,游说六国使事秦。他早年游楚,楚相亡璧,怀疑是他偷的,被抓狠狠地打了一顿。他妻子劝他再也不要干游说的行当,免得被人侮辱。张仪问妻子:"我的舌头还在吗?"他妻子笑了,说:"还在。"张仪说,"在,就行"。

苏秦、张仪的老师都是鬼谷子。

三、名　　家

《汉书·艺文志》:"名家出于礼官"(掌仪节)。

《汉书·艺文志》上说:"古者名位不同,礼亦异数。"孔子主张正名,名家在这方面可以说是专家。《战国策》引苏秦的话说:"夫

① 此处依冯友兰先生说,可参见冯友兰:《中国哲学史》(上册),中华书局1961年版,第202页。

形名之家,皆曰白马非马也。”名家著作,现在流传的有《邓析子》、《尹文子》和《公孙龙子》,只有《公孙龙子》不是伪书。名家是汉人的称呼,战国时叫“刑名之家”,或谓之辩者。

名家的出现是百家争鸣的需要。学派的争论需要规则,而名家正是研究辩论规则应运而生的。

战国名家的主要代表人物当推惠施和公孙龙二人。

惠施(约前370—前310年),战国时宋人,他曾做过梁惠王的相,是一位有名的政治家,他又是庄子的好朋友,二人经常讨论思想、学术方面的问题。

惠施为战国时代“名辩”思潮中的思想巨子,与公孙龙共同将名辩学说推向顶峰。

庄子《天下篇》引了不少辩者的言论,还说“惠施多方,其书五车”。

荀子《解蔽篇》、《非十二子篇》也说到惠施,以为“惠子蔽于辞而不知实”,用现代的语言说出来,就是说,惠施看到了一般,没有看到(具体的)个别。

据《汉书·艺文志》所载,惠施著有《惠子》一篇,但早已亡佚不可考。其言行及思想散见于《庄子》、《荀子》、《韩非子》、《吕览》等先秦诸子的著作中,以及《战国策》等史料中。其中尤以《庄子》记述最完备。庄子与惠施交情深远,记录其与惠施的数次争辩以及惠施的主要名辩思想“历物十事”。

“历物十事”见于《庄子·天下篇》,由于没有作者本人的评述,所以几千年来,对其理解众说纷纭,不能定论。现就“历物十事”略解如下:

(一)至大无外,谓之大一;至小无内,谓之小一

大一,指的是无限宇宙;小一,则相当于几何学上的点。宇宙是无限的。大一、小一是和几何学相联系的。章太炎说:“点为无内,故曰至小。体可无外,故曰至大。”①历物之首,先明宇宙之原理。章太炎认为,惠施意在说明“在数量上是不可测量的,因此所有的测度都是虚幻的”。而如果一切测量是虚幻的,那么“至大”和“至小”就没有真正的区别了,即“大一”就是“小一”。这种说法的合理性在于与惠施在历物十事中的一贯思维是一致的。西方哲学界,如库萨的尼古拉在《论有学识的无知》一书,便极力论证“极大”就是“极小”,两者是完全一致的。惠施的这种论点在历物中非常重要,是其他论点存在的先决条件。

(二)无厚,不可积也,其大千里

这里,包含几何学知识。平面几何上的面积,没有厚度,没有体积,故不可积。但作为面积,其可大至于千里。冯友兰先生说:“无厚者,薄之至也。薄之至极,至于无厚,如几何学上所谓‘面’。无厚者不可有体积。然可有面积,故可大千里也。”②

(三)天与地卑,山与泽平

讲了“其大千里,无厚”之后,就引出惠施重要观点“天与地卑,山与泽平”,这个命题讲高低的相对性,这里又包含着惠施的平等思想。

这个论断是有针对性的,《易·系辞》开宗明义:“天尊地卑,乾坤定矣。卑高低陈,贵贱位矣。”

惠施否定“天尊地卑”,而提出“天与地卑”,实际上便是否定了“贵贱”天定的说法,这才是他真正要阐明的看法。

---

① 章太炎著:《国学略说》,上海文艺出版社 2001 年 1 月版,第 194 页。

② 参见程应镠:《流金集·国学讲演录》,上海古籍出版社 1995 年 2 月版,第 237 页。

惠施的政治主张中有“去尊利民”的思想，他是古代为数不多的否定君主制的思想家之一，所以梁启超赞扬其为“主张绝对的平等论”。

（四）日方中方睨，物方生方死

前三论点是关于空间的。此论是讲时间，时间是哲学家最感困扰的问题。孔子曾发出“逝者如斯乎”的感叹。

“日方中方睨”，说明时间的相对性，时间是长流不息变动不居的，根本就没有一个“定”字。

“物方生方死”不能解作生命的生死问题，应理解为万物的生灭，物体的任何改变，都可看作生，这种生必然是由其他的灭转化生成的。这里讲的是宇宙万物的生生不已的思想。

（五）大同而与小同异，此之谓小同异；万物毕同毕异，此之谓大同异

先讲“万物毕同毕异，此之谓大同异”，万物的差异是绝对的，在空间上和时间上，都是在变化之中，但既然变化，时时刻刻在生灭中，此时的物体已不同于刚才的物体，根据“日方中方睨”的法则，物体的变化随时间变迁不居，根本就没有一个固定的形态，这就是万物的毕同性（正如把握不住日中一样，实际上也把握不信物体的现在）。小同异则是指人的经验认识，对事物妄起分别而产生的同异观。

（六）南方无穷而有穷

这里讲空间方位的无限和有限。这里似乎讲地圆说。惠施是不是已经发现大地是球形的？这三条是根据地圆说论空间的。因为地圆故南方无穷而有穷。

（七）今日适越而昔来

《周髀算经》云：“东方日中，西方夜半；西方日中，东方夜半。”

经度不同的地方时间不同，东西半球子午线相对的地方昼夜相反。因此“今日适越”而越之极西则昨日已到越了。

（八）我知天下之中央，燕之北，越之南是也

燕在中国北部越在中国南部，燕之北，越之南是极北极南的地方。而曰天下之中央者，因为地球是圆的，球面任一点都可以是球的中央。

（九）连环可解也

此论点为最难解之问题，章太炎引《国策》解连环法，认为解连环是用铁锤敲碎[①]，这种解释毫无深义，所以胡适也认为“关于连环可能是最没意义的”[②]，更有甚者，有人认为这种解连环的只是一种“辩解”[③]。

郭沫若解释说：“庄子所谓‘得其环中以应无穷’，连环如各得环中以运，则彼此不相拘束，是不解而自解了。”[④]后来，他又写《惠施的性格与思想》，否认了这种提法。连环各是独立的，在空间上是可分的，而不是相连的，举例说明，人有连体儿，这就存在“解”的问题，如若是两个人手挽手，则不存在“解”的问题，为何？我为我，彼为彼，自身是独立，哪有什么要“解”。

（十）泛爱万物，天地一体也

这一句中也隐含对第九个论点的解释：天地一体，何来天下中心。更令人坚信对第九个论点判断的正确性。这个论点是对历物

---

① 章太炎著：《国学略说》，上海文艺出版社 2001 年 1 月版，第 195 页。

② 姜义华主编：《胡适学术文集·中国哲学史下册》，中华书局出版社 1991 年 12 月版，第 863 页。

③ 杨俊光：《惠施评传》。

④ 郭沫若：《十批判书》，科学出版社 1956 年 10 月版，第 267 页。

的总结，也是惠施思想最深刻、最超人格处。儒家讲“仁”，仁者爱人，但是有差别的爱，体现在“五伦”上；墨家讲“兼爱”，是无差别的爱，但只是对于人类自身；惠施的“泛爱”，包纳天地万物，实为超越儒墨，与佛家的“无缘大慈，同体大悲”义趣相同，遥相呼应。可以说，只凭这一句，惠施便理应在中国哲学史中留名千古了。①

公孙龙(约前325—前250年)，战国时赵人，曾做平原君的门客，主张偃兵、兼爱，和墨家相同。

他也是战国中期的名家代表人物，留有《公孙龙子》六篇。他这一派不重个体而重根本，他说概念有独立分离的存在。他的主张有“白马非马”和“离坚白”。

公孙龙最著名的学说就是“白马非马”，即“白马论”。

公孙龙是怎样论证“白马非马”呢？

他说：“马者所以命形也，白者所以命色。命色者非所以命形也，故曰：白马非马。”

他论证“白马非马”说：马是形状，白是颜色。说颜色不同于说

---

① 惠施的历物十事，不是简单的理论堆砌，而是有系统的，而且也是有目的的。先举宇宙原理：“至大无外，谓之大一，至小无内，谓之小一。”这是基本空间观念，引出“无厚”的概念，既然无厚，自然“天与地卑，山与泽平”，进而包含对贵贱天定理论的抨击。继空间阐述后，进而举时间原理“日方中方睨”，由时间的流动不居引出事物的变迁不定，所以有“同异”之说。至此前五点为基本原理部分，以下为四个例证，“南方无穷有穷”证空间原理；“今日适越昔来”证时间原理；“连环可解”证“同异”原理；“天下中央燕之北越之南”突兀其平等、去尊的核心理念。

最后以“泛爱万物，天地一体”总结其为学的精髓所在，义理所归。惠施仅因庄子而得以传其学问，现无法深悉其貌，惠施学问，庄子虽有微言，却崇敬有嘉，惠施死后，庄子慨叹道：“自夫子之死也，吾无以为质矣，吾无与言之矣！”

这十个命题，由于没有保留当时的论证过程和辩论情景，现在对它们的真正思想和实际意义都缺乏切实的了解，只好仁者见仁，智者见智，各抒己见，莫衷一是。

形状,所以白马非马。要马,给黄马、黑马都可以,要白马,给黄马、黑马就不行,如果白马就是马,那么为什么给黄马、黑马就不可以呢?白色加马形为白马。马没有颜色要求,白马有颜色规定,所以白马非马。

马是一般,白马是个别,公孙龙指出了个别和一般相互排斥的一面,但他却把它夸大了。

有人问:马圈里有没有白马?答没有。又问:有没有马?答有。同一马圈,没有白马,却有马。说明白马与马是两回事。所以白马非马。

公孙龙的论证,不是在逻辑的种属关系上加以论证,而是把具体事物分成不同属性加以论证。

又解释"离坚白"。他对一块石头也采取这种分离的办法,将石头分离为坚硬、白色、石头,所以有"离坚白"之说。如一块坚而白的石头,看的时候,只见白,没有坚;摸的时候只觉坚,不见白。所以白性与坚性两者是分离的。天下白的东西很多,坚的东西也很多,有白而不坚的,也有坚而不白的。可见白性与坚性是分离的,这就叫作"离坚白"。

《公孙龙子》有北宋谢希深的注。陈柱集清人研究之大成,作《公孙龙子集解》。近人谭戒甫作《公孙龙子形名发微》,其第七篇《流派》对《公孙龙子》这部书的源流考证甚详。

四、杂　　家

《汉书·艺文志》:"杂家出于议官"(掌谏议)。

《汉书·艺文志》上说杂家"兼儒、墨,合名、法"。

何谓“杂”？

有系统、有宗旨、成专门学术的，可称之为家，所谓杂家，就是杂采诸家之言而成。

如，《吕氏春秋》是杂家的一部代表之作。

《史记·吕不韦列传》说：“是时，诸侯多辩士，如荀卿之徒，著书布天下。吕不韦乃使其客人人著所闻，集论以为八览，六论，十二纪，二十余万言。以为备天地古今之事，号曰《吕氏春秋》。布咸阳市门，悬千金其上，延诸侯游士宾客有能增损一字者予千金。”

后来又有《淮南子》，也是杂家之著。

《汉书·艺文志》有《淮南内二十一篇》、《淮南外三十三篇》，颜师古曰：“内篇论道，外篇杂说。”

《汉书·淮南王安传》云：“淮南王安为人好书，鼓琴。……招致宾客方术之士数千人，作为内书二十一篇，外书甚众，又有中篇八卷，言神仙黄白之术，亦二十余万言。”

现存的《淮南子》即内书二十一篇，其他均已佚去。高诱为之注，他以为此书原名《鸿烈》，“鸿，大也；烈，明也；以为大明道之言也”。

这部书是在中国统一的时候著的，但刘安及其左右，以为各家都有所长，不可专宗一家。因之此书兼有各家之长，而以道家思想为主。

高诱注《淮南》，许慎亦注《淮南》。许注今不存。商务印书馆有刘文典的《淮南鸿烈集解》，胡适曾为之作序，颇受读者赞许。

下篇 史学略说

一、史是什么

史字的本义原是一种职名,《说文解字》说:“史,记事者也。从又,持中;中,正也。”段注:“君举必书,良史书法不隐。”

《周礼》天官宰夫说:“史,掌官书以赞治。”

前一说,史是一种作史记事的官,负责书写,而且是执笔记事坚持中正不阿的人。

后一说,以史为负责保管官书的,即古代管理史书的官。史,又类似今天的图书馆馆长。老子为柱下史,即此职务。

史的原初意义是记事之官,在国君左右,国君有所言行,史就据实持正书之,无所隐讳,无所偏颇。

史为什么会成为官名呢?因为古代一切学术,皆掌于官,民间不得私相传授。又,史亦为学术之一,所以也立官以掌,而成为一种官名。古时民间不能私撰“史”,也不能收藏“史”书,即因有官的缘故。

由于史是记事的官,故后人称他们所记的也作史。这就是史的来源。史是一种记事文。相传人类知道记事,远始于结绳的时代,所以结绳是中国最古的史。但结绳的制度已不传,所以中国真正有史的年代,似乎要后移。

我国古代的史既为史官所作,那么史的起源,当在史官之后。考中国之有史远在黄帝时代。许慎《说文解字》说:“黄帝之史仓颉,知鸟兽蹄迒之迹,知分理之可相别异,初造书契。”黄帝命仓颉为左史,沮颂为右史。

《礼记·玉藻》说:“动则左史书之,言则右史书之。”此为记载史的开始。到了周代,史职已分科。据《尚书》、《国语》、《左传》诸书所载,有太史、小史、内史、外史、左史、右史等。他们的职务是:“太史掌国之六典,小史掌邦国之志,内史掌书王命,外史掌书使乎四方,左史记言,右史记事。”

周衰政敝,到春秋时代,诸侯各国都有史官。鲁有太史,齐有南史,楚有左史,晋有太史及左史,职名虽不同,职务都是掌管史事。如在齐有太史简,在晋有董狐笔。

诸侯各国也都有史书,如“晋之《乘》,楚之《梼杌》,鲁之《春秋》”,现在流传的《左传》、《国语》、《逸周书》、《战国策》都是当时的历史。

孟子说“孔子作《春秋》而乱臣贼子惧”。一褒一贬,这就是所谓的《春秋》之义。司马迁《孔子世家》所论,“《春秋》之义行,则天下乱臣贼子惧焉”,即本于此。孔子也是很重视史料的,他说:“夏礼吾能言之,杞不足征也;殷礼吾能言之,宋不足征也;文献不足故也,足,则吾能征之矣。”他认为历史是有继承关系的,夏殷周都是相因的,其所“损益”也是可以认识的。孔子对于历史的看法,影响后世很大。

古今史学家,为史学下过定义的,不知道有多少。

司马迁并没有给历史下定义，但他说了他作《史记》的目的和指导思想："究天人之际，通古今之变，成一家之言。"

班固也没有为历史下定义，但他批评了司马迁，说司马迁"论大道则先黄老而后六经，叙游侠则退处士而进奸雄，述货殖则崇势利而羞贫贱"。从这种自述和批评中，我们可以看到他们两人对历史的看法。

梁启超给"历史"下了一个定义，他说："史者何？记述人类社会赓续活动之体相，校其总成绩，求得其因果关系，以为现代一般人活动之资鉴者也。"这个定义，接触到了史学的一些实质性问题。他还说："中国于各种学问中，惟史学为最发达；史学在世界各国中，惟中国为最发达。"①

程应镠先生说："凡是已经过去了的事都是历史，人们记载下来的则是写的历史。写的不一定和过去的相同。历史和写的历史不是完全一致的，甚至差得很远，完全相反。"②我觉得他说得很明白，也很透彻。

二、史籍的体裁分类

史的来源虽然很古，但在晋以前，史学还没有被视为独立的学问。

早在《汉书·艺文志》里，班固就将历史典籍进行分类归入"六艺略"。

班固采取刘向、刘歆父子图书分类法，把典籍分为七类，名为

---

① 梁启超著：《中国历史研究法》，华东师范大学出版社1995年12月版，第1页。

② 程应镠：《流金集·史学通说》，上海古籍出版社1995年版，第167页。

《七略》:《辑略》、《六艺略》、《诸子略》、《诗赋略》、《兵书略》、《术数略》、《方技略》。

班固将历史类的典籍,如:《左传》、《国语》、《世本》、《战国策》及《史记》附入《六艺略·春秋》的后面,那时的历史的地位列得很高,但只是经的附属。

史学是在晋代才真正独立起来的。

荀勖撰《中经簿》,分古今书籍为甲、乙、丙、丁四部,史为丙部,自此史学独立。

到《隋书·经籍志》才将史部书籍分为十三类。[①]

一正史,《史记》、《汉书》属之。

二古史,编年者属之,如荀悦《汉纪》、袁宏《后汉纪》是。所以称古史者,既以本纪、列传为正史,则《春秋》之体纯为编年者,不得不称古史也。

三杂史,既非本纪,又异编年,《逸周书》、《吴越春秋》、《战国策》之类皆属焉。《隋书》作者云:"汉初,得《战国策》,盖战国游士记其策谋。其后陆贾作《楚汉春秋》……其属辞比事,皆不与《春秋》、《史记》、《汉书》相似,盖率尔而作,非史策之正也。"

四霸史,记载割据僭窃,不成正统者属之。今存者惟《华阳国志》,《十六国春秋》之类。

五起居注,帝王每日一言一动,均被记下来。汉武帝有《禁中起居注》,后汉明德马后撰《明帝起居注》,今存者只有《穆天子传》,为汲冢书。

---

① 参见章太炎:《国学讲演录·史学略说》,华东师范大学出版社 1995 年版,第126—129 页。

六旧事，杂记典章制度、帝王臣下之事，如《汉武帝故事》。

七职官，昉于《周礼》，《隋书》以《汉官解诂》、《汉官仪》开端。

八仪注，以《汉旧仪》为首。

九律令，记历朝法律之作，不甚完备，《隋志》以《晋律》开端。

十杂传，这一类书，多记郡国之事。“魏文帝作《列异》，以序鬼物奇怪之事，嵇康作《高士传》，以叙圣贤之风。推其本原，盖亦史官之末事也。今取其见存，部而类之，谓之杂传。”①今存者惟《列女传》（刘向著，曹大家注）、《高士传》、《高僧传》（释慧皎）、《法显传》。

十一地理，地理书著录无几。单记一方者，曰图经，如《幽州图经》、《齐州图经》是。其记全国者，则有炀帝时所定之《区宇图志》，其后有唐之《元和郡县志》，宋之《太平寰宇记》、《元丰九域志》。

十二谱系，此是姓氏之学。东汉以后，中国社会兴起了士族大门第，直到唐代，谱系之学因时而起。②

十三簿录，就是我们现在称作目录的书，《七略》、《别录》（刘向），挚虞《文章志》之类属焉。

以上十三类，可见我国史学历东汉魏晋南北朝，有较大的发展。《隋书》论云：“自史官废绝久矣，汉氏颇循其旧，班、马因之。魏晋以来，其道逾替。南董之位，以禄贵游，政骏之司，罕因才授。”“一代之记，至数十家，传说不同，闻见舛驳，理失中庸，辞乖体要。”

在作者心目中，今不如古，《春秋》远胜于《史》、《汉》，《史》、《汉》之后，因为史不得其人，作者遂多，而作品也远逊于班、马了。

---

① 转引自程应镠：《流金集·国学讲演录·史学通说》，上海古籍出版社1995年版，第170页。

② 钱穆：《中国史学名著·综论东汉到隋史学演进》，三联出版社2000年版，第100页。

其实陈寿的《三国志》,范晔的《后汉书》,一在西晋,一在刘宋,可以与《史记》、《汉书》并列。

《四库全书》按经史子集分类,将史籍为十五类。

正史、编年、纪事本末、别史、杂史、诏令奏议、传记、史钞、载记、时令、地理、职官、政书、目录、史评,这就又大大超越隋唐了。自此以后,目录学家虽有分合,但大都不能超过这个名目的范围了。

其中的"纪事"类是新的,"目录"中的"金石"也是新的。各类图书,今均存世。"史评"类中,《史通》、《唐鉴》,是后来的巨制。四库书未列著,学者可于《书目答问》中求之。

三、史书的体例

我国史书的分类,已如上述。

中国历史有三种体裁:

第一种注重年代,系编年体。每件事按年代编排,这就是《春秋》。孔子《春秋》是中国古代第一部编年史。《左传》是我国最详密的编年史。

第二种注重人物,系纪传体,把人看成历史的中心,这是从司马迁的《史记》开始的。

第三种是重事的,又称记事本末体,把一件一件历史大事记下来,像《尚书》。

刘知幾所谓"六家"中重要的"二体"[①],即是指以《史记》为代

① 六家即尚书家、春秋家、左传家、国语家、史记家、汉书家;二体即编年体、纪传体。此说系刘知幾所创。

表的二十四史是纪传体正史和以《春秋》、《左传》、《资治通鉴》为代表的则是编年体通史。

自《史记》出中国始有纪传体史书。纪传体史书以人物为主线，这是我国史学的一个传统。《汉书》之后，断代为史，至宋定为十七：

《史记》、《汉书》、《后汉书》、《三国志》、《晋书》、《宋书》、《南齐书》、《梁书》、《陈书》、《魏书》、《北齐书》、《北周书》、《隋书》、《南史》、《北史》、《新唐书》、《新五代史》。

清代史学家王鸣盛作《十七史商榷》。

明合《宋》、《辽》、《金》三史及《元史》，称二十一史，至清增《明史》，为二十二史。

钱大昕作《二十二史考异》，赵翼作《二十二史劄记》，即本于此。后增入《旧唐书》、《旧五代史》，称二十四史。《新元史》出，复称二十五史。开明书店印二十五史，商务印务馆有《二十五史人名索引》。

这纪传体的二十四史，一般被称作正史。正史也称纪传，以人物为主，即二十四史，有私家的著作，但主要为官修。若问：一部二十四史从何说起？答曰：从司马迁的《史记》说起。

第十六章　正　　史

《史记》一百三十卷　司马迁，字子长，西汉左冯翊夏阳（陕西韩城县）、龙门山麓芝川镇人，西汉景帝中元五年（公元前145年）生。司马迁的父亲司马谈在汉武帝时长期担任太史令，负责编写国史，掌管皇家图书、天文历法、祭祀大典。他的渊博的学问对司马迁成长有巨大影响。父亲去世后，他受命继父为太史令，时年二十八岁。

司马迁为什么要写《史记》呢？

司马谈写过《论六家要旨》，对先秦学术作了精辟的评论，有感于自孔子作《春秋》后，历史无人承前启后，汉兴以来的"明主、贤臣、忠臣、死义之士"的事迹无人记载，他临终时对司马迁说："今汉兴，海内一统，明主贤君忠臣死义之士，余为太史而弗论载，废天下之史文，余甚惧焉，汝其念哉！"①

司马迁生活在这个家庭里，十岁便能诵读古文，学天官于唐都（方士），受《易》于杨何，习道论于黄子。又学《古文尚书》于孔安国，学《公羊春秋》于董仲舒。又为人慷慨有气节，尝遍游名山大川。

司马迁自己说："先人有言，'自周公卒五百岁而有孔子，孔子卒后至于今五百岁，有能绍明世，正《易》传，继《春秋》，本诗书礼乐之际'？意在斯乎！意在斯乎！小子何敢让焉。"②

在《报任安书》中，司马迁说："仆窃不逊，近自托于无能之辞，

①② 《史记·太史公自序》。

网罗天下放失旧闻，考之行事，稽其成败兴坏之理，凡百三十篇。亦欲以究天人之际，通古今之变，成一家之言。”

从今天的观点看，司马迁的《史记》保留了从西周到战国十七个重要的侯国史，总结了中国古代政治经济、社会生活、天文地理的许多史料，记录了古代各种身份有着惊心动魄故事的人物，建立了从三代夏商周到秦汉一脉相传的政治传统。这对我们中华民族大一统观念的形成，其意义无可估量。

班固说：“司马迁据左氏《国语》，采《世本》、《战国策》，述《楚汉春秋》，接其后事，迄于天汉，其言秦汉详矣。至于采经摭传。分散数家之事，甚多疏略，或有抵牾。”①

在这方面，司马迁自己说过他读遍“史记石室金匮之书”。②他所掌握的史料是可观的。“石室金匮”是皇家的藏书之处，他作太史令，可以自由出入。

司马迁“年十岁则诵古文，二十而南游江淮，上会稽，探禹穴，窥九疑，浮沅湘，北涉汶泗”③。他从长安出发南下江陵，到汨罗江畔凭吊屈原，考察虞舜的葬地和事迹，登庐山了解大禹的治水业绩，他“北涉汶泗”，到过孔子、孟轲的家乡，自山东经江苏、河南回长安，过梁楚以归，后来又奉命出使巴蜀，到过现在的云南、贵州(邛筰昆明)。他参观过春申君的宫室，调查过韩信的事迹，到过楚汉相争的战场。多次随汉武帝出巡，西到崆峒山，东临碣石，上泰山，直到海边，北出长城，抵九原。又奉命出使西南直到昆明。这就是他自己所说的行万里路。

① 裴骃《史记集解序》。
②③ 《史记·太史公自序》。

司马迁后因李陵之冤而遭腐刑，下蚕室，他身受专制皇权的无情摧残，又体验人情之冷暖，世态之炎凉，于是更加反抗暴政，同情人民。于是司马迁乃发愤作《史记》，以继父志。后复为中书令。死后，他的《史记》才传布于世。

《自序》和《报任安书》都强调《史记》为发愤之作，述往事以思来者。"盖西伯拘而演《周易》，仲尼厄而作《春秋》，屈原放逐，乃赋《离骚》，左丘失明，厥有《国语》，孙子膑脚，兵法修列，不韦迁蜀，世传《吕览》，韩非囚秦，《说难》、《孤愤》，《诗》三百篇，大抵圣贤发愤之所为作也。"

《史记》的内容，从《自序》中可见一斑："略推三代，录秦汉，上记轩辕，下至于兹，著《十二本纪》。既科条之矣，并时异世，年差不明，作《十表》。礼乐损益，律数改易，兵权、山川、鬼神、天人之际，承敝变通，作《八书》。二十八宿环北辰，三十辐共一毂，运行无穷，辅弼股肱之臣配焉，忠信行道，以奉主上，作《三十世家》。扶义俶傥，不令己失时，立功名于天下，作《七十列传》。凡百三十篇，五十二万六千五百字。"

纪传体是司马迁的一个创造。《史记》一百三十卷，本纪十二，世家三十，列传七十，写的都是人物。司马迁笔下的历史人物极有个性，如《秦始皇本纪》，写始皇性格，栩栩如生。《陈涉世家》写陈涉青年时的抱负，只用了陈涉的两句话："王侯将相，宁有种乎！""燕雀安知鸿鹄之志哉？"《项羽本纪》写项羽看见秦始皇，说："彼可取而代也！"《高帝本纪》写刘邦看到秦始皇，说："大丈夫当如是也！"寥寥数语，足见刘、项的抱负、性格，何等的不同，就使我们感到太史公笔下的滚滚风雷，令人心魂震撼！

列传写人物，社会上各种代表人物都有。可见司马迁眼光开阔，具有社会平等思想。《刺客列传》、《游侠列传》、《龟策列传》、《日者列传》，就是当时的下层，所谓"引车卖浆者流"。《老庄申韩列传》、《屈贾列传》、《孟轲荀卿列传》，记学术、思想、文学方面的大师，也写得十分生动。《儒林列传》，写了儒学史和许多儒家人物。如：鲁申公和辕固等。

在《屈贾列传》中，他说："适长沙，观屈原所自沈渊，未尝不垂泪，想见其为人。"

《淮阴侯列传》云："吾如淮阴，淮阴人为余言，韩信虽为布衣时，其志与众异。其母死，贫无以葬，然乃行营高敞地，令其旁可置万家。余观其母冢，良然。"

《刺客列传》中他说他所得到的有关荆轲的材料，都是公孙季功、董生供给的。这两个人和夏无且游，知道荆轲的事很详细。当荆轲见秦王献燕督亢地图、图穷匕见之时，夏无且正站在秦王身边，用药囊打荆轲不中。荆轲被秦王剑刺伤，知事不就，倚柱而笑、箕踞以骂的时候，夏是亲耳听见的。[①]

人物之外，司马迁还作了"十表"和"八书"。其"十表"稽牒作谱，"八书"详政制（礼、乐、律、历、天官、封禅、河渠、平准），可见他的历史家的眼光。

鲁迅说："《史记》是史家之绝唱，无韵之《离骚》。"[②]

司马谈之思想具见于《论六家要旨》，对阴阳、儒、墨、名、法、道德，除道德家外，俱有批评，有肯定。司马迁在他的《史记》里也继承了乃父的这一思想。

---

① 《史记·刺客列传》："事所以不成者，以欲生劫之，必得约契以报太子也。"
② 鲁迅：《汉文学史纲要》。

班固评价《史记》说“其是非颇缪于圣人”,“论大道则先黄老而后六经”。黄老思想是汉初的统治思想,也可以说是当时的“时代思潮”,这一时代思潮,学术上的代表是司马迁父子,政治上的代表是汉文帝和窦太后(景帝母)。贾谊的《过秦论》,总结秦的兴亡,以为“仁义不施,攻守之势异也”,和司马迁父子是相同的。《屈贾列传》论云:“读《鹏鸟赋》,同死生,轻去就,又爽然自失矣。”

班固赞美司马迁说:“其文直,其事核;不虚美,不隐恶,故谓之实录。”①“实录”,是我史学的一个优良传统,在正史中,够得上“实录”的不多。

《史记》至南朝宋裴骃为之《集解》,唐司马贞为之《索隐》,张守节为之《正义》。今附于《史记》本文,《正义》长于地理。此三书读《史记》都是不可少的。

清梁玉绳有《史记志疑》,此书刊于乾隆;张文虎有《史记札记》,崔适有《史记探源》。这是清代有关《史记》的名著。

《汉书》一百二十卷 班固,字孟坚,扶风安陵(陕西咸阳)人。汉光武帝建武八年(公元 32 年)生,和帝永元四年(公元 92 年)卒。出身史学世家。“九岁,能属文诵诗赋。及长,遂博贯载籍,九流百家之言,无不穷究。不为章句,举大义而已。”

他作《汉书》原为继承其父班彪之遗志,故在家潜心于国史,有人告发他私造国史,被逮捕入狱,他写的《汉书》也被没收了。其弟班超诣阙上书,明其著述之意,被没收的文章送到了京师,被皇帝看到且受到称赞。遂除兰台令史,叫他在东观后编书,后迁为郎。固曾随窦宪征匈奴,刻石纪功。后宪败,固亦以奴事入狱,死于狱

① 班固:《汉书·司马迁传》。

中，而《汉书》尚未完稿。章帝时，始下诏令其妹班昭续成之。

范晔又说“迁文直而事核，固文赡而事详”，“固之序事，不激诡，不抑抗（不加毁誉，也不加进退），赡而不秽，详而有体，使读之者亹亹而不厌”。

《汉书》仍《史记》之体，全书凡含十二本纪，八表，十志，七十列传，共一百篇。起于汉高祖元年，终于王莽之诛（公元23年），经历高、惠、吕后、文、景、武、昭、宣、元、成、哀、平各个以二百三十九年的事，纳于八十余万字中。

其书中之体例，较《史记》，改“本纪”为纪，纪十二篇；因汉无侯国，取消“世家”归入“列传”，列传七十篇；改“年表”为表，表八篇；改“书”为志，合《礼》、《乐》二书为《礼乐志》，合《律》、《历》二书为《律历志》，改《平准》为《食货》，变《天官》为《天文》，易《河渠》为《地理》，《封禅》为《郊祀》，增《五行》、《艺文》、《刑法》、《沟洫》，共十志。

《刑法志》第一次系统记载法律制度的沿革和具体律令条文；

《地理志》记录了郡国行政区划、历史沿革和户口数字，各地物产、经济发展情况；

《艺文志》为刘歆《七略》的缩编，考证了上古学术的源流派别、著作内容、存佚状况和书籍的分类与数量；

《食货志》记载了当时的农业经济、商业和货币情况。

班固附《叙传》于《汉书》之末，述其父与己之学术思想，述作史之意。他以为“汉绍尧运，以建帝业”，“史臣追述功德，私作本纪，编于百王之末，厕于秦项之列”，因此他要写一部独立的以刘邦为始的《汉书》。

《汉书》是我国第一部断代史。班固自叙其书，说：“凡《汉书》，叙帝皇，列官司，建侯王。准天地，统阴阳，阐无极，步三光。分州域,物土疆,穷人理,该万方。纬《六经》,缀道纲,总百氏,赞篇章。函雅故,通古今,正文字,惟学林。”

班固对于天文、律历、地理、沟洫、艺文,无所不晓;上至帝王,下及臣僚,哲人词客,无所不知;上至天文,下至地理,三教九流,无所不通。一部《汉书》可以说是囊括无遗。此后的正史以《汉书》为范本,断代为史。

班马思想是不相同的,但二人的史学思想却基本相同。班氏批评司马迁“是非颇谬于圣人,论大道则先黄老而后六经,序游侠则退处士而进奸雄,述货殖则崇势利而羞贫贱”。但称赞其书:“不虚美,不隐恶,故谓之实录。”

《后汉书》的作者称:“固文赡而事详”,赞美《汉书》“博赡”,批评他“常排死节,否正直,而不叙杀身成仁之为美”。

《后汉书·列女传》说班昭(七十余岁)“兄固著《汉书》,其八表及《天文志》未及竟而卒,和帝诏昭就东观藏书阁踵而成之”。又说:“《汉书》始出,多未能通者,同郡马融伏于阁下,从昭受读。”

《汉书》喜用古文古词,比较难读。东汉人已经有很多地方读不通。著名经学家马融年轻时向班昭学《汉书》,东汉末年有服虔应劭为《汉书》作注。唐颜师古注《汉书》。师古为颜之推孙,他汇集了二十三家注释,纠谬补缺,完成了《汉书》的新注。

清末王先谦作《汉书补注》,他将唐以后四十家与颜师古注汇集一起,又集清儒周寿昌、洪颐煊、汪远孙、全祖望、徐松、王绍兰、杨守敬、沈钦韩、李慈铭校注之大成。此书之注释可以帮助我们弄懂《汉书》中的字音、字义及一些史实真相。杨树达复为之补正(1925年),后成《汉书管窥》,学术价值是很高的。

《后汉书》一百二十卷 范晔,字蔚宗,南朝刘宋时顺阳郡(河南淅川县)人。家居山阴(浙江绍兴),生于公元 396 年。

在他之前,东汉一代的史书已不少。官修的有《东观汉纪》,私人的著述有七种,其书目见《隋书·经籍志》,其中最著名的有吴谢承的《后汉书》和晋司马彪的《续汉书》。

现存《后汉书》的志(《律历》、《礼仪》、《祭祀》、《天文》、《五行》、《郡国》、《百官》、《舆服》)即司马彪所作,其中《百官志》还是首创。袁宏的《后汉纪》,也在《后汉书》之前。

范晔出生在学术世家,他的祖父叫范宁,是《穀梁传》的专家,现在的《穀梁传注》,就是他作的。他的父亲范泰也是著名的学者。

范晔自幼受家庭影响,读过很多书,擅长文墨,颇有才气,宋文帝时任尚书史郎,由于平时恃才傲物,放任不羁,被贬宣城太守,“郁郁不得志,乃删众家《后汉书》为一家之作”。

后来虽被提升为左卫将军,太子詹事,参与机要,但终因性格狂傲,遭人陷害,以谋反罪于元嘉二十二年(445 年)被杀,时年四十八岁。

范晔《狱中与诸甥侄书》说:“既造《后汉书》,转得统绪,详观古今著述及评论,殆少可意者。班氏最有高名……博赡不可及之,整理未必愧也。吾杂传论,皆有精意深旨……尝共比方班氏所作,非但不愧之而已。”

范晔《后汉书》最主要的史料是《东观汉记》。东观,即东汉宫中藏书与史官著述的地方。《东观汉记》,始修于汉明帝永平五年(公元 62 年),前后集中史官修撰五次,直到魏文帝黄初六年(公元 225 年)才完成。前后经过一百六十三年。由班固、刘珍、崔寔、蔡邕、杨彪几十名学者参与其事。此书是东汉一代史料的总汇,基本沿袭史汉之体例。此书已失传,但史料被《后汉书》保存下来了。

范晔在“纪传”中，对史实直书，还加了“传论”和“赞语”，又创建了“新传”，为有知识学问的，有高风亮节的大儒、党人、逸民、忠臣、孝子、特立独行之士，推动时代前进影响一代人风气的模范人物，写下了光辉的传记。如《党锢传》、《文苑传》、《独行传》、《方术传》、《逸民传》、《列女传》等。

《党锢传》写了张俭、范滂、李膺等人刚直不阿、视死如归的凛然正气。我们说“东汉尚名节”，知识分子中的有识之士，互相标榜，结为党援，崇尚名节，评论朝政，对宦官、外戚、朝臣权贵、贪官污吏的腐败作了揭露，虽遭迫害与禁锢，但是不甘屈服，恪守气节。记述了中国历史上最早的学生运动。留下了独特而光辉的一页。

《文苑传》首先为擅长诗赋文章的文学之士立传，反映了一个文学时代的兴起。

《独行传》表彰了特立卓行的奇士，鼓励了不畏强权、不事篡逆、恪守信誉、临危授命、刚毅不阿的品格。

《逸民传》既讴歌了看破官场名利、隐居不士、不与统治者同流合污的清高的知识分子，也鞭笞了那些伪君子和沽名钓誉之徒。

《列女传》记录了班昭的博学高才、续写《汉书》，蔡文姬的精于音律、斐然成章，也记录了为父报仇、手刃仇人的赵娥，正如他指出的：“高士弘清醇之风，贞女亮明白之节，则其徽美未殊也，而世典咸漏焉。”《列女传》可以说填补了历史的空白。

范晔以“正一代得失”为宗旨，在对历史人物的评述上，以“贵德义，抑势力，进处士，黜奸雄”①为原则，歌颂了许多敢于同恶势力做斗争、宁可牺牲自己生命也不低头的人物如李固、陈蕃、李膺、

① 王鸣盛《十七史商榷》卷六一。

范滂等人，由此而塑造了我们的民族精神。

《后汉书》列传中有《东夷》、《南蛮、西南夷》、《西羌》、《西域》、《南匈奴》、《乌桓、鲜卑》等六卷，记边疆各族事，其所记各族活动简况，对后代历史研究有很大帮助。①

《后汉书》史文兼胜，文笔皆优。发扬良史直笔，不忘春秋笔法。书中还保存珍贵材料。如王符的《潜夫论》、仲长统的《乐志论》、张衡的《请禁固图谶疏》等。

范晔四十八岁被害，《后汉书》的“十志”来不及完成，所幸此前司马彪已做“十志”，使之补成完本。范晔《后汉书》一出，《后汉史》等其他著作，遂逐渐散佚。

唐章怀太子李贤曾注此书。《旧唐书》八六有传，说他为太子时，招集当时学者注此书。其书长于训诂。清儒惠栋有《后汉书注》，其后又有王先谦的《集解》。

《三国志》六十五卷　陈寿，字承祚，西晋初年巴西安汉（四川南充）人。生于蜀汉后主刘禅建兴十一年（233 年），卒于晋惠帝元康七年（297 年）。即西晋统一之后的十七年（297 年），终年六十五岁。《三国志》包括《魏书》三十卷、《蜀书》十五卷、《吴书》二十卷。陈寿撰此书时，魏、吴均已有史书，官修的有王沈的《魏书》、韦昭的《吴书》，私撰有鱼豢的《魏书》，惟蜀无史。陈寿作魏、吴二书，其基本材料当出于此。

寿是蜀人，曾在蜀汉做官。蜀汉之后，入晋为阳平令、著作郎（官名，掌编撰国史）。蜀汉之时，他已三十岁，三国史实多耳闻目睹，因此他的记录应该比较可靠。他修史时，三国后期的政治人物

---

① 王健群：《二十四史提要 · 后汉书》，黑龙江人民出版社 1979 年版，第 22 页。

尚在，特别司马氏已成为当权派，故陈寿修史不免有所顾忌，多有曲笔阿时，且当代史料未经整理，因此史料缺是其弱点。

晋继承魏统一中国，寿又是晋的官员，故陈寿撰史，不得不以《魏书》居前，用本纪记载魏国几代君主，对蜀、吴二主，形式上称"传"，而纪事方法同于本纪体例，以帝纪的规格来写，即按编年顺序记事。实际上，魏、蜀、吴处于同等地位，由此可见陈寿用心良苦，是一位有见地的史学家。他在处理并存的三个国家政权时，既不触犯正统，又尊重历史事实，分则为三个国家，合则为一个完整的历史时期。

《三国志》叙事简洁，剪裁得当，少有重复。我国历史上以少胜多的几次著名战役如官渡之战、赤壁之战、彝陵之战，均见于《三国志》，而为陈寿描述得有声有色，引人入胜。

《三国志》只有纪传而无志，是其最大缺点。这一时期的典章制度只好到《晋书》的志里去查找。

陈寿死后百余年，裴松之为《三国志注》。

裴松之(372—451 年)，南朝宋人。他注《三国志》，广泛地搜集资料，把力量集中于史实的补充和考订，引书达一百四十余种，与史家无涉的书尚不计在内，材料比原书多出三倍，为我们保留了很多三国时的史料。书成呈文帝，颇被赞美，说"此为不朽矣"。卒年八十，子骃，为《史记集解》。

以上《史记》、《汉书》、《后汉书》、《三国志》，又称作"前四史"，都是私人的著述。

"前四史"之外，都是官修的。一个王朝覆亡，新王朝便为前朝修史，南北朝以来，便成为惯例。如明修《元史》，清修《明史》，清亡后，民国初修《清史》，现在的《清史稿》，就是清的遗老民国初年修的。一般说来，官修史书，从史学方面来看，俱不如私人著述。如：干宝的《晋记》，其评西晋之亡，即为《通鉴》所转录，其议论实高于修《晋书》诸臣。

《晋书》一百三十卷　房玄龄等撰。唐统一之后，唐太宗命房玄龄修晋史，从贞观二十年(646年)起，至二十二年(648年)修成，费了三年的时间。

参加编写的很多，前后二十一人。玄龄之外，监修的还有褚遂良、许敬宗。

《晋书》的体例，帝纪十卷、志十篇二十卷，列传七十卷、载记三十卷，合一百三十卷。

《晋书》于“本纪”、“列传”外，创设“载记”，用以记叙十六国事，分国反映匈奴、鲜卑、羯、氐、羌等少数民族的割据政权。如《刘元海载记》叙前赵，《石勒载记》叙后赵。这三十卷“载记”是今天研究十六国史事的唯一资料。

唐以前，《晋史》有二十多种，还有大量的诏令、仪注、文集，史料是很丰富的。但是，《晋书》编写多取材臧荣绪的《晋书》。《二十二史劄记》则认为，唐修晋书，“时当并存，必皆兼综互订，不专据荣绪一书也”。由于《晋书》博采诸家之长，所以胜过诸家晋史。

《晋书》有志二十卷。因为《三国志》无志，为了前后连接，各志都从汉末说起。《天文》、《律历》二志较好。《天文志》中关于天体、仪象、星宿的记述合乎科学。《食货志》仅一卷，追述了东汉、三国社会经济。《后汉书》无食货志，《三国志》无志，《晋书》的食货志追叙前代，补了这段空白，很是可贵。

新编的《晋书》有一个明显的优点，所记不辨华夷，站在唐统一天下后一家的立场,反映了大一统的思想特色。①

《晋书》还创立了《叛逆传》,将孙恩等农民起义领袖列为叛逆,此后,历代正史都取此法。②

《晋书》多收时人表、疏、赋、颂等原始文献。最能反映当时官场腐败,文人清谈虚浮,以及选举之弊端,此最具慧眼。

北宋修《册府元龟·国史·采撰》中指出:《晋书》内容"莫不博考前文,旁求遗逸,芟夷芜蔓,举其精要。……以臧荣绪《晋书》为本,据摭诸家传记而附益之,爰及晋代文集罔不毕记。"这是最早对唐修《晋书》的评价。

《晋书》另一个明显的优点,是列传多用有用之文:如《裴秀传》中的《禹贡地域图序》,保存最古的地图绘制法。《裴頠传》中的《崇有论》是中国哲学思想史上的重要文章。《鲁褒传》中的《钱神论》对当时的"金钱万能论"做了无情批判。《刘寔传》中的《崇让论》,《刘毅传》中的《论九品八损疏》,《傅玄传》中的《上便宜五事疏》,《皇甫谧传》中的《笃终论》,《陆机传》中的《辨亡论》,《江统传》中的《徙戎论》,《郭璞传》中的《刑狱论》,《束皙传》中关于汲冢书的发现与整理过程,都是极有学术研究价值的珍贵历史文献。

《晋书》中比较精彩的是论赞部分。李世民修史的目的是总结前代兴亡,他亲自作司马懿(宣帝)的传论、司马炎的传论,一则说"虽自隐过于当年,而终见嗤于后代",再则说:"良由失慎于前,所以贻患于后",把朝政之衰颓直接和帝王的品德、见识联系起来。这也是"以史为鉴",和李世民"以人为鉴"广开言路一脉

---

① 戴扬本:《史笔春秋》,北京语言文化大学出版社1998年版,第85—86页。

② 王健群:《二十四史提要》,黑龙江人民出版社,1979年版,第30页。

相承。但是,他只看到少数几个人的作用,没有把握编撰《晋书》的总体思想。

此外,由于采纳隐逸之士臧荣绪《晋书》的神异传说,使官修的正史列传中含有许多志怪小说的内容。

《宋书》一百卷　梁沈约撰。有本纪十卷、志三十卷、列传六十卷。共一百卷。上起东晋安帝义熙元年(405 年),下至南朝宋顺帝昇平三年(479 年),记载了刘宋王朝历史。

沈约历仕南朝宋、齐、梁三朝,官至梁尚书令,习惯称梁人,以文学名世。南齐永明五年(487 年)春,奉命撰《宋书》。沈约作《宋书》之前,已有何承天、裴松之、徐爰所作的《宋书》。《隋书·经籍志》著录徐爰《宋书》六十五卷,其时当与沈书并行。《宋书》大部分利用徐爰等人旧稿,自撰不多,故成书很快。

南朝政权更替,多通过宫廷政变,阴险毒辣的手段几乎一致。徐爰、沈约都不敢直书其事。如刘裕自立而杀晋恭帝,《宋书》只称恭帝薨。萧道成废宋顺帝为汝阴王,且杀了他,《宋书》只写顺帝"天禄永终,逊位于齐,建元元年殂于丹阳宫,年十三"。不言杀害事。而反对萧道成的皆书反,处处维护萧齐利益。后来,沈约帮萧衍灭齐,又开始称颂梁而贬抑齐了。

《宋书》收录了当时的诏令、奏议、书扎文章各种文献,保存的史料丰富。以《谢灵运传》中就载有《山居赋》的全文,描绘了当时贵族地主一幅庄园的图画;此传史论,勾勒了自战国至当时的文学发展线索,多为学者所引用。其论音律之语,亦为沈约对诗歌声律意见的第一手资料。

《宋书》列传所附原文保存许多宝贵史料。在列传中,首创带叙法,即在论叙传主事迹中,将次要人物也附带插叙进去。

四裔传如《蛮夷列传》,载有狮子国、倭国、高句骊国、百济国的情况,保留了斯里兰卡、日本、朝鲜等国的历史材料及其与中国交往的材料。

《宋书》的志,如律、礼、乐、天文、符瑞、五行、州郡诸志,不但记述了刘宋一代的典章制度,还上溯三代,尤详魏晋,明于典章制度的源流始末,足补前史之遗缺。

其中《律历志》、《天文志》全文录入杨伟《景初历》,何承天《元嘉历》,祖冲之的《大名历》,十分珍贵。这些“志书”是《宋书》最精彩的部分。

《乐志》详述乐器,记载乐章,保存了汉至刘宋的庙堂乐舞、民间歌舞以及有关音乐的朝章国故、土俗民情;也给古代文学史提供了瑰丽的诗篇;

《州郡志》记叙了东晋以来侨立郡县及后世改易的情况,可研究地理沿革,是研究我国南方地理沿革、人口变动的重要资料;

《百官志》详于东汉魏晋,宋承晋,变动不多。唐修《晋书》,其志多抄录《宋书》,于此可见《宋书》诸志之重要,其史料之价值很大。《宋书》无《食货志》与《艺文志》,而于经济文化阙如。《宋书》之末,有沈约自序。《梁书》十三有《沈约传》,俱研究此书必读之作。

沈约写了《晋书》、《宋书》、《齐纪》,今传者惟《宋书》。《宋书》流传至北宋已略有残缺,后人取李延年《南史》等书加以配补,保留原卷书目不变。今有中华书局点校本可读。

《南齐书》五十九卷　萧子显(487—535 年),字景阳,南朝南兰陵郡(江苏常州)人。《梁书》有其传。

南齐是一个短命王朝,内争外患没有停过,而且总涉及当时的大将军——后来的梁武帝。萧子显是齐的子孙，又是梁的臣子，以前朝子孙为前朝作《齐书》，只此一家。要替两朝回护，对南齐皇帝的记述，属于他父祖辈的多方颂扬，对同辈与晚辈的皇帝则直书他们的荒淫无耻行为，认为不配治理自己国家。这是为梁武帝篡权找根据。

该书本纪八卷、志十一卷、列传四十卷。初名《齐书》或《齐史》，后加南。于皇室争夺事多隐晦。

《南齐书》创《文学传》，为《宋书》所无，共记十人，祖冲之即在其中，只是谈他的历算，没提他的文学。其《百官制》十分简明，读南北朝史，常苦于官职纷乱，先读《南齐书·百官志》可得其概略。《州郡志》详记地理建置沿革，每州之下皆简述其风土人情，史料价值颇高。由于古代有关南齐的著作多已失散，故此书成为研究这段古史不可缺少的史籍。

李渊武德四年(621 年)时，令狐德棻即建议编梁、陈、齐、周、隋五史。目的是“贻鉴”。德棻曾参加过反隋斗争，高祖曾问何以为政，答曰无为；他说禹汤之兴在罪己，桀纣之亡在罪人。

贞观三年，旧事重提，遂命姚思廉为《梁书》、《陈书》，李百药为《齐书》，令狐德棻为《周书》，魏征为《隋书》，由魏征总其成。贞观十年正月，书成，称《五代史》。贞观十五年，又命于志宁、李淳风、韦安仁、李延寿等续修史志，先后由令狐德棻、长孙无忌总其成。五史都只有本纪和列传。

《梁书》五十六卷　唐姚思廉修。唐贞观三年，姚思廉奉诏与魏征同撰《梁》、《陈》二书。魏征不过总领其事，写了几篇论，实际从事撰述的只有姚思廉一人。凡分本纪六卷，梁朝四个皇帝，五十六年。梁武帝萧衍统治四十八年。

列传五十卷，列范缜于《儒林传》，详述其“神灭论”主张。《梁》、《陈》二书注重为学者立传，仅《儒林》、《文学》就分别为四十二和三十一位著名学者立传。又为文学家、史学家的沈约和著有《诗品》的钟嵘、著有《文心雕龙》的刘勰立传，其《文学传》有二卷，介绍了二十五人，反映了梁代文学的兴盛繁荣。又姚氏父子用古朴简明的散文写史，开后世古文运动之先河。

《梁书》是南朝各史中较好的一部，其真实性超过《宋》、《齐》二书。

《陈书》三十六卷 唐姚思廉修。凡本纪六卷，列传三十卷，是《二十四史》中最短的一部书。

由于时代的切近，撰者多有顾忌，二书多为统治者、亲故隐讳回护，尤其《陈书》，其隐恶更甚，陈氏子孙，人人有传，几乎成了族谱，实为良史所不取！

姚察是陈吏部尚书，对陈回护的地方很多。姚思廉本人也做过陈的臣子，也必须为陈回护。与《南史》对照，《陈书》对陈代的几个皇帝的阴险毒辣都是轻轻带过。陈后主是一个昏庸腐化的皇帝，整日里醇酒妇人，以致国破身亡。姚氏父子反而对陈后主(叔宝)多加称许。

列传三十卷，记载宗室、王子占六分之一以上。除《张贵妃传》及《长沙王叔坚传》微露宫廷丑事外，多记封爵领地之事。其他列传又非常简略。

《陈书》去《梁书》太远。本纪列传都比较简单。除叙述有关战争外，多记封爵、册立、谱系等事，对经济、文化大事很少记载。

《徐陵传》是列传中最长的，绝大多数记徐陵被拘在北齐时给杨遵彦的信件的原文。这可能与陈朝的短命有关。这个小朝廷，占地不多,官僚机构重床迭屋。"致令员外常侍,路上比肩;谘议参军,市中无数"。[1]皇帝对王子皇孙、大臣官僚赏赐优厚,皇室的奢侈腐化,战争耗费,都压在人民头上,百姓所受之苦,可想而知!

《魏书》一百三十卷　北齐魏收修。帝纪十二篇十四卷,列传九十二篇九十六卷,志十篇二十卷,全书共一百一十四篇一百三十卷。

魏收(510—572 年),字伯起,巨鹿下曲阳(今河北定县)人。他在北魏做过太子博士,[2]为北齐著名文士,长期担任史官之职,从二十六岁起就先后参加修撰北魏、东魏的国史。北齐时官至中书令兼著作郎,天保二年(551 年),诏撰魏史,奉文宣帝高洋之命修撰魏史,五年三月奏上本纪、列传,十二月奏上十志。自北魏末经东魏到北齐,参与修史达二十余年,前后协助其修史的有房延佑等人。初稿完成后毁誉不一,有斥之为"秽"史者。魏收修史,讨好一些人,得罪一些人,故前人多非之。

《总目提要》云:"人非南董,岂信其一字无私!但互考诸书,证其所著,亦不甚远于是非。"此说还是比较公正的。其实在南北朝的八部史书中,魏书还是比较好的一部。

其实《魏书》也有很多可取之处。隋唐两代,几次重修《魏书》,都没有修得更好,可见《魏书》不能抹杀。现在其他《魏书》都失传,它是唯一可以依据的北魏史书。

《魏书》有十志:《天象》、《地形》、《律历》、《礼》、《乐》、《食货》、《刑罚》、《灵征》、《官氏》、《释老》。其中的《食货》、《官氏》、《释老》

① 《陈书·徐陵传》。

② 太子博士,以五经教太子的官。

三志最好。为我们保存了大量重要的文献。

如见于《食货志》的土地制度沿革，对于研究北魏的均田制、租庸调制，尤其重要，又记述了北魏的经济制度和生产情况。

又如《释老志》，详述了佛教、道教的源流和北朝的宗教活动情况。《官氏志》前列官制，后列氏族，记述了鲜卑拓跋部早期活动，对研究北魏社会制度，都是其他书不可替代的。

《魏书》还创立了《灵征志》，保存了北魏一百五十年间的地震记录，为我们今天的研究提供了非常有价值的资料。

又有九十二列传，列传之标题者，有《外戚》、《儒林》、《文苑》、《孝感》、《节义》、《良吏》、《酷吏》、《逸士》、《术艺》、《列女》、《恩幸》、《阉官》。大抵仿范晔。

后魏(386—534 年)灭亡，北齐为魏修史，这是我国第一部新朝为前朝所修的史书，也是《二十四史》中第一部专记少数民族政权历史的历史书。它记载了我国北方鲜卑族拓跋部的发展兴盛，统一北方，实现封建化、门阀化的历史过程，也反映了公元 4 世纪末到 6 世纪中叶北魏的兴衰史。

《北齐书》五十卷 唐李百药修。李百药(565—648 年)，字重规，定州安平(今河北省安平县人)。

全书有帝纪八卷，列传四十二卷。

李百药的父亲李德林，在齐、隋两代都修过《北齐书》。李百药是用他父亲的旧稿。

李百药承其父志，继其家学，兼采当时已有的《北齐书》和资料，历时十年，成《北齐书》。《北齐书》无志，志在《隋书》中。

李延寿《北史》多抄自《北齐书》，今《北齐书》中残缺的篇幅又从《北史》抄回，虽非原文，大致尚可保存本来面目。《北齐书》原文留有不多,体例和思想内容多与前史略同,所以不再详述。

他写这部书时,表现出一些新思想。如对齐梁文风不满,对南朝范缜《神灭论》的重视。又掺杂有很多当时的白话文,这是它又一个特点。

《周书》五十卷　令狐德棻修。本纪八,列传四十二,合为五十卷。由于魏收在撰写《魏书》时,不写西魏的历史,唐初修《周书》时,因把西魏和北周的历史连接起来,故写为一书,称为《周书》。西魏与北周,主要是北方鲜卑族与汉族世族结合的政权,其中具有代表性的人物是宇文氏。

令狐德棻学识渊博,有历史眼光,注意弥补前史之缺。在《文帝纪》中详细记述西魏历史。又为萧詧立传,保存后梁政权的史料。其时,与西魏北周成鼎立之势的北有东魏北齐,南有梁、陈,兴废禅代,《周书》一一记载,读之可知当年天下大势。

《隋书》八十五卷　唐魏徵等撰。帝纪五卷,列传五十卷。志三十卷(礼仪七,音乐三,律历三,天文三,五行二,食货一,刑法一,百官三,地理三,经籍四),原别行,今附《隋书》,称《隋志》。这些志都很重要,《经籍》为考证汉以后著作的要籍,《天文》、《食货》亦然。

五代史中,以《隋书》为较优。叙事简练,文笔流畅,由于唐直接承魏而立,难免有隐讳,但基本上据事直书。史论中多有精辟见解,为其余四史所不及。前面的四种史有南北朝史学之余绪,而《隋书》则体现初唐史学之精神。

隋朝只有三十八年,是由分裂走向统一的历史阶段,《隋书》很注意有系统地记载这段历史,因为它与唐的统一强盛有渊源关系。魏徵在主持修《隋书》时,希望唐太宗“以隋为鉴,则存亡治乱可得而治”。帝纪部分记文帝、炀帝、恭帝颇详,对隋炀帝大兴土木、三下江都等荒淫残暴奢侈作为记述翔实。也如实记载隋末农民大起义详细经过和具体内容。

五代史书中最精彩的是志书。分礼仪、音乐、律历、天文、食货、刑法、百官、地理、经籍，综述五代典章制度之沿革，但详于隋而略于梁、陈、周、齐，编入《隋书》。

如《食货志》和《刑法志》虽各占一卷，却将东晋以后南北朝到隋劳动力的占有、课役的等级制度和货币制度，以及梁、陈、齐、周、隋的律书编写情况作了总结性叙述。

《地理志》则在隋大业五年版图的基础上，记载了全国郡县户口和山川河流情况，也记载了梁、陈、齐、周的建制沿革。

《经籍志》采用经、史、子、集四部分类法，对唐以后的目录学与后世图书分类编目意义极大。是继《汉书·艺文志》之后，对从东汉到唐初古籍流传状况又一次全面总结。

南北二史　《南史》八十卷　《北史》一百卷　唐李延寿，字遐龄，李延寿出身于陇西大族，生卒年月不详。相州（今山东诸城）人。历史上的南北朝是从刘宋建国（420 年）到隋统一（589 年）为止。南朝先后是宋、齐、梁、陈，北方先统一于拓跋魏，后分裂为东魏、西魏，东魏灭于北齐，西魏灭于北周。此后北周灭北齐，统一北方。隋篡周，又灭南方的陈，统一中国。这就是前面介绍的“八书”。

延寿父李大师，自少时便有著述之志，他见南北朝各史书不利于民族和睦与国家统一，常以南北朝诸史，南谓北“索虏”，北谓南“岛夷”，各详本国而略他国，多所失误，他曾想写一部综合记述南北朝历史的新著，改变南北分割互相敌视对历史造成的失实，书未成而去世。

此二史系私人撰述。李延寿在其父旧作基础上接着写下去，花了十六年，将北朝魏、齐、周、隋合起来统一编为《北史》。将南朝宋、齐、梁、陈合起来统一编为《南史》。南北二史其实就是“八书”的“简编”。

宋人极称之，说此二史，“删烦补阙，为近世佳史”。

南北二史的最大特点，是站在统一了的唐帝国的立场上，总结从5世纪起形成这段南北对峙的历史。适应了隋唐时代全国统一、民族融合的历史发展趋势。①

此书由此而为历代人们所重视。

《南史》记南朝二百七十年间事，本纪十卷，列传七十卷，其中内传有八目。《北史》记北朝及隋二百三十余年事，本纪十二卷，列传八十八卷，其中内传有十二目。

延寿世居北土(相州)，其作史当在贞观之时。曾预修五代史志，于《北史》用力独深，其所用史料多有出魏周七书之外者。

南北二史诸传，如《南史》王、谢，分占五卷，《北史》崔、卢、李、裴，亦各专列传。《总目提要》讥其“以姓为类，分卷无法，《南史》以王、谢分支，《北史》亦以崔、卢系派”，“岂知家传之体，不当施于国史”。这是因为南北朝时代是门阀士族统治的时代，世家大族依仗祖先的政治地位和宗族姻亲关系，垄断种种政治经济特权。家传的形式反映了当时的社会现实。

平心论之，这正是延寿史作的长处。南北门阀之盛，世所习知，寅恪先生昔年以为婚宦为此一时期历史的关键。延寿列王、谢、崔、卢诸人于一传，正反映了当日的实际。

---

①　戴扬本:《史笔春秋》，北京语言文化大学出版社1998年版，第89页。

总之,八书、二史同是记载南北朝与隋的历史。材料来源大体一致,体例大同小异,互有优劣,可互相参照。

《旧唐书》二百卷 后晋刘昫,字耀远,涿州归义(河北省涿县境内)人,他在后唐、后晋两次做宰相。新、旧《五代史》俱有传。《旧唐书》修成时,他正在执政,才挂他的名字。其实他没做实际工作。

唐代重视修史,历朝都有实录,在实录基础上修成国史。如吴兢、韦述、于休烈之唐史,自唐高祖至唐肃宗,纪志传皆有,凡一百三十卷。

唐代各朝,都有实录,今存韩愈《顺宗实录》。《顺宗纪论》,题韩愈;《宪宗纪传》题蒋系,即其明证。但长庆以后,乃掇拾杂说传记,多不如前。刘昫之前,后唐时,已为修唐史做了不少的准备工作。

《旧唐书》于后晋天福六年(941 年)正式编修,至开运二年(公元 945 年)修成,历时四年有余。修书时,先由赵莹监修,以后桑维翰、刘昫继之,主要作者是张昭远、贾纬等人。

全书有本纪二十卷,志三十卷,列传一百五十卷,合计二百卷。

其本纪记载了二十一个皇帝,记载了唐代二百九十年历史。原名叫《唐书》,至北宋欧阳修撰新《唐书》,为了区分,才有旧、新《唐书》之称。

志三十卷,分十一目。详细记载了当时的典章制度,其中礼仪、音乐、职官、刑法、食货、经籍诸志较好。从《食货志》可研究唐代的土地制度、租庸调、两税法等赋税制度、货币制度等。从刑法志可研究唐代法律的制定、修改和有关人的法律主张,以及刑律的主要内容。

列传以宦官、酷吏、儒学、文苑较好。至于唐与四周各族如突厥、回纥、南诏、东夷诸国、北狄诸族的记载更为详细。

《旧唐书》至清始列入正史。宋时,以其支蔓,重修唐书,曾公亮《进新书表》云旧书“纪次无法,详略失中,文采不明,事实零落。……不可以垂劝戒,示久远”。

其实,就史料价值言,《旧唐书》实胜《新唐书》。它叙述史实比较详细具体明白,保存史料完整,宋代司马光著《资治通鉴》,其唐纪部分采录《旧唐书》较多。

《新唐书》二百二十五卷 宋欧阳修、宋祁等撰。《新唐书》编撰于宋仁宗庆历四年(1044 年),成书于嘉祐五年(1060 年),由曾公亮以参知政事提举编修奏上。

《新唐书》优于《旧唐书》有两点:一是如曾公亮《进书表》所云“其事则增于前,其文则省于旧”;其二是讲书法,所谓书法,就是春秋之学,一字褒贬。

全书有本纪十卷,志五十卷,表十五卷,列传一百五十卷,共计二百二十五卷。由于晚于《旧唐书》百余年,增订补充了不少《旧唐书》缺少的重要史实。特别是志的部分,质量多在《旧唐书》之上。

《新唐书》增添了《旧唐书》里没有的《兵志》、《选举志》,具有开创意义。嘉祐修《唐书》,正宋代禁兵不足以抗敌的时候,乡兵已逐渐在临近辽、夏前线地区建立了,总结前代兵制,故增添《兵志》乃当日政治的需要。

进士科始于隋,至唐而大盛。进士、明经二科,为人才所自出。故增《选举志》,为我们了解唐代科举制度、官员铨选以及兵制演变提供方便。

《新唐书》恢复《史记》、《汉书》设表的传统,编制了《宰相表》、

《方镇表》、《宗室世袭表》、《宰相世袭表》。

《新唐书》继承“孔子修《春秋》而乱臣贼子惧”的意旨，强调对忠奸善恶顺逆的褒贬，增添了卓行、奸臣、叛臣、逆臣等传，而将忠义列第一。

《新唐书》设《叛臣传》和《逆臣传》。所谓“自称王号不奉朝命者曰叛臣，称兵犯阕者曰逆臣”。中华民族的历史文化传统最讲究国家的统一，民族的团结，从来是反对分裂，坚持统一的。

这就是孔子提出的《春秋》“为万世立法”，所谓“孔子作《春秋》，则乱臣贼子惧”。在《旧唐书》里，安禄山、史思明、朱泚、黄巢，放在最后；在《新唐书》则写进《逆臣传》。又将仆固怀恩等写进《叛臣传》。

《新唐书》基本上反映了北宋统治者的政治观点，鉴于历史的经验，北宋是一个非常注意安定统一的朝廷，不允许藩镇割据局面存在，《新唐书》特立《藩镇列传》，对宦官加以贬抑。这也是《旧唐书》所没有的。

志之外，表亦佳。如《宰相世系表》。列传亦有远胜《旧唐书》者，如《黄巢传》，《旧唐书》只有一千六百余字，而《新唐书》几及六千字。一般说来，纪、志出自欧阳修，列传则为宋祁之作。

《新唐书》，重义理、文章，而忽于考订。《旧唐书》，重史实、考据，而忽于义理。

总之，《旧唐书》和《新唐书》各有所长短，又互为补充，都是研究唐史的人不能不读的书。南宋盛行理学，《新唐书》吃香，至清代考据征实之学兴，《旧唐书》才受到重视。

《旧五代史》一百五十卷　北宋薛居正等撰。北宋建立之后十三年，中原基本上得到统一，宋太祖赵匡胤于开宝六年(973 年)下诏修《梁唐晋汉周书》，由薛居正监修，卢多逊、扈蒙、张澹、李穆、李昉等人同修。薛居正当时是宰相。

宋太祖为何急于修五代史呢？他希望建立一个像唐朝那样稳定的国家。修成后，赵匡胤亲自阅读，说："昨观新史，见梁太祖暴乱丑秽之迹，乃至如此，宜其旋被贼虐也。"①

《五代史》以梁、唐、晋、汉、周各自为书，本之实录者居多。五代诸朝，梁、唐、晋、汉、周皆有实录。

北宋中期，此书为朝臣和皇帝不满，提出重修五代史，后来，才发现欧阳修已撰成《新五代史》。到南宋中叶，由于人们对南北分裂形势动乱的厌恶，读《旧五代史》的人渐少，原书也散失。所幸明初内府尚有传本，修《永乐大典》时被分散收录于大典中。直到清朝乾隆年间修《四库全书》时，由邵晋涵从《永乐大典》中辑出，于是《旧五代史》才重新复原。

《新五代史》七十五卷　欧阳修撰。这是唐代以后唯一的一部私家著述的正史。欧阳修褒贬准《春秋》，故义例谨严；叙述祖《史记》，故文章高简。对事实则不甚经意，故此书一出，即有吴缜《五代史记纂误》之作。

欧阳修在给尹师鲁的信中说："史者，国家之典法也。"②他认为，五代的历史是乱世，对乱世就得用"春秋笔法"，如不用正义的标准加以评说，就什么也说不清。他所写的《新五代史》，起初定名《五代史记》，他用"春秋笔法"，是为五代本身混乱的历史所决定的，春秋战国、南北朝同此，五代更其如此。

---

① 参见清毕沅《续资治通鉴》卷八，上海古籍出版社 1987 年版，第 37 页。

② 见《欧阳修文集》。

欧阳修对“五代十国之说”评论说：“五代之乱极矣，传所谓天地闭贤人隐之时欤！当此之时，臣弑其君，子弑其父，而缙绅之士安其禄，而立其朝，充然无复廉耻之色者皆是也。吾以谓自古忠臣义士多出于乱世，而怪当时可道者何少也？岂果无其人哉？虽曰：干戈兴，学校废，而礼义衰，风俗隳坏，至于此也。”①

他在《十国世家年谱序》中说：“《春秋》因乱世而立治法，本纪以治法而正乱君，世乱则疑难之事多，正疑处难敢不惧也。周汉之事可谓难矣哉。”他写五代史的“本纪”就是以治法正乱君，即用春秋之义来叙述五代史。

《新五代史》先后写了十八年，欧阳修在世时，没有公诸世，此书直到修死后始出。金章宗泰和七年(1207 年)，即宋宁宗开禧三年诏学官只用欧书，薛居正《旧五代史》遂微。

新旧五代史相比，薛居正距五代时间近，又以五代实录为依据，故《旧五代史》史料比《新五代史》真实。而欧阳修《新五代史》专重春秋笔法，不重史实。

宋、辽、金三史都是元朝修的。元初，诏修《宋史》，虞集即曾奉命修宋、辽、金三史，因修史体裁意见不同，长期未能成书。一派主张“以宋为世纪，辽金为载记”，一派则主张“以辽金为北史，宋太祖至靖康为宋史，建炎以后为南史”。

直到元末顺帝至正三年(1343 年)，才决定宋、辽、金各为一史，只用了两三年，将三史修成。三史都由脱脱总其成。

《宋史》四百九十六卷　元丞相脱脱总纂，铁木儿塔识、贺惟一、张起岩、欧阳玄等参加主编工作。《宋史》是二十四史中最大的

① 《新五代史·一行传·序》。

一部。

《宋史》叙事始于宋太祖赵匡胤陈桥兵变黄袍加身称帝(960年),终于元军破厓山,陆秀夫背负帝昺投海殉节(1279年),记载有宋三百二十年间事,包括北宋和南宋。

宋代政治制度完备,经济繁荣,重文轻武,又雕版印刷推广,学术文化空前发达,故宋人的史书也丰富。元灭南宋后,宋史馆保存的国史及各种注记有五千余册,全运到大都(北京)国史院。

《宋史》本纪四十七卷,志一百六十二卷,表三十二卷,列传二百五十五卷,合计四百九十六卷。它的编撰体例基本根据《史记》、《汉书》。

其特点有:(1)"列传"将外国和满夷分为二类;(2)《宋史》创立《道学传》,又将《道学传》置于《儒林传》前。这是因为宋代哲学发达,流派之争剧烈,故于《儒林传》外特立《道学传》;(3)《宋史》又多忠义类的列传。国破家亡之时,尤多慷慨悲歌之士。

在此之前,《宋史》的"纪传表志本已完备",从发凡起例至书成,元人修《宋史》,如此巨帙,完成只用了两年多时间。

《宋史》中华本的出版说明谓:"《列传》比《旧唐书》多一倍。《食货志》十四卷,相当于《旧唐书》的七倍。《兵志》十二卷,是《新唐书》的十二倍。《礼志》二十八卷,占二十四史所有礼志的一半。"

无论是"列传"、还是各种制度沿革,北宋部分比较完整,南宋部分漏略较多。《宋史》由于篇幅庞大成书仓促,对来源不同、观点不同的史料未能精心处理,成书粗糙。

全书内容不平衡,详于北宋,略于南宋,南宋初中又详于末期。

此书以"繁芜杂乱"著称,但保存了丰富的史料,也有出《宋会要辑稿》、《续通鉴长编》和《通考》之外者。《提要》以为《宋史》"以宋人国史为稿本”，因之北宋史料保存了很多，中叶以后，就不然。特别是宋末，像有些传，仅仅是张简单的履历表。

《辽史》一百六十卷 脱脱总纂，廉惠山海牙、王沂、徐昺、陈绎任分撰。辽和我国历史上的王朝一样，设了史官，也有实录。这部实录，由耶律俨综合编订而成，故又称《耶律俨实录》。

金朝二次纂修《辽史》，均以此为依据，此外还有陈大任的《辽史》流传。元末灭宋前，即议修辽史，以义例未定，以至“六十余年，岁月因循”。直到元末，才与《宋》、《金》二史同修，只用十一个月就修成了。这部《辽史》是以耶律俨的《实录》和陈大任的《辽史》为依据的。耶律与陈的原书，今已不存。

《辽史》包括本纪三十卷，志三十二卷，表八卷，列传四十五卷，国语解一卷，共一百十六卷。它是严格按照正史的体例，以纪、传、表、志记录一代人物和典章制度。

《营卫志》根据契丹社会早期部族组织的特点、户籍和土地制度的特殊情况，在体例上创造新型的“志书”，主要叙述契丹族的营卫、行营概况与部落建置分布，又记述了契丹族平时渔猎、战时打仗的情况，反映了北方游牧民族社会生活的特点。这些材料的保存，为后世展现游牧生活的画卷。

《百官志》则分北面官、南面官，保存了契丹民族早期仪仗、服饰制度资料，同时又提供了契丹族与汉族在政治、军事、风俗上的渐趋融合。

由此可见，这是一部公元 9 世纪到 13 世纪契丹民族在中国北方地区活动的记录。既有我国东北地区自然风貌和风土人情的记载，又有关于契丹民族在中原汉族为主的文化影响下的民族融合。

《辽史》共有八表，其中《游幸表》、《部族表》、《属国表》是《辽史》独有的。其篇幅不大,简明醒目,可补纪传述事之缺。故元修《辽史》是现存唯一比较系统完整记载辽代二百多年的历史(907—1125 年)著作,其史料价值弥足珍贵。

《金史》一百三十五卷　脱脱总纂,由阿鲁图奏上,实际上是欧阳玄编写的。

元末灭宋前,即议修《辽》、《金》二史。元修《金史》时,材料就很丰富。金统治者在立国之后,就接受大批汉族知识分子参政,他们接受中原文化较深,自金太宗起,便开科举取士,浸染儒学文化传统,又多次将汉文化的儒家经典《史记》、《汉书》译作女真族文,还编修《辽史》,续修《资治通鉴》,制定史官制度,撰写《起居注》,御史时时在皇帝左右。

在金灭之后,已写成完整的历朝实录与许多关系时政的人物传纪,又出现许多撰修《金史》的学者和史官。

当时可据的史料,即有金张柔从史馆取出的历朝实录,王鹗的《金史》,刘祁的《归潜志》和元好问的《野史》。

金末文人元好问(即元遗山)是著名诗人,曾想作《金史》,采录"金源君臣遗言往行",作"野史"百余万言。其中的《中州集》和《壬辰杂编》中就保存他收集整理的金代史料。

《金史·元好问传》云:"晚年尤以著作自任,以金源氏有天下,典章法度,几及汉唐,国亡史作,己所当任。乃构亭于家,著述其上,因名曰《野史》。凡金源君臣遗言往行,采摭所闻,有所得,辄以寸纸细字为纪录,至百余万言。纂修《金史》,多本其著云。"

《进金史表》云:"张柔归金史于其先,王鹗辑金事于其后",也说的是这一情况。

《金史》修成,用了不到两年的时间,就是因为它是在以上诸书的基础上成书的。

《金史》是古代史籍中记载金朝历史最完整、规模最大的一部书。无论从材料或编制上看，都是一部比较完备的著作，远胜《辽史》。

《金史》记述了女真族的兴起到金朝的建立和灭亡的历史，为我国保留了一部完整的古代女真民族史。全书首卷《世纪》，从女真民族早期传说一直追述到金太祖完颜阿骨打建国情况。从汉代的靺鞨民族追述到唐末五代时期部落的形成，对研究古代东北少数民族形成及早期活动十分有用。而金的南下在黄河流域的活动，则又是民族融合的重要阶段。

在元人所修的宋、辽、金三史中，《金史》为上乘之作，它首尾完密，布局严整，约而不梳，赡而不芜。成书又快又好，史料充分，蓝本基础好，即在《二十四史》中，也是一部体例严谨的史书。

三史之作，和唐修诸史的目的完全相同。《进金史表》对这一点说得最为明确："汉高帝入关，任萧何而收秦籍；唐太宗即祚，命魏徵以作《隋书》。盖历数归真主之朝，而简编载前代之事，国可灭史不可灭，善吾师恶亦吾师。"这和《进宋史表》"监于有夏，监于有殷，乃臣子告君之道"是完全一致的。

《元史》二百十卷 明宋濂奉敕修撰。元朝灭亡，明洪武二年，得《元十三朝实录》一稿，便下诏修《明史》。

明太祖朱元璋极重视史书的政治功能，他刚刚建立政权，于洪武二年二月，就下令设史局编修《元史》，仅用了一百八十八天，就完成了除元顺帝以外的纪传志表，凡百五十九卷。接着又派欧阳佑等十二人去北平，搜集顺帝一朝的史料，于洪武三年(1370 年)用一百四十三天完成了纪、传、志、表的续修工作。合成二百十卷。

全书完成，只花了三百三十一天，即一年不到一点的时间。这种举动仿佛是有意打破元人修史的记录。《元史》的“志”写得较好。《选举志》、《百官志》、《食货志》、《兵志》、《刑法志》本于虞集主修的《经世大典》，《天文志》反映了郭守敬的研究成果。《地理志》本于岳铉的《大元大一统志》，《河渠志》则参考多种地理著作后编成。为我们保存了珍贵的史料。遗憾的是作者取消了艺文志，元代的书目因此阙如。

朱元璋为什么急于修元史？因为元朝虽亡，但元朝皇帝还在塞外，尚有强大武力，伺机反扑。在这种紧张复杂的形势下，朱元璋急于修《元史》，是为了说明元朝气数已尽，明朝乃天命所归，借此巩固自己的统治地位。

朱元璋以一代之典《元史》的编修，作为元朝灭亡、九州一统的象征，其本意为“盖因已往之废兴，用作将来之法戒”，即是以元朝历史用作明代建国和治理的借鉴，他向修史人说：“文辞勿致艰深，事迹务令于明白；苟善恶瞭然在目，庶劝戒有益于人。”

然而，如此仓促修成的《元史》，其粗糙的程度可想而知。

《元史》主要取自元代几部重要典籍。本纪取自《元十三朝实录》；志、表取自元《经世大典》；列传取自《国朝明臣事略》和《后妃功臣列传》。

《元史》是在元朝各代实录、虞集《经世大典》、《功臣列传》这些书的基础上修成的。顺宗一朝，无实录可证，则遣使四出访搜。现在这些实录已不传，《经世大典》亦大部分散失，许多珍贵的史料，只能以《元史》为重要依据了。

《明史》三百三十六卷　清张廷玉等撰。清建立自己的政权之后，立即着手编修《明史》。元史的编写虽有曲折，但在短期内还是完成了。而明史的修撰则波澜迭起，欲速不达。经顺治、康熙、雍正、乾隆四朝才得以完成。

顺治二年(1645 年)设立史馆。借此宣布清王朝是明王朝的唯一合法继承人。但真正的编修工作，是在康熙十七年(1678 年)平息三藩之后，诏修明史的。

经过康熙年间大约四十余年的编修，列传部分初稿完成，雍正十三年纪、志、表部分内容完成，最后经总裁张廷玉修改而于乾隆四年(1739 年)书成。综计前后，历时六十年之久，才告成功。

张廷玉《上明史表》说："惟旧臣王鸿绪之史稿，经名人三十载之用心。进在彤闱，颁来秘阁，首尾略具，事实颇详。爰即成编用为初稿。"

这里所说的名人，即万季野斯同。钱大昕《潜研堂文集》三十八《万先生斯同传》，说斯同熟于明代掌故，自洪武至天启实录都能默诵。修《明史》时，先后总裁都礼请斯同，委以刊修之事。斯同又以明史自任，曾论官修史之失，以为"官修之史，仓卒而成于众人，不暇择其材之宜与事之习。分操割裂，使一代治乱贤奸之迹，暗昧而不明"。

他以为实录是"直载其事与言，而无所增饰"的材料，但要追求其"事之端"，"言之发"，"则非它书不能具"。因此，斯同往往对"实录之难详者"，以它书证之。钱大昕说："诏刊定《明史》，以王公鸿绪史稿为本而增损之，王氏稿大半出先生手。"

斯同"读书，过目不忘"，为历代史表，以为"读史而不读表，非深于史者"。《明史》诸表，其《七卿表》亦独造。①

---

① 明废左右丞相，事归六部，而以都察院纠核百司为任亦重，故合而为七。

最初由大学士徐元文监修。徐聘万斯同，万是黄宗羲的学生，精于明史。他不肯在清政府做官，只以布衣参修明史。徐元文去后，有张玉书、王鸿绪先后任总裁官。康熙四十一年，万氏卒。才由王鸿绪负责。雍正元年完成明史稿。雍正二年，张廷玉为总裁，直至乾隆四年定稿。

这项工作是在清初统治者严密监视下，由富有爱国精神和民族气节的明代遗民参与修撰的。如黄宗羲和顾炎武都重视《明史》之编撰。黄宗羲的《明文海》与《明史案》，顾炎武的《皇明修文备史》都是为修《明史》准备的材料。他们不肯与清廷合作，不应征聘。

明史馆首任监修徐元文是顾炎武的外甥，他多次求教顾炎武。黄宗羲子黄百家与门人万斯同参加修史。

《明史》详于政治军事，略于社会经济，对于郑和七次下西洋以及清朝先世兴起的历史与明朝的关系也少有记载。

《明史》取材于《明实录》、《大明会典》、档册、邸报以及论文集、奏议、稗史、方志、传记等原始资料。由万斯同结撰，审核，总其成。

故《明史》体例严谨，叙事清晰，编排得当，文字简练，所载多引用原文，凡异说分歧则存疑互见，待后人定论。

清王朝修史是为了从前朝的兴亡中吸取教训，从明太祖朱元璋建立政权不久，就杀戮功臣，大兴“胡蓝之狱”，接着燕王朱棣与建文帝为争夺皇位又兴“靖难之役”，一直到后期的阉党干政、东林党争，都记叙得客观公允。在记叙明亡的原因时，指出崇祯皇帝虽励精图治，但自万历朝政荒弃，天启阉党干政之后，明亡已成必然之势。

对明代三百年历史大事有简明扼要记叙，如建文帝景泰帝，

《明实录》列为附录,《明史》列入本纪。

又新创《七卿表》。明代为加强皇权,废除左右丞相,皇帝亲掌大权,分六部尚书和都御史。七卿就是指六部尚书和都御史。

由于直接参与修史的是汉族知识分子,他们心存着"修故国之史以报故国",也在总结明亡的教训。

对于明末的宦官干政、东厂、锦衣卫切齿痛恨,有鉴于此,《列传》中曰《流贼》,曰《土司》,曰《阉党》,也是独创。

《阉党传》反映宦官专权,政治腐败。如王振、刘瑾、魏忠贤之党,祸国殃民为害最深,于此可见。

《流贼传》反映明末社会矛盾尖锐,农民起义是个大题目。本传保存了韩林儿、郭子兴、张士诚、方国珍、李自成、张献忠农民起义的材料。

《土司传》反映湖广、四川、云南、贵州、广西多省的少数民族情况。元朝大致奠定了多民族的中国,明代各民族融洽发展。

《明史》又增加了《阐化王传》,记载了西藏地方政权和僧侣与明王朝的密切来往。

全书凡本纪二十四、列传二百二十、志七十五、表十三。《艺文志》仅载明人著作,《历志》增加了图,和过去不同。

故《明史》在二十四史中以完善见称。此书多本康熙中户部侍郎王鸿绪所撰《明史稿》。

以上二十四史至明代止,共三千二百三十九卷。

《清史稿》五百三十六卷 清朝虽已过去,但官修的清史还没完成。民国初年本来设有清史馆,由赵尔巽等主持此事,到民国十七年,编成了一部未定稿。

该书以丰富的史料为基础,全面详细地记述了清代人物、史事及典章制度等，是一部纪传体的大型清史著作，也是一部未能正式定稿即仓促付印的史书。

正史不一定正确，但比较详备，为研究史学者的主要材料。读正史的方法，以分别选读为好。如要看政治大事，当读帝纪，参以有关人物传记。如要知道一代的典章制度，当读《志》或《书》。如研究经济史，须读《平准书》、《食货志》一类的史篇。如研究学术史，当读《艺文志》、《经籍志》等，参以《儒林传》、《道学传》之类的传记。

第十七章 编　年　史

与纪传体不同的史书编写法还有编年史,最早的编年史是《春秋》。

《春秋》　孔子　是我国历史上第一部私人编撰的史书,也是第一部体例规范的编年体史书。全书有明确的时间顺序,按年、月、日来记载历史事件。这种记事方法,奠定了后世编年体史书的基本形式。

《春秋》第一年云:"元年春王正月。三月公及邾仪父盟于蔑。九月及宋人盟于宿。冬十有二月祭伯来。公子益师卒。"

晋代在汲郡古坟中所得竹书,有《竹书纪年》。学者考定为战国时魏史,起自夏禹。也是编年之书。

《左传》　左丘明　是先秦编年体中最杰出的史书,刘知幾说它"言之与事,同在传中。然而言事相兼,烦省合理。故使读者寻绎不倦,览讽忘疲"[1]。又说:"寻左氏载诸大夫词令,行人应答,其文典而美,其语博而奥。述远古则委曲如存,徵近代则循环可覆。"[2]极称《左传》之美。

《汉纪》　荀悦　东汉末,献帝以《汉书》繁博难读,命荀悦删为《汉纪》,以年记事,将以人物为中心的八十万余字的《汉书》,改编

---

① 刘知幾:《史通·载言》。

② 刘知幾:《史通·申左》。

为以事为中心的十八万字的《汉纪》。《汉纪》组织严密，文词简约，是第一部编年体的断代史。

但是，最重要的史书，还是宋代司马光编于宋英宗及宋神宗之时的《资治通鉴》。

《资治通鉴》 北宋司马光 二百九十四卷，起自三家分晋（前403年），讫周显德六年（959年）。《资治通鉴》是我国古代仅有的一部贯通古今的编年体通史巨著，它的出现是我国史学史上一大创举，和《史记》一样，同为史学中不朽的巨著。故人们将司马光与司马迁并称为“两司马”。

司马光（1019—1086年），字君实，北宋陕州夏县（今山西夏县）涑水乡人。出身于仕宦之家，幼年听人讲《左氏春秋》，即了其大旨。于宋仁宗时中进士（1038年），时年二十岁。先在地方上做官，后入朝为礼官、谏官，修起居注、馆阁校勘，神宗时擢升翰林学士。

王安石变法，他在新旧党争中，为旧派首领，与韩琦、富弼、文彦博反对新法。王安石当政，司马光退居洛阳，自领史局，继续全力著书。《宋史》说他：“居洛阳十五年，天下以为真宰相，田夫野老皆号为司马相公，妇人孺子，亦知其为君实。”

神宗死后，新法被废除，他被召回朝廷任宰相，不久病逝。

司马光历仁英神哲四朝，是北宋著名的政治家。编著《资治通鉴》这部书，始于治平三年（1066年），迄于元丰七年十二月，凡十九年。司马光撰《通鉴》之志已久，先作《通志》，已成八卷，书中记叙了从周威烈王二十三年（前403年）到秦二世三年（前206年）的编年体史事，即后来的《资治通鉴》前八卷。

司马光为什么要著《资治通鉴》呢？

司马光曾对刘恕说:“春秋之后,迄今千余年,《史记》至《五代史》一千五百卷,诸生历年莫能尽其篇第,毕世不遑举其大略,厌烦趋易,行将泯绝。予欲托始于周烈王命韩、赵、魏为诸侯,下讫五代。因丘明编年之体,仿荀悦简要之文,罗网众说,成一家书。”①

他将《通志》(《资治通鉴》前八卷)上呈英宗。后又上表英宗,说此书所记“关国家之盛衰,系生民之休戚,善可为法,恶可为戒,帝王所宜知者”、“私家区区力不能办”,请求英宗支持。英宗非常赞赏他的著作,特意批准他选择助手。

司马光有三位得力助手。一位是刘恕,负责三国到隋;一位是刘攽,负责两汉;一位是范祖禹,负责唐到五代,这三位都是当时有名的学者、史学家。三位助手先写长篇,最后由他裁定。

《通鉴》起公元前403年,迄公元959年,记一千三百六十二年间的大事,按年记载。胡三省说:“温公遍阅旧史,旁采小说,抉摘幽隐,荟萃为书。而修书分属,汉则刘攽,三国迄于南北朝则刘恕,唐则范祖禹,皆天下选也,历十九年而成。”②

《通鉴》修成,前后用了十九年时间,相传洛阳还有两间屋子的残稿,大约都是长编年底本。其所用书,除正史外,所采杂史多至二百二十种。

司马光在《进书表》中,说他自己修《通鉴》的情况是:“研精极虑,穷竭所有,日力不足,继之以夜。遍阅旧史,旁采小说,简牍盈积,浩如烟海,抉擿幽隐,校计毫厘。”是合乎事实的。

---

① 《通鉴外纪后序》。

② 司马光:《资治通鉴·新著资治通鉴序》,中华书局1956年版,第25页。

宋神宗继位后为之序，说它“博而得其要，简而周于事，是亦典刑之总会，册牍之渊林”，又说：“贤于荀悦《汉纪》远矣。”[①]亲自为此书定名《资治通鉴》。司马光死后，反对派要将此书毁版，因有御赐书名才得以保全。

《资治通鉴》的编纂方法，李焘说得很具体：“先使其寮采摭异闻，以年月日为丛目，丛目既成，乃修长编。唐三百年，范祖禹掌之。光谓祖禹，长编宁失于繁，毋失于略。今《唐纪》取祖禹之六百卷删为八十卷（实际为八十一卷）是也。”[②]

司马光在给范祖禹《论修书帖》中说：“且将《旧唐书》纪志传及《统纪》、《补录》并诸家传记小说以至诸人文集稍干时事者，皆须依年月添附；无日者附于其月之下，称是月；无月者附于其年之下，称是岁；无年者附于其事之首尾；其无事可附者，则约其事之早晚，附于一年之下。”关于如何处理年月日的问题，说得很详尽。

《通鉴》一书，就是“鉴前世之兴衰，考当今之得失”。在我国史学中，“以古为鉴”是一个传统，而《通鉴》是最突出的。作者于史料力求其真，封建社会一千多年，记农民起义不厌其详，其故即在于此。可见自古以来，农民问题始终是中国传统农业社会的大问题。

从“关国家之盛衰，系生民之休戚，善可为法，恶可为戒”出发，《通鉴》所书，重在政治。战国以来，历朝政治、军事、经济，重要人物的言行，不同性质的战争，治乱兴亡，记载得真是博而要，简而周。

特别是战争，写得尤其具体、详细。

---

① 陈振孙：《直斋书录解题》。

② 马端临：《通考·经籍考》。

如赤壁之战、淝水之战发生的原因，战争的具体过程，指挥战争人物的心理，战争的得失成败，虽都取资于成作，却极生动，使人读来如亲历其境。

人物的言行也占了很大的比重。如叙赤壁之战，记鲁肃与孙权、刘备的谈话，诸葛亮向刘备陈说联合孙权及亮与孙权的议论等，写得很是生动。记淝水之战，写谢安之从容、镇定，苻坚的骄傲、自用，其文都出于史传。虽是编年之史，亦以人物为重，使史事展示于目前。

《通鉴》对文学艺术却少措意，如屈原、陶渊明竟一字不及，至于符瑞、图谶、占卜、神怪也是不谈或少谈的。在司马光看来，文艺和国家兴亡、生民休戚是无关的，和神怪、占卜关系也很少。

我国历史悠久，执政者的统治时间亦长久，可谓世界史上第一，其统治经验的丰富也是少有的。史学是充分地被历代统治者利用过的，而《通鉴》在这些著作中是无与伦比的，其影响也是深广的。

《资治通鉴》主要是根据十七史的史料加以编写的，把纪传体改编为编年体，除了根据正史，还添加了二百二十多家的书。这些加进去的内容正体现通鉴的用力之处。钱穆说："一部十七史一千三百六十多年，他只用两百九十四卷都拿来写下，可见他的重要工作，不是在添进史料，更重要是在删去史料，还添上两百几十种书的新材料，这工夫当然是极大的了。善读通鉴者，正贵能在其删去处添进处注意，细看他删与添之所以然，才能了解通鉴一书的大处与深处。"①

① 钱穆：《中国史学名著·司马光的资治通鉴》，三联书店2000年版，第177页。

宋末胡三省又为《通鉴》作注，其序曰："为人君而不知《通鉴》，则欲治而不知自治之源，恶乱而不知防乱之术。为人臣而不知《通鉴》，则上无以事君，下无以治民。为人子而不知《通鉴》，则谋身必至于辱先，作事不足以垂后。乃如用兵行师，创法立制，而不知迹古人之所以得，鉴古人之所以失，则求胜而败，图利而害，此必然者也。"①

宋代史学是我国史学发展一个高峰。《资治通鉴》的完成，使编年体史书得到新的发展，此后又有李焘的《续资治通鉴长编》、李心传的《建炎以来系年要录》、徐梦莘的《三朝北盟会编》，这三部书都写成于南宋初年，是关于北宋历史的资料宝库。

《续资治通鉴长编》 南宋李焘 李焘(1115—1184 年)，字仁甫，眉州丹棱(今四川眉山)人。其父通习本朝典故，自幼受到很好史学熏陶。宋高宗绍兴八年(1138 年)中进士。宋孝宗三年(1167 年)荐入京官，任礼部员外郎，兼国史院编修官。乾道四年(1168 年)，以礼部郎官进所著《长编》一百八十卷，颇受皇帝赏识，孝宗淳熙十年(1183 年)最后一次入朝，进敷文阁直学士兼侍讲，同修国史。翌年病逝临安，年七十岁。

他的《长编》最后完成是在知遂宁府任上。他任地方官时，政绩显著，关心民间疾苦，注意打击豪强，在政治上倾向司马光，"独不乐王安石学"。

他一生博览群书，慨然以编辑宋史为己任，网罗北宋九朝史迹四十余年，所著《长编》是《通鉴》的后续之作。其凡例一律以《通鉴》为准。"宁失于繁，无失于略"，而他自己的撰述"篇帙或相倍

① 《新注资治通鉴序》，中华书局 1956 年 6 月版，第 1 册第 24 页。

蓰”（倍是一倍，蓰是五倍），正合长编之体，他修长编，和司马光一样，首先广集资料，博采群书，上至各类官方文件，下至私家笔记、野史、碑志、文集等百家杂著。

《长编》记北宋一百六十八年的史迹，今存一百三十多年史实，近五百万言。而《通鉴》记一千三百六十二年史实，只用三百余万言，可见长编之繁。

《四库全书总目》说：“《长编》广收博采，以待后世史家删削。其史料广深详备，是读史者考证史料之源泉。”

编定《长编》就是为修宋代的编年史汇集资料。

李焘在进书上言中自谓：“臣今纂集义例，悉用（司马）光所创立，错综铨次，皆有依凭。顾臣此书，讵可便谓《续资治通鉴》？姑谓《续资治通鉴长编》可也。旁采异闻，补实录、正史之阙略，参求真是，破巧说伪辨之纷纭，益以昭明祖宗之丰功盛德。”

他认为此书“于实录、正史外，颇多所增益”，凡“大废置、大征伐，关天下之大利害者”，都取“宁失之繁，无失之略”的原则；他著此书“网罗收拾垂四十年”，“精力几尽此书”。①

此书系后人从明修《永乐大典》中所辑出，是北宋最重要的编年史。原起建隆元年，迄于靖康，凡九百八十卷。

本书“于实录、正史之外，凡传记、小说，采摭殆尽，考其异同，定其疑谬，精密切当，皆有依据”。

当然，也是“考其异同”，效法司马光。今本《长编》李焘自注，就是考异性质的注文，有人统计约有一万二千余条，计七十余万字。

---

① 上引皆出自《文献通考·经籍考20·续通鉴长编举要》。

李焘不赞成王安石变法。《宋史·李焘传》说他“耻读王氏书”，对司马光却佩服之至。但《长编》中却保存了大量变法的史料，今天《熙宁奏对日录》赖以得见一二，就是《长编》中所采录的。为什么会如此，也只能从“以古为鉴”这一点求得说明。

《长编》于淳熙十年(1183 年)完成。孝宗说他的书“无愧司马迁”①。宋代思想家叶适以为“李焘史最信而核”②，清朱彝尊说：“宋儒史学，以文简(李焘)为第一。盖自司马君实、欧阳永叔书成，犹有非之者，独文简免于讥驳。”③

在《通鉴》影响之下而成的宋人编年史，还有：

《建炎以来系年要录》 南宋李心传 心传(1166—1243 年)，字微之，隆州井研(今四川井研)人。早年科举失意，遂不复应举，闭户读书，发奋著述。以著作闻于世，六十六岁受召入京，为史馆校勘、赐进士出身，专修《中兴四朝帝纪》，未就而罢。后任著作佐郎兼四川制置司参议官，诏许免于议事，辟官置局续修《十三朝会要》，淳祐三年(1243 年)卒。

《要录》是李心传盛年时期的著作。全书二百卷，编年记事，起建炎元年(1127 年)，终于绍兴三十二年(1162 年)，记高宗朝三十六年事。史料出自日历、实录、会要，这都是官书，他还广取私家各种著述，考订精细。北宋末及南宋初史事，记载甚详。

此书辑自《永乐大典》，解放后重印国学基本丛书本，中华书局发行。

《三朝北盟会编》 南宋徐梦莘 徐梦莘(1126—1207 年)，

---

① 《宋史·李焘传》。
② 叶适：《习学纪言序目》。
③ 《曝书亭集》。

字商老,临江(今属江西清江)人。宋高宗绍兴二十四年(1154年)进士及第。他淡泊仕进,而于靖康之乱思欲深究,乃网罗旧闻,荟萃同异,从进士及第到撰成《三朝北盟会编》恰四十年,实是其毕生精力所得。

三朝者,徽、钦、高三朝也。北盟,指和金国的关系,和与战都包括在内。这是一部材料汇编,按时间顺序排列。所录材料,前面都有概括的标题,都是些原始材料,包括当日官方的盟书和文告。《会编》全书分上、中、下。徽宗政和、宣和事为上帙,二十五卷;钦宗靖康事为中帙,七十五卷;高宗建炎、绍兴事为下帙,一百五十卷。帙末有诸录杂记五卷。其记事,上起政和七年(1117年)宋金协议攻辽的海上之盟,下讫绍兴三十一年(1161年)宋金联盟破裂、金主完颜亮征淮身死,共四十五年间事。全书收罗宏富,引书多至二百余种,所记两宋史事十分翔实,在如此动荡的局面下,即使官修也难以做到。

徐梦莘说他书中史料取于"诏、敕、制、诰、书、疏、奏议、纪传、行实、碑志、文集、杂著,事涉北盟者,悉取铨次"。清修四库书,对之颇有改窜,惟蜀中刻本保存原来的样子。

《续资治通鉴》 清毕沅 毕沅,乾隆进士,官至湖广总督,通小学经史。

毕沅在任时,延请学者邵晋涵、王鸣盛、钱大昕、章学诚等人,撰修《续资治通鉴》。此四人皆著名史学家。邵氏是《四库全书总目·史部》提要撰写人,他精通历史;王氏撰有《十七史商榷》,对宋以前正史作过精确考证与评论,是著名考据学家;钱氏著《二十二史考异》;章氏著《文史通义》。他们都是编《续资治通鉴》的最佳人选。以徐乾学《通鉴后编》为底本,进行编修,补充大量新史料,历二十年成书，堪称《续资治通鉴》集大成之作。

这部书未出之前，续《通鉴》之作已非一种，明代陈桱、王宗沐、薛应旂都有所著述，但“疏舛过甚”。清初徐乾学约集名家万斯同、胡渭、阎若璩成《资治通鉴后编》，缺点仍然很多。

毕沅在这些著作的基础上，“博稽群书，考证正史”，“始宋迄元，为《续资治通鉴》二百二十卷”（钱大昕）。“宋事据丹棱、井研二李氏书而推广之，其辽金二史所载大事，无一遗落，又据旁籍以补其逸”，“元事多引文集，而说部则慎择其可信者。仍用司马先例，折衷诸说异同，明其去取之故以为考异。”

由于该书上限与《通鉴》的下限衔接，后人将两书合订，称为《正续资治通鉴》，已为史学界公认。

第十八章　纪 事 本 末

除了正史、编年史二体之外，我国史书之体裁，其重要者，为纪事本末体。又称类史，创自宋袁枢《通鉴纪事本末》，它不以人为中心，而以事件为中心，分类编排，每篇叙述一件史事，摸清源流易于通晓，但缺乏史事间横向的联系。

《通鉴纪事本末》　南宋袁枢　袁枢(1131—1205 年)，字机仲，南宋建安(今福建建瓯)人。一生没做官，但是为人正直，关心民生疾苦。自幼好学，喜爱读《资治通鉴》。抄《通鉴》而成的史学名著。

《宋史》本传称：枢"常喜诵司马光《资治通鉴》，苦其浩博，乃区别其事而贯通之，号《通鉴纪事本末》"。

他将载有一千三百余年之事，约有三百多万字的《资治通鉴》打散重编，依事立目，将有关文字抄编在一起，不仅史料全取自原书，文字也不改，汇列成二百三十九个子目，每一事按时间顺序，作有头有尾的详细叙述。在分立子目确定标题上，袁枢花了很大力气。

清代四库馆臣评说："枢所缀集，虽不出《通鉴》原文，而去取剪裁，义例极为精密。"①如无精心探究，是很难独出心裁、另谋新编的。他对《资治通鉴》的改编，开发出一种新的史学体裁，即纪事本

---

① 《四库全书总目》第 49 卷，中华书局 1965 年 6 月版。

末体，在这方面，袁枢所作是一个创造。

由于他的贡献，传统史书又增加了新的体裁。这种体裁以事件为中心，标题立目，叙述有系统，内容集中，简明扼要，使读者对历史事件能弄清前因后果，来龙去脉，读之一目了然，既可避免传记体史书的重复，又可以避免编年体史书的分散割裂，易读易记，有利于初学。

四库馆臣又说："纪传之法，或一事而复见数篇，宾主莫辨；编年之法，或一事而隔越数卷，首尾难稽。枢乃自出新意，因司马光《资治通鉴》，区别门目，以类排纂，每事各详起讫，自为标题，每篇各编年月自为首尾。始于三家分晋，终于周世宗之征淮南，包括数千年事迹，经纬明晰，节目详具，前后始末，一览了然。遂使纪传编年贯通为一，实前古之所未见也。"①

章学诚说："本末之为体，因事命篇，不为常格，非深知古今大体天下经纶，不能网罗隐括，无遗无滥。文省于纪传，事豁于编年。决断去取，体圆用神，斯真《尚书》之遗也。在袁氏初无其意，且其学亦未足语此。"②

梁启超以为这一种史书的体裁与他所理想的新史最为相近。

他说："盖纪传体以人为主，编年体以年为主，而纪事本末体以事为主。夫欲求史迹之原因结果以为鉴往知来之用，非以事为主不可。故纪事本末体，于我侪之理想的新史最为相近，抑亦旧史界进化之极轨也。"③

如秦末陈胜、项羽、刘邦之反对暴秦，约为"豪杰灭秦"；刘秀起

---

① 《四库全书总目》第 49 卷，中华书局 1965 年版。

② 章学诚：《文史通义 · 书教下》。

③ 梁启超：《中国历史研究法》，华东师大出版社 1995 年版，第 27 页。

兵以至称帝,约为“光武中兴”;汉末黄巾起义,约为“黄巾之乱”;唐初翦灭群雄,包括农民起义军在内,约为“唐平东都”(李密、王世充)、“唐平河溯”(窦建德)、“唐平陇右”(薛举)、“唐平河西”(李轨)、“唐平河东”(刘武周)、“唐平江陵”(萧铣)、“唐平江淮”(杜伏威、辅公祐)、“唐平山东”(刘黑闼),凡八事,有头有尾,按年代顺序,全录《通鉴》之文。这部书于初学,是很方便的。

但是,事情还有另一面,钱穆先生的《中国历史名著》对袁枢的《通鉴纪事本末》提出了许多问题。钱穆先生说:“我们读此书,便会给他书中所定题目引起我们一个不正确的历史观,把历史真看成一部相斫书。”“我们要读袁枢的纪事本末,只要先读他书的目录和标题,便知他实在完全不懂得历史,不懂得历史里的许多事。所谓的历史,并不是只有动和变和乱,才算是事。在安定的常态之下,更有历史大事。”①

于此可见,人们的眼光不同,所见历史也就不同。

继此而作的有清高士奇的《左传纪事本末》。清初,马骕写了一本《绎史》,一百六十卷从开天辟地起写到秦末为止,也是纪事本末体。此外还有宋、辽、金、夏、元、明、清各朝代的纪事本末等。因为这种集录,便于观览,于是作者继踵而出。

《宋史记事本末》《元史纪事本末》　明陈邦瞻　陈邦瞻,字德远,明代高安(今江西高安县)人。他将原先冯琦起草的《宋史记事本末》和沈越的《事纪》(此二书均未完成)合为一书,加以增订,于万历二十二年(1604 年)开始编撰,历时一年,立有一百零九个事目,完成了《宋史纪事本末》,约六十万字。

---

① 钱穆:《中国史学名著》,三联书店 2000 年版,第 193—201 页。

又用了一年左右时间，完成了《元史记事本末》初稿，全书有二十七个子目，十万字，其材料主要来自明代官修的《读通鉴纲目》和薛应旂的《宋元资治通鉴》，二书对了解宋元历史有参考价值。

《宋史》有五百多卷，不易通读。此二书以较小篇幅，还是依事立目，对史料剪裁，整理、集中，便于初学。两书涉及的内容相当广泛，对于宋元时期重大政治事件，以及辽、夏、金和吐蕃、广源等少数民族历史，都有概括叙述。关于典章制度、营田治河、学校科举、礼乐封祀、天文历法、学术宗教也都专门立篇记载。重大的农民起义，坚持守土抗战的忠勇之士，如宋代的寇準、李纲、种师道、宗泽、岳飞、陈亮等，书中都有表彰与记载。

此外，由于两书成于一人之手，叙事衔接照应，如同一部书的上下编。

《明史纪事本末》 清初谷应泰 谷应泰，字赓虞，号霖仓，直隶顺天府丰润县(今河北丰润)人，进士出身。顺治十三年(1657年)出任浙江提督学政，设书舍于西湖畔，题名“谷霖仓著书处”，着手编撰明史。顺治十五年(1659年)冬，书成刊行。谷主持编《明史纪事本末》时，正值清代初年时势纷乱之时，官修《明史》还没有动手，又野史材料遗留很多。谷能广泛网罗采集材料，他不仅参考张岱《石匮藏书》、谈迁《国榷》，而且对高岱《鸿猷录》、范景文《昭代武功编》也多取材。至于崇祯朝史实，十分珍贵。

本书史料多有出于官修《明史》之外，故比《宋史记事本末》有价值！全书立有八十个专题，提纲挈领，完整地记叙了明代从开国到灭亡的重大历史事件，诸如农民起义、宦官专权、皇室内部手足相残，以及统治者内部激烈党争，都有专题反映。

第十九章 政　书

政书是记述制度文物之沿革的史书，等于今天的文明史，但在过去史部子目中，称为政书。创造这种史书的是唐杜佑。

《通典》 唐杜佑 是我国第一部专门论述典章制度的通史。

杜佑(735—812 年)，字君卿，唐京兆万年(今陕西长安县)人。唐朝著名的政治家和经济家，杰出的史学家。他历事五朝，从德宗末年到顺宗、宪宗，三为宰辅，一生好学不倦，“性嗜学，该涉古今，以富国安人之术为己任”。“虽位极宰相，手不释卷，质明视事，接对宾客，夜则灯下读书，孜孜不怠。”①

他在位期间，推行两税法，又曾长期从事财政工作，担任江淮青苗使、客管经略使、水陆转运使，曾任岭南节度使、淮南节度使，又深知科举弊端。在世风日坏、唐国力衰败、制度的巨变中，杜佑潜心三十六年，完成通典的写作。

杜佑力图从历史典章制度的沿革变化中，总结得失利弊，为唐王朝提供鉴诫和救世之方案。纪传体的通志，实际上是讲典章制度的，“采五经群史，上自黄帝，下自有唐天宝之末，每事以类相从，举其始终历代沿革废置，及当时群士论议得失，靡不条载，附之以事。如人支脉，散缀之体。”②

---

① 见《新唐书》、《旧唐书》中《杜佑传》。

② 杜佑:《通典 · 李翰序文》。

《通典》上起黄帝，下迄天宝末年，肃、代以后的变革多以夹注补入。全书共二百卷。排列顺序是：食货、选举、职官、礼、乐、兵、刑、州郡、边防等九大典。其中以食货、职官、兵、边防为最出色。

他自叙说，治理天下，在于教化，而衣食是人生基本的需要，故食货第一；教化又是通过设官置史来实现，选举是选择官吏的主要方法，职官又是各种机构的设置及人事，故列选举、职官为第二、第三；设置礼制来规范人的行为，礼乐以和人心，列礼、乐为第四、第五；礼乐不足以遏止人的犯罪之心，不得已则以刑罚惩治之，列刑为第六；从地域看由中央到地方呈辐射状，统治力量覆盖四方，列州郡、边防为第七、第八。

这种编撰方法，对于探本穷源、追索古今制度沿革变化线索十分有用。

杜佑首创的制度通史，丰富了我国古代史的编纂学。从《汉书》等断代史的志书出现，到《通典》的形成，标志着我国古代史学的发展开始进入一个新的时期。新时期的特点在于，史书体例的编纂形式由主要以人物活动为中心的纪传体扩展为将目光投向人们活动的社会积淀物——典章制度，由此将启迪人们从更深处来思索社会历史发展过程中出现的种种问题。

从杜佑的《通典》中可以看到他的历史进化观。杜佑肯定郡县制的优越性。他认为一种制度是否优越，主要看它是否有利于人民的生活的安定和富庶。他意识到人民才是国家的主体。

《通志》　南宋郑樵　郑樵（1104—1162 年），字渔仲，福建兴化县人。家道中落，生活贫苦，然有志于学。十六岁起，僻居海隅，谢绝交游，读书夹漈山中，自号“溪西逸民”。

他本是一位热血青年，有“一片将军爱国心”，[①]怀报国壮志，上书枢密院，纵论形势，自称“古所谓能死义之士也”[②]。

他以经国济世为求学宗旨，他的著作有八十四种，多遗失。《通志》二百卷即其所著。通，会通之义，其总序言其著书之旨甚详。

章学诚极称之，“郑氏《通志》，卓识名理，独见别裁，古人不能任其先声，后代不能出其规范。虽事实无殊于旧录，而辨名正物，诸子之意，寓于史裁，终为不朽之业矣。”[③]

章氏又云：“郑樵生千载而后，慨然有见于古人著述之源，而知作者之旨不徒以词采为文，考据为学也。于是遂欲匡正史迁，益以博雅；贬损班固，讥其因袭，而独取三千年来遗文故册，运以别识心裁，盖承通史家风，而自为经纬，成一家言者也。”[④]

郑樵将“会通”作为撰史、评史的最重要原则。着重于从历史的进程、从宏观的角度来考察社会的变化，他把历史看成是一个不可分割的整体。他又从社会生活的横切面将其分为政治制度、经济制度、天文、地理、文字、音韵。

他认为历史研究的对象是社会本身。如典章制度等，而不是什么“春秋笔法”和圣人的“微言大义”。

《通志》一书“集天下之书为一书”，从三皇写到隋唐，是综合历代史料的通史。体例效法史记，分为本纪、列传、年谱和略四部分。

年谱相当于各史之表，略相当于各史之志，纪传来源正史。

---

① 《遗稿》卷1《吊采石渡将军》。

② 郑樵：《上宇文枢密书》。

③ 章学诚：《文史通义·释通》。

④ 章学诚：《文史通义·申郑》。

《通志》一书中的“二十略”是郑樵一生最用心的部分。除了传统的礼、职官、选举、刑法、食货之外，又新创了六书、七音、氏族、都邑、昆虫草木等。以区分类别、考核源流为基本方法，分门别类综合历代典章制度、学术文化，以探求源流，是有关学术和文化史的重要资料。

《文献通考》　元马端临　马端临(1254—1323年)，字贵与，饶州乐平(今江西乐平县)人。元代杰出史学家。三十岁左右开始编写《文献通考》，五十多岁完成。

杜佑《通典》巨制，大为后人佩服，但真正继承和发展《通典》撰述规模的是马端临的《文献通考》。

因此可以说，《通考》是一部继杜佑《通典》之后，更加详备的同类著作。

《通考》分二十四门，《经籍》、《帝系》、《封建》、《象纬》、《物异》五门为新立，其他十九门为《通典》旧有。

《通考》在《通典》基础上有所发展，将《食货》放在第一位，继则政治、文化。《通典》的《礼典》，占全书一半，《通考》的《礼典》不足五分之一。《兵考》除了讲兵法，还详述古今兵制的沿革，其编排有序，先引史实，再加诸儒议论，马端临另加按语。

《文献通考》共三百四十八卷。计分二十四门，其中《田赋》、《钱币》、《户口》、《职役》、《征榷》、《市籴》、《土贡》、《国用》、《选举》、《学校》、《职官》、《郊社》、《宗庙》、《王礼》、《乐》、《兵》、《刑》、《舆地》、《四裔》等十九考，为《通典》所有，而分门别类更加精细。

而《经籍》、《帝系》、《封建》、《象纬》、《物异》，则为马氏新创。

《自序》说他作《文献通考》的目的是“考制度，审宪章”，完成一个“通儒”的事业；不满班固“断代为史，无会通因仍之道”；匡正《通鉴》"详于理乱兴衰，而略于典章经制"之失，补《通典》"天宝以后"、《会要》"唐以前"之史实。

戴扬本说："无论是时间顺序，或以学术成就来说，马端临都可以说是以会通风气相号召的南宋史学总结性人物。"①马端临认识到"断代史遂失去会通大义"，只有冲破断代史的极限，通过对数千年制度史沿革发展的考察，才能看到制度性变动的合理性和必然性。

马氏不拘于正统思想的束缚，也不顾统治者的忌讳，在考察数千年社会制度时，对统治者的残暴和制度的腐败都能客观地予以揭露。杜佑《通典》只到唐中期，而马端临的《文献通考》则直到宋末，他的材料比杜佑《通典》要多。

以上杜佑的《通典》，郑樵的《通志》与马端临的《文献通考》合称"三通"。

"三通"中，杜佑本人是宰相，杜佑写了《通典》，马端临的父亲也是宰相，他写了《通考》，这两本书是专讲政治制度而又讲得很好的书。

据钱穆说，在外国史籍中，绝对找不出同样如此伟大的书来。②至于郑樵则是乡间老儒，在讲传统制度方面，不如杜马。《通志》所长，乃是氏族、六书、艺文、校雠诸略。

章太炎说："今人欲读政书，自以《通典》、《通考》为最要，《通志》已无所用。至读皇朝《三通》，则不如读《大清会要》。要之《九通》之中，有用而须熟读者，只《通典》、《通考》二书已而。"③

---

① 戴扬本：《史笔春秋》，北京语言文化大学出版社1998年版，第119—121页。

② 钱穆：《中国史学名著·马端临文献通考》，三联书店2000年版，第217—230页。

③ 章太炎著：《国学略说·史学略说》，上海文艺出版社2001年1月版，第131—132页。

第二十章　史评和学术史

史评类有刘知幾的《史通》、章学诚的《文史通义》、王夫之的《读通鉴论》、《宋论》;学术类有黄宗羲的《明儒学案》。分述如下:

《史通》　唐刘知[redacted]　刘知幾(661—721年),字子玄,唐彭城(今江苏徐州市)人。二十岁中进士,一生不被重用,一生酷爱史学。

根据《文心雕龙·史传篇》的要旨,于中宗景龙四年(1710年)撰写成《史通》,对唐以前的全部史书,都提出分析和批判,是我国第一部有系统的史学评论。全书共二十卷四十九篇,内篇三十六篇,外篇十三篇。

他的《疑古篇》对《舜典》提出质疑。云:"《虞书·舜典》云:五十载,陟方乃死,注云:死苍梧之野,因葬焉。苍梧……地气敲瘴,虽使百金之子,犹惮经履其途,况以万乘之君,而堪巡幸其国!且舜舍兹宝位,何得以垂殁之年,更践不毛之地,兼复二妃不从,怨旷生离,万里无依,孤魂溘尽,让王高蹈,岂其若是者乎?"

他的《惑经篇》直言《春秋》之义所"未谕者十有二,虚美者五"。

刘知幾这种以古事可疑、以六经为惑的精神,是和王充的《问孔》、《刺孟》的精神前后相映的。

刘知幾是我国第一个系统地阐述其史学理论的作者。他通过对史书的评论,发表其史学见解。正如刘勰的《文心雕龙》是我国有系统的文学理论书一般。

《史通·自叙》说："若《史通》之为书也，盖伤当时载笔之士，其义不纯，思欲辨其指归，殚其体统，夫其书虽以史主，而余波所及，上穷王道，下掞人伦，总括万殊，包吞万有。自法言以降，迄于文心而往，固以纳诸胸中，曾不蒂芥者矣。……夫其为义也，有与夺焉，有褒贬焉，有鉴诫焉，有讽刺焉，其为贯穿者深矣，其为网罗者密矣，其所商略者远矣，其所发明者多矣。"

刘知幾最重"徵实"，他惑经、疑古，都是因为经和古有不实之处。他反对"怯书今语，勇效昔言"，主张"事皆不谬，言必近真"[①]。他反对曲笔，晋初诸葛诞、毋丘俭反对司马氏，"破家殉国，视死如生"，却被史书称为"逆"，刘知幾以为这不能激扬名教，"以劝事君"[②]。

刘氏以为史书不当书者有四：祥瑞之非关治乱，官吏之位号非实，父兄之官位无闻……都不当书。[③]至如少数民族（廪君、盘瓠）的传说，州闾、委巷的细事琐言，也不当见之于史著，就充分说明了知幾的史学思想的局限。徵实，当然是对的。祥瑞，如他所说，是"主上所惑，臣下相欺，故德弥少而瑞弥多，政愈劣而祥愈盛"，记载下来，也足供后人认识那个时代。

他批评唐修诸史，最为有力，例如《晋书》，"多采《语林》、《世说》、《幽明录》、《搜神记》，或诙谐小辨，或神鬼怪物，非事非圣，扬雄所不观，其言乱神，宣尼所不语"[④]，就不一定正确。

刘知幾提出史家必须具备史才、史学、史识，三者缺一不可。

他说："史有三长，才、学、识，世罕兼之，故史才少。夫有学无

---

① 刘知幾：《史通·言语篇》。
② 刘知幾：《史通·曲笔篇》。
③ 刘知幾：《史通·书事篇》。
④ 刘知幾：《史通·采撰篇》。

才，犹愚贾操金，不能殖货；有才无学，犹巧匠无楩楠斧斤，弗能成室；善恶必书，使骄君贼臣知惧，此为无可加者。”①

他这种说法，清代章学诚以为还当加史德一项，史德即作史时的用心，这实在是一个人的品质问题。

史识，就是理论修养，当然还有别的因素，俗话说“见多识广”，除读书外，还要行万里路，作许多调查，广交朋友（包括和自己职业不同的朋友）。

史才，主要是文学方面的修养。司马迁、班固都是文学家。文学修养之外，理论修养也与才分不开。

史德，用孟子的话来说，就是“富贵不能淫，贫贱不能移，威武不能屈”；人是高尚的，有道德的。孔子说“见贤思齐”，我们现在说“不谋私利”，都是史学家应当具有的品德。

刘知幾从宏观角度对唐代以前的史书，包括被尊为经典的史书从内容到编撰方法，提出批评，指出得失，将已有的史书，从编撰体例上分为“六家”和“二体”。

所谓六家即：《尚书》家、《春秋》家、《左传》家、《国语》家、《史记》家、《汉书》家。

所谓二体即：编年体、纪传体。

《尚书》家为记言的史书，相类者如晋孔衍所作的《汉尚书》、《后汉尚书》、《魏尚书》，隋王邵的《隋书》，今俱不传。

《春秋》家为记事的史书，相类者（以事系日，以日系月，言春以包夏，举秋以兼冬）惟《竹书纪年》。

《左传》家为编年的史书，相类者今存者唯荀悦之《汉纪》。袁

---

① 《新唐书》本传。

宏之前,后《汉纪》、干宝《晋纪》、孙盛《魏春秋》、裴之野《宋略》,今均不存。

《国语》家为分国的史书,相类者今存者有《战国策》,若司马彪《九州春秋》之类,现在都不可得见了。

《史记》家为通古的史书,相类者今存者唯南、北史,梁武帝曾敕群臣,起太初,迄齐亡,撰成《通史》六百二十卷,今不存。

二体中只有《汉书》家断代为史纪传体史书为最盛,一部二十四史则大都是纪传体的史书,其在史学中亦为大国。

二体中的《左传》家则编年为史,《通鉴》、《续通鉴长编》承其绪。

总之,六家中《尚书》记言而不著岁序,《春秋》记事而不详颠末,《国语》国别而不归典式,《史记》代远而不立限断,都不免有局限;惟独《左传》,"经年纬月,叙事则诠次分明","《汉书》纪志表传,举一朝则起讫完具"。

因此得出"六家"中惟有《左传》编年、《汉书》纪传二体为自尔迄今、无改斯道得结论。正如浦起龙所说:"六家举史体之大全,二体定史家之正用。"①

《史通》之后,史学理论著作几乎寂寞了一千年。到章学诚的《文史通义》问世,才出现史学理论的复兴。

《文史通义》 清章学诚 章学诚(1738—1801年),字实斋,是浙江会稽(绍兴)人,生于清乾嘉盛世。青少年时,即有志于史学,终于成为著名的史学家。所著《文史通义》是评论文史的著作,以评论史学为主,是他的代表作。

---

① 浦起龙:《通释》按语。

当乾嘉考证之风正盛之时，他能提出史纂、史考和史学的不同。他的“六经皆史”的主张，是大胆的、正确的。虽然他只说六经均出于史官，实则把六经都看作史料。

章学诚把古往今来的史书分成两大系列，一是记注，一是撰述。记注即吾人所说的史料，撰述即史著。

《通鉴》，在他看来是史著。他以为史著当中，有“比次之书”（史纂），有“独断之学”（史学），有“考索之功”（史考）。

他说：“高明者多独断之学，沉潜者尚考索之功。”[①]他提倡通史，赞扬郑樵而鄙视马端临。在他看来，郑樵有史识未有史学，曾巩具史学而无史法，刘知幾得史法而不得史意，他自以为四者都通。

章学诚认为不可“离事而言理”（《易教上》），“道不可见，见者惟象”。《书教上》说：“取材难，则伪乱真矣。伪乱真而文胜质，史学不亡而亡矣。”称引孔子“我欲托之空言，不如见诸行事之深切著明也”的话，以为这是“史氏之宗旨”。

对古今关系，章学诚有正确的认识，“不知当代，而言好古，不通掌故，而言经术。虽极精能，其无当于实用也，审矣。”他认为不可“舍今而求古”，不可“舍器而求道”，“舍人伦日用而求学问精微”。“夫三王不袭礼，五帝不沿乐。不知礼时为大，而动言好古，非真知古制者也。”实际上，这就是对当日学风的批评。

章学诚对学问的认识也是很深的。他以为记诵是学问的舟车。人有所适，必藉舟车，至其地，则舍舟车矣。一步不行的人，是可以不用舟车的，但他以为这是和有所适而舍舟车的人是一样的，

① 章学诚：《文史通义·答客问中》。

这是“似之而非”的。

章氏以为“作史贵知其意,非同于掌故,仅求事文之末也”①。因此,他在刘知幾论史学必须在才识学之外,加上史德。

《读通鉴论》《宋论》　清王夫之　王夫之(1619—1692年),字而农,号薑斋,晚年隐居湖南衡阳湘水西岸石船山,从事著述,人称船山先生。

《读通鉴论》和《宋论》“成于船山最晚之岁,船山晚年,读史有感,随事而发,初无意为文,故每篇不立题目,而于上下古今兴亡得失之故,制作轻重之原,均有论列。又自以身丁末运,明帜已易,禹甸为墟,故国之痛,字里行间,尤三致意焉”②。其论史以阐明其政治思想,在这方面,他反对泥古的法制,治大、治小固不可一律,治古、治今更应因时而为。他还反对徒恃法以为治,主张为政尚简。他对史学中的正统论和言必称三代作了批驳,他的“势、理、天合一”的历史哲学思想最具特色。

此外,关于史论的资料,还散见于历代正史的论赞中。

如《史记》中的太史公曰,其所论则不仅是历史人物。

范晔作《后汉书》,对其传论,是很自负的。既说有“精意深旨”,又说“笔势纵放,实天下之奇作。其中合者,往往不减《过秦》篇”③。

《晋书》的《宣帝纪》、《武帝纪》及陆机、王羲之两传的四篇论赞,是唐太宗亲自写的。唐修五史,《梁书·敬帝纪》,其后总论梁一代兴亡,是魏徵署名的,说梁之亡,是由于“不能息末敦本”,“流连释老”,“惑于听受,权在奸佞,诸后百辟,莫得尽言”。

---

①　章学诚:《文史通义·言公上》。

②　王船山:《宋论·点校例言》,舒士彦点校,中华书局1964年版。

③　《狱中与诸甥侄书》。

《陈书·后主纪》，魏徵综论陈政之失，说“高宗始以宽大得人，终以骄侈致败”。高宗是陈宣帝，江陵陷落，他曾被迁于关中，后自周还，总军政，陈的北边，曾一度奄有淮泗。陈后主则是所谓“生深宫之中，长妇人之手”、“不知稼穑艰难”的亡国之君。

《新五代史·伶官传》论，是欧阳修的名篇。他论晋庄宗自兴盛而灭亡，说：“忧劳可以兴国，逸豫可以亡身”，说“祸患常积于忽微，而智勇多困于所溺”，这也是一种史论。

《明儒学案》　清黄宗羲　黄宗羲(1610—1695年)，字太冲，出身明末仕宦之家。其父黄尊素是明后期著名东林党人，遭阉党迫害而死。黄宗羲对晚明政治的腐败和黑暗刻骨铭心。青年时期刻苦治学，是复社中坚。

《明儒学案》乃我国学术史的始祖。

全书六十二卷，叙述明代二百余年间学术思想发展情况。开创了以学案为体裁的史书编纂工作。全书以明代影响最大的学者王守仁和刘宗周为中心，兼及其余重要学派，概括了明代二百余名学者的学术成果，立十九个学案。

宗羲于凡例中说：“此编所列，有一偏之见，有相反之论，学者于其不同处，正宜著眼理会，所谓一本而万殊也。以水济水，岂是学问？每一学案，先有一简要文章说其学说大旨及师友传授，然后叙其人的生平，及其学问大旨。”

如《姚江学案》，先云：“有明学术，白沙开其端，至姚江而始大明。自姚江指点出良知，人人现在，一反观而自得，便人人有个作圣之路，故无姚江，则古来之学派绝矣。”然后具列浙中十九人，江右二十七人，以至粤闽二人。然后叙阳明之生平及其学术思想。

钱穆极称此书，誉“为学术史不磨之创作”。又说：“梨洲治史，特点有二。一曰注意于近代当身之史，二曰注意于文献人物之史"，说得很有见地。章学斋的强调知今，不赞成"舍今而求古"，实亦得梨洲之传。钱穆先生说："在历史名著中有关学术史方面的，诸位至少应读此一书而已。"①

学案一体，宗羲倡之，其后继之者有《宋元学案》、《清儒学案》、《中国近三百年学术史》，亦取以为法。

① 钱穆：《中国史学名著》，三联书店2000年版，第252页。

附录:诗史略说

在世界文学之林中,中国的诗歌,是极具特色的。其形式之美(当然包括声韵),就是印度、欧洲(不论是古代希腊和近代俄、德、英、法)都不能和它比。

文字诉诸想象,便是文学。在中国传统中,主要表现为诗词。

最早的诗见于《吴越春秋》之《弹歌》:

断竹、续竹,
飞土、逐肉。

又见于《易经 · 屯》:

屯如,邅如,
乘马班如,
匪寇,婚媾!

这也许是最初的诗的话语,倘要再朝上古去考古的话,那就是鲁迅所提的“夯吆夯吆派”了。

与其他民族古代长篇叙事诗相比,我国古诗词注重的是情感感受本身,所谓赋比兴的美感,正是隐喻的效果。根据范文澜先生的观点,中国古代的文化,北方黄河流域是史官文化,南方长江流域系巫官文化。由此发生中国诗歌的两种不同风格,形成两种不同的文学源头:在北方是《诗三百》,在南方是《楚辞》。

《诗三百》 司马迁说古诗有三千多篇,“上采契后稷,中述殷周之盛,至幽厉之缺”。被孔子删为三百零五篇。

周诗三百篇，其中国风，多写男女恋情。《野有死麇》云："野有死麕，白茅包之。有女怀春，吉士诱之。林有朴樕，野有死鹿。白茅纯束，有女如玉。舒而脱脱（同蜕）兮，无感我帨兮，无使尨也吠。"

以内容来分，有风、有雅，有颂。风是"闾巷之情"，雅是"朝廷乐歌"，颂是"宗庙乐歌"。《关雎》为风之始，《文王》为大雅之始、《鹿鸣》为小雅之始，《清庙》为颂之始。这就是所谓"四始"。

以体制来说，有赋，有比，有兴。赋是叙事抒情，比是以物言志，兴是托物为辞。

《七月》诗云："春日迟迟，采蘩祁祁，女心伤悲，殆及公子同归。"

《东山》诗云："我徂东山，慆慆不归。我来自东，零雨其濛。我东曰归，我心西悲。"这都是直抒胸臆，即所谓的赋。

《蒹葭》诗云："蒹葭苍苍，白露为霜。所谓伊人，在水一方。"

《绸缪》诗云："绸缪束薪，三星（参星）在天。今夕何夕，见此良人。"这就是所谓托物言情的兴。

《硕鼠》诗云："硕鼠硕鼠，无食我黍，三岁贯女，莫我肯顾。逝（誓也）将去女，适彼乐土。"《行露》诗云："谁谓雀无角，何以穿我屋。谁谓女无家，何以速我狱。虽速我狱，室家不足。"这就是所谓以物言志——比。

以上所引，都出自《风》。有的是《召南》（《行露》），有的是《魏风》（《硕鼠》），有的是《豳风》（《七月》），有的是秦风。《小雅》的《鹿鸣》、《采薇》、《蓼莪》都是名篇。《采薇》诗末章云："昔我往矣，杨柳依依。今我来思，雨雪霏霏。行道迟迟，载渴载饥，我心伤悲。莫知我哀。"《蓼莪》诗云："父兮生我，母兮鞠我，拍我畜我，长我育我，顾我复我，出入腹我。欲报之德，昊天罔极。"（天啊！这是报不了的，没有底的。）《大雅·文王》篇，诗意就很少了。“周虽旧邦，其命维新”，就是其中的名句。颂有周颂，商颂。“天命玄鸟，降而生商，宅殷土芒芒”，就是祀武丁《玄鸟》篇中为人所熟知的句子。

《诗》三百篇，都是以黄河为中心的诗歌，大抵不出今河北、河南、陕西、山西、山东的范围。

《楚辞》 其艺术与思想价值，正如现在地下发掘所表示的，是大大地超过了《诗经》的。鲁迅《汉文学史纲要》云：“《楚辞》……较之于诗，则其言甚长，其思甚幻，其文甚丽，其旨甚明，凭心而言，不遵矩度。”其影响及于后世者，远出《诗经》之上。

《离骚》、《九歌》、《天问》是《楚辞》中的名篇，我以为都是屈原的作品。司马迁作《屈贾列传》，对屈原是很同情的。他说：“屈原之作《离骚》，盖自怨生也。《国风》好色而不淫，《小雅》怨诽而不乱。若《离骚》者，可谓兼之矣。……其文约，其辞微，其志絜，其行廉，其称文小而其指极大，举类迩而见义远。……推此志也，虽与日月争光可也。”

《九歌·湘夫人》云：“帝子降兮北渚，目眇眇兮愁予！嫋嫋兮秋风，洞庭波兮木叶下。”五七古诗和近体诗以及词曲，更是如此。搞文学或是美学的人，常常讲艺术的魅力，我国的诗歌（包括词）是最有艺术魅力的。

在《离骚》中，屈原写自己的追求，说：“闺中既已邃远兮，哲王又不悟，怀朕情而不发兮，余焉能忍与此终古。”不是使我们有着永恒的不可解去的愁怨吗？

屈原在这篇伟大史诗结束时，说：“陟升皇之赫戏兮，忽临睨夫旧乡；仆夫悲余马怀兮，蜷局顾而不行。乱曰：已矣哉！国无人莫我知兮，又何怀乎故都？既莫足与为美政兮，吾将从彭咸之所居。”

二千多年之后，我们似乎还能听到那颗洁如玉的心的跳动。

南方重巫，侑神之词，亦极妍美。

《山鬼》云："余处幽篁兮终不见天，路险难兮独后来。表独立兮山之上，云容容兮而在下。"

《少司命》云："秋兰兮蘼芜，罗生兮堂下，绿叶兮素枝，芳菲菲兮袭余。……秋兰兮青青，绿叶兮紫茎。满堂兮美人，忽独与余兮目成。入不言兮出不辞，乘回风兮载云旗。悲莫悲兮生别离，乐莫乐兮新相知。"

屈原之后，宋玉、唐勒、景差之属，均为楚辞。《九辩》、《大招》，仍属先秦，至《招隐士》（淮南小山）、《哀时命》（庄忌）则为西汉之作。贾谊之《吊屈原》、《鹏鸟赋》均见于《史记》。至项籍之《垓下帐中歌》，刘邦之《大风歌》，也都是楚声。

《楚辞》有东汉王逸注及宋洪兴祖补注。宋朱熹《楚辞集注》，是一个较好的本子。清人王夫之《楚词通释》、蒋骥《山带阁注楚辞》以及近人闻一多、游国恩、陆侃如对此均有著述，郭沫若有《屈原研究》，从艺术、思想上颇多发挥，均可参考。

章太炎说："三百篇以后，直至秦代，无诗可见。一到汉初，诗便出来了。这就是汉高祖的《大风歌》，项羽的《虞兮歌》可说是独创的诗。"①

《大风歌》："大风起兮云飞扬，威加四海兮归故乡，安得猛士兮守四方！"

《虞兮歌》："力拔山兮气盖世，时不利兮骓不逝，骓不逝兮奈若

① 章太炎讲演、曹聚仁整理：《国学概论》，上海古籍出版社 1997 年 12 月版，第 60 页。

何,虞兮虞兮奈若何!”

于此可见不读书的刘项,均好楚声。

《史记·项羽本纪》说:“项王军壁垓下,兵少食尽,汉军及诸侯兵围之数重。夜闻汉军四面皆楚歌,项王乃大惊曰:‘汉皆已得楚乎?是何楚人之多也!’”汉高祖所欢喜的戚夫人,是善楚歌、楚舞的。

两汉诗歌,传者甚稀。今得见者都是楚声。

李夫人因为歌唱得好,为汉武帝宠爱。她的哥哥李延年,亦能歌善舞,颇得武帝的欢心。“每为新声变曲,闻者莫不感动。”李延年陪伴武帝起舞,歌曰:“北方有佳人,绝世而独立,一顾倾人城,再顾倾人国。宁不知倾城与倾国,佳人难再得。”

这首歌词很接近楚词,只是略有变化。

李夫人死,武帝作诗,“令乐府诸音家弦歌之”。

汉武帝为了追悼他的爱人,还作了完全和楚词一样的赋:“何灵魂之纷纷兮,哀裴回以踌躇,势路日以远兮,遂荒忽而辞去。”①

《古文苑》所辑多有汉赋,皆为楚声。

贾谊赋《旱云》说:“惟昊天之大旱兮,失精和之正理。遥望白云之蓬勃兮,滃澹澹而妄止。”

董仲舒赋《士不遇》,说:“虽日三省于吾身兮,繇(犹也)怀进退之惟(同维)谷。”

枚乘《赋忘忧馆柳》说:“忘忧之馆,垂条之木,枝逶迟而含紫,叶萋萋而吐绿。”

司马相如《美人赋》云:“独处室兮廓无依,思佳人兮情伤悲。有美人兮来何迟,日既暮兮华色衰。”

---

① 《汉书·外戚传》。

扬雄、班固、马融、崔寔亦各有名作,妇女如班婕妤(班彪姑)、班昭(曹大家,班固妹)也都有作品。

“武帝尤喜《楚辞》,使淮南王为《离骚》作传。”①

在文学方面,汉人还是以楚词(楚声)为主的。过去的文学史家似未甚注意。清代大学者戴东原好楚辞,其注屈原作品,即以《屈原赋注》为名。但诗歌在汉代还是有变化的。

《柏梁台诗》为七言之始,《三辅黄图》云:“柏梁台,武帝元鼎二年春起。”(《汉书·武帝纪》同)《东方朔别传》曰:“孝武元封三年,作柏梁台诏群臣二千石有能为七言者乃上座。”

《柏梁诗》云:“日月星辰如四时,骖驾驷马从梁来,郡国士马羽林材。”下面还有二十三句,是二十三人作的,最后由东方朔结束:“迫窘诘屈几穷哉。”

东方朔是一个很有趣的人,《史记·滑稽列传》说他是一个“避世于朝廷”的人,他颇自鸣得意,以为古人避世于深山中,不如他避世金马门,可以全身。

顾炎武在《日知录》中以为《柏梁诗》是后人拟作,凿凿有据。

七言之外,还有五言。枚乘开其端,李陵、苏武继其后。李陵《赠苏武诗》见于《初学记》卷十八“离别”,即“携手上河梁,游子暮何之”那一首。

流传很广的《古诗十九首》,大约作于东汉末年,洛阳被董卓焚毁之前,《十九首》的诗人眼中的洛阳,还是两宫双阙、王侯第宅尚巍然无恙,冠带往来,游宴如故。显然是在洛阳残破之前,大约是在桓灵之世,这就是东汉末年所作的了。

---

① 钱基博著:《中国文学史》,中华书局 1993 年 4 月版,第 52 页。

沈德潜《古诗源》云:“《十九首》大率逐臣弃妻朋友阔绝死生新故之感,中间或寓言,或显言;反复低回,抑扬不尽,使读者悲感无端,油然善入,此国风之遗也。”

其所歌咏者,多为相思离别,人生无常,及时行乐,对邪臣当道,贤人放逐,朋友富贵相忘,知音难得,多有感慨。

其第一首即:“行行重行行,与君生别离,相去万余里,各在天一涯。道路阻且长,今而安可知。胡马依北风,越鸟巢南枝。相去日以远,衣带日以缓。浮云蔽白日,游子不顾反。思君令人老,岁月忽已晚。弃捐勿复道,努力加飧饭。”

钟嵘《诗品》评《古诗十九首》是“一字千金”。

汉末蔡琰即蔡文姬,她是蔡邕的女儿,长于文学与音乐,陷南匈奴二十年,归南匈奴左贤王,生二子,后为曹操赎归,她写的《悲愤诗》,是两首很著名的五言诗。

其一首云:“儿前抱母颈,问母欲何之?人言母当去,岂有复还时?阿母常仁恻,今何更不慈?我尚未成人,奈何不顾思!”

这两首诗均见于《后汉书》中的《列女传》。

另一首骚体的,也就是楚歌,则云:

“胡笳动兮边马鸣,孤雁归兮声嘤嘤。乐人兴兮弹琴筝,音相和兮悲且清。心吐思兮匈愤盈,欲舒气兮恐彼惊。”

汉末丧乱,人在穷苦中,鸣出惊心动魄的诗句,所谓时代之不幸,诗人之幸是也。汉末的丧乱在我国历史上却造就了一个诗的时代。

建安文学 “继十九首而振诗风,当然要推曹孟德父子。”[①]

---

① 章太炎语见章太炎讲演、曹聚仁整理:《国学概论》,上海古籍出版社 1997 年 12 月版,第 61 页。

《文心雕龙·时序》论建安文学云:“观其时文,雅好慷慨,良由世积乱离,风衰俗变,并志深而笔长,故梗概而多气也。”意思是,诗人能正视现实,真实反映那个时代的动乱实况,而有忧国之思和拯世济物的宏愿。

建安文学的特色由社会决定。汉乐府对其影响很大,反映生活比汉乐府广泛。下层人民游子思妇的情绪被大量写进诗中。其艺术手法继承了汉乐府的浑厚、刚健、朴素。

代表人物是“三曹”和“七子”。

曹操(155—220 年),字孟德,沛国谯(今安徽亳县附近)人。他不仅是一位伟大的政治家和军事家,还是一位伟大的诗人。他还是建安文学的领袖。

他的作品,有五言,有四言。孟德上不摩拟《诗经》,独具气魄,虽不如《十九首》冲淡,但读之令人生快。章太炎说他的诗,“其气可以抗浮云,其诚可以比金石。”

曹操是拨乱世的英雄,他兼擅文武之才,作诗悲凉慷慨,气魄雄豪,笔力沉雄,特别是四言乐府诗,立意刚劲,造语质直,《三百篇》后,只有曹操一人号称独步。

他的四言古诗《观沧海》:“东临碣石,以观沧海。水何澹澹,山岛竦峙。树木丛生,百草丰茂。秋风萧瑟,洪波四起。日月之行,若出其中。星汉灿烂,若出其里。幸甚至哉,歌以咏志。”

其《龟虽寿》有名句:“神龟虽寿,犹有竟时,腾蛇乘雾,终为土灰。老骥伏枥,志在千里,烈士暮年,壮心不已。”

他的《短歌行》,如“月明星稀,乌鹊南飞,绕树三匝,无枝可依。”之句,此诗是《诗经》后独无仅有的好诗,也最能代表建安风骨。

他的五言古诗，有："北上太行山，艰哉何巍巍。羊肠坂诘屈，车轮为之摧。树木何萧瑟，北风声正悲！熊罴对我蹲，虎豹夹路啼。谿谷少人民，雪落何霏霏。延颈长叹息，远行多所怀。我心何怫郁，思欲一东归。水深桥梁绝，中路正徘徊。迷惑失故路，薄暮无宿栖。行行日已远，人马同时饥。担囊行取薪，斧冰持作糜，悲彼东山诗，悠悠令我哀。"

《蒿里行》："关东有义士，兴兵讨群凶。初期会孟津，乃心在咸阳。军合力不齐，踌躇而雁行。势力使人争，嗣还自相戕。淮南弟称号，刻玺于北方。铠甲生虮虱，万姓以死亡。白骨露于野，千里无鸡鸣。生民百遗一，念之断人肠！"

读之异常悲壮，故《诗品》称："曹公古直，甚有悲凉之句。"

其五言古诗，可谓独步千古！

他的儿子魏文帝曹丕，陈思王曹植，都以诗鸣。

在曹操儿子手里，又有创新，提高。变得更具色泽，光彩、华美，更向清新、活泼、而富有抒情气味。因此，建安是"俊才云蒸"。诗歌打破了汉代四百年沉寂，五言由此兴盛，七言由此奠基。于是而有所谓汉魏风骨。

曹丕(187—226 年)字子桓。继承操位，又做了皇帝，其才能不及乃父。他的诗，比较出色的是写男女爱情和离愁别恨之作，如七言诗《燕歌行》：

"秋风萧瑟天气凉，草木摇落露为霜。群燕辞归鹄南翔，念君客游多思肠。慊慊思归恋故乡。君何淹留寄他方？贱妾茕茕守空房，忧来思君不敢忘。不觉泪下沾衣裳，援琴鸣弦发清商。短歌微吟不能长，明月皎皎照我床。星汉西流夜未央。牵牛织女遥相望，尔独何辜限河梁？"这是现存较早出现的七言诗，很有情。

曹植(192—232 年),字子建,自幼以才华为父赏识,后因为任性,使操改变主意立曹丕为太子。钟嵘说他:“骨气奇高,词采华茂。情兼雅怨,体被文质。”

其《杂诗》六首,其首章云:

“高台多悲风,朝日照北林。之子在万里,江湖迥且深。方舟安可极,离思故难任。孤雁飞南游,过廷长哀吟。翘思慕远人,愿欲托遗音。形影忽不见,翩翩伤我心。”

读曹植的诗,莫忘他的境遇,心境的恶劣。曹操死后,曹丕出于嫉妒,对他百般迫害,名为王侯,实则囚徒,闷闷不得志,终于在忧愤中死去。

他的《七哀诗》一样,也是对远人的怀念。其主角托言女子:

“明月照高楼,流光正徘徊。上有愁思妇,悲叹有余哀。借问叹者谁?言是宕子妻。君行逾十年,孤妻常独栖,君若清路尘,妾若浊水泥。浮沉各异势,会合何时谐?愿为西南风,长逝入君怀。君怀良不开,贱妾当何依?”

这是第一个将爱情写得如此新鲜而动情的人。

建安七子　在三曹之外而与三曹的关系又很深的是孔融、王粲、陈琳、阮瑀、应瑒、徐干、刘桢。

孔融是汉末的名士,在政治上与曹操不合作,最后是被曹操杀掉的。曹丕在《典论论文》中,说他“体气高妙,有过人者”。

刘勰《文心雕龙·才略篇》说他“气盛于为笔”。“体气”用现代的话来说,就是才气,或者是才情。曹丕对他的估价也是不低的。

王粲(177—217 年),字仲宣。他的《七哀诗》第一首写关中所遭战祸:

“西京乱无象,豺狼方遘患。复弃中国去,委身适荆蛮。亲戚对我悲,朋友相追攀。出门无所见,白骨蔽平原。路有饥妇人,抱子弃草间。顾闻号泣声,挥涕独不还。未知身死处,何能两相完。驱马弃之去,不忍听此言。南登霸陵岸,回首望长安。悟彼下泉人,喟然伤心肝。"

在荆州,曾经依靠过刘表,他的《登楼赋》也是很有名的:"登兹楼以四望兮,聊暇日以销忧","虽信美而非吾土兮,曾何足以少留","原野阒其无人兮,征夫行而未息"。

这不都是楚声么?我们知道,他生长在北方,他的家乡高平,就是现在的山东。在建安七子中,他是很出色的。

王粲死,曹丕率众文士送葬。曹丕对文士们说:"仲宣爱听驴叫,我们都叫一声送他。"于是墓前,响起一片驴叫声。

《汉魏六朝百三名家集》收集了建安七子中六个人的集子,这六个人是孔融、王粲、陈琳、阮瑀、应玚、刘桢。徐干是《中论》的作者,他的诗仅存四首,因而未收。又有《百三名家选集》,清吴汝纶(挚甫)选,其中就有《陈思王集》。曹植诗集还有多种,清丁晏所编《曹集诠评》最好,黄节注的《曹子建集》亦有名。

曹操曾下令求才,以为不仁不孝,只要有治国用兵之术,他就要用,而且要重用。

在这种思想影响下,在司马氏和曹氏争夺权力的斗争中,又出了一批诗人,其中嵇康、阮籍最为著名。

正始文学 正始是曹魏第三代皇帝曹芳的年号。

"竹林七贤"系指阮籍、嵇康、刘伶、向秀、阮咸、山涛、王戎。

欲知何谓"魏晋风度"?可读鲁迅《而已集·魏晋风度与药及酒之关系》。

《文心雕龙·明诗》:"正始明道,诗杂仙心。何晏之徒,率多肤浅。”

嵇康(223—263 年),字叔夜,今安徽宿县人。师心以遣论,孤傲愤世,目空一切,大胆立论。嵇康“又每非汤武而薄周孔”。(《与山巨源绝交书》)

七贤后来也分化了。山涛耐不得寂寞,做大官去了。他推荐嵇康,嵇康写了《与山巨源绝交书》。嵇康家贫,打铁为生,钟会来看他,向秀拉风箱,嵇康不理睬他。钟会就离去,这时嵇康问道:“何所闻而来?何所见而去?”钟会说:“闻所闻而来,见所见而去。”钟会后来在司马昭处说嵇康坏话,嵇康被杀。

《嵇康集》(有鲁迅手校本)其诗有四言、五言。

其《赠秀才入军诗》云:“目送归鸿,手挥五弦。俯仰自得,游心太玄。嘉彼钓叟,得鱼忘筌。”

又云:“鸟尽良弓藏,谋极身心危,吉凶虽在己,世路多险峻,安得反初服,抱玉宝六奇(陈平佐刘邦,六出奇计)。逍遥游太清,携手长相随。”秀才是康兄喜(公穆)。这首五言,鲁迅以为不当名《赠秀才入军》,应名《古意》。

阮籍(210—263 年),字嗣宗,陈留尉氏(今河南开封)人。籍“本有济世之志”,“使气以命诗”,慷慨悲歌,但又“口不论人过”。他佯狂避世,内心痛苦。

阮籍在司马氏掌权时,明哲保身,装聋作哑,终日醉酒以避祸,司马昭向他提亲,他大醉六十多天,司马氏只好作罢。又派人探听他对时事的看法,他对当前人物不置可否。又善作青白眼。用眼黑看朋友,用眼白看满口名教的伪君子。

阮籍的五言古诗《咏怀诗》八十二首,是诗中瑰宝。

第三十一首:“驾言发魏都,南向望吹台。箫管有遗音,梁王安在哉！战士食糟糠,贤者处蒿莱。歌舞曲未终,秦兵已复来。夹林非吾有,朱宫生尘埃。军败华阳下,身竟为土灰!”

第三首云:“嘉树下成蹊,东园桃与李。秋风吹飞藿,零落从此始。繁华有憔悴,堂上生荆杞。驱马舍之去,去上西山趾。一身不自保,何况恋妻子。凝霜被野草,岁暮亦云已。”

其十七首云:“独坐空堂上,谁可与亲者,出门临永路,不见行车马。登高望九州,悠悠分旷野,孤鸟西北飞,离兽东南下。日暮思亲友,晤言用自写。”

由于司马氏的虚伪、腐败、专制,他的诗多用比兴,“言在耳目之内,情寄八荒之外。……颇多感慨之词,厥旨渊放,归趣难求”。

刘宋颜延之以为“文多隐避,百代之下,难以情测”。“阮旨遥深”,也是这一时期对他的评论。在统治阶级内部残酷的斗争中,正直的知识分子的感慨,可能是千古如一的。

但是,他开拓了一条抒情述怀的道路,继承而又发展了建安文学的风格。后来的陶渊明、庾信、陈子昂、李白都受到他的影响。

嵇康、阮籍都向往自然,反对名教,与统治者格格不入。他们的声音,代表了魏晋之际这个时代,亦即所谓的正始之音。

正始是魏齐王芳的年号。魏明帝死后,曹芳即位才八岁,曹爽用事。正始十年(247 年),司马懿趁曹芳与曹爽祭扫明帝陵的机会,发动政变,杀曹爽、何晏等,遂专魏政。

在这期间,王凌、毋丘俭、诸葛诞在淮南起兵反对司马氏,这就是所谓淮南三反。朝廷之内,齐王芳被废,高贵乡公立,李丰、夏侯玄被杀。嵇康是在 262 年(灭蜀前一年)为司马昭所杀,阮籍则死在灭蜀之年。

司马炎是 265 年正式代魏称帝的,这一年改元泰始。灭吴之后,改元太康。在西晋太康年间又出现一次文学高峰。

史称太康文学。

其代表人物有三张、二陆、两潘、一左。

三张指张载、张亢、张协。

二陆指陆机、陆云。

两潘指潘岳、潘尼。

左指左思。

还有一个张华,在政治上做到宰相,为赵王伦所杀。他所作的诗,“儿女情多,风云气少”。

潘岳悼亡诗,清新可诵,左思咏史,亦俱著名。清人沈德潜说岳“格虽不高,其情自深”(《古诗选》)。

左思(250? —305 年?),今存诗十四篇,以《咏史》诗八首为最重要。

其第一首云:

“弱冠弄柔翰,卓荦观群书。著论准《过秦》,作赋拟《子虚》。边城苦鸣镝,羽檄飞京都。虽非甲胄士,畴昔览穰苴。长啸激清风,志若无东吴。铅刀贵一割,梦想骋良图。左眄澄江湘,右盼定羌胡。功成不受爵,长揖归田庐。”

其第二首云:

“郁郁涧底松,离离山上苗,以彼径寸茎,荫此百尺条。世胄蹑高位,英俊沈下僚。地势使之然,由来非一朝。金张藉旧业,七叶珥汉貂。冯公岂不伟,白首不见招。”

左思出身寒素,在高门横行之时,慷慨论功业,绝世超群。其诗之精粹在五言。钟嵘《诗品》评曰:“文典以怨,颇为精切,得讽谕之致。”

他专心学问,积十年之久,始成《三都赋》。三都者,魏都、吴都、蜀都也。《晋书》说他打算作《蜀都赋》时,先拜访了著作郎张载,请教他岷、邛之事,构思十年,家里到处都是纸笔,广泛搜集了材料,有所得便写下来。赋成,竞相传写,洛阳为之纸贵。

《诗品·总论》云:"先是郭景纯用隽上之才,变创其体;刘越石仗清刚之气,赞成厥美。"郭景纯是郭璞,刘越石是刘琨。

郭璞(276—324年),知识渊博,爱好古文奇字。他预感大乱难免,去江南避难。注释过《尔雅》、《山海经》和《楚辞》。他蔑视荣华,崇尚高蹈。

《游仙诗》云:"京华游侠窟,山林隐遁楼。朱门何足荣,未若托蓬莱。……高蹈风尘外,长揖谢夷齐。"还是有些时代气息的。

刘琨(270—317年),八王乱后,刘渊于304年建立汉国,石勒继之而起。刘琨在历尽荣华之后,投身于卫国战争。与祖逖为友,闻逖被元帝所用,与亲故书曰:"吾枕戈待旦,志枭逆虏,常恐祖生先吾著鞭。"

其《重赠卢谌诗》,前半段讲了太公望之遇文王,邓禹之从光武,张良之依刘邦,齐桓、晋文用人不问仇友,只问贤能。

然后说:"中夜抚枕叹,想与数子游。吾衰久矣夫,何其不梦周。谁云圣达节,知命故不忧。……功业未及建,夕阳忽西流。时哉不我与,去乎若云池。朱实陨劲风,繁英落素秋。……何意百炼钢,化为绕指柔。"

刘师培论南北文学之不同,说:"惟刘琨之作,善为凄戾之音,而出以清刚;郭璞之作,佐以彪柄之词,而出以挺拔。北方之文,赖以不坠。"

《诗品·总论》说:"永嘉时,贵黄老,稍尚虚谈,于时篇什,理过其辞,淡乎寡味。爰及江表,微波尚传。”其代表人物,就是孙绰、许询。绰《晋书》有传,说他“少与高阳许询俱有高尚之志”,很瞧不起山涛,说他“吏非吏,隐非隐”。但仍不能忘怀政治,桓温议北伐,他向皇帝上书,表示对桓温不支持。桓温见到很不高兴,说:“致意兴公,何不寻君《遂初赋》,知人家国事邪!”

陶渊明(365—427 年),字元亮,又说名潜,字渊明,人称靖节先生,故亦称靖节。浔阳柴桑(今江西九江西南)人。

他是东晋最后的一位大诗人,也是我国文学史上一颗明星。《晋书》、《宋书》、《南史》都有他的传,人们只知道他是“隐逸诗人之宗”,实际上,隐逸只是一面。南宋朱熹首先指出,他还有“金刚怒目”的一面。

他的诗有四言,五言却是主要的。他的诗平淡自然,不雕琢字句,不用典故,有一种真性情的流露,又蕴含深刻的哲理。

《饮酒诗》二十首,第五首云:“结庐在人境,而无车马喧。问君何能尔,心远地自偏。采菊东篱下,悠然见南山。山气日夕佳,飞鸟相与还。此中有真意,欲辨已忘言。”

《归田园居》五首第一首说:“方宅十余亩,草屋八九间。榆柳荫后檐,桃李罗堂前。暧暧远人村,依依墟里烟。狗吠深巷中,鸡鸣桑树颠。户庭无尘杂,虚室有余闲。久在樊笼里,复得返自然。”

闲适之情,避世之乐,溢于言表。但在拟古、杂诗中,感慨苍凉。拟古九首,其第九首云:“种桑长江边,三年望当采。枝条始欲茂,忽值山河改。柯叶自摧折,根株浮沧海。春蚕既无食,寒衣欲谁待。本不植高原,今日复何悔。”此诗意韵无限!

《杂诗》十二首,其第二首云:“白日沦西河,素月出东岭。遥遥万里辉,荡荡空中景。风来入房户,夜中枕席冷。气变悟时易,不眠知夕永。欲言无余和,挥杯劝孤影。日月掷人去,有志不获骋。念此怀悲凄,终晓不能静。"与阮嗣宗"咏怀诗"相比,虽时隔余年,慷慨之情,如出一心。

谢灵运(385—433年),陈郡阳夏(今河南太康附近)人。南朝山水诗人,所谓"老庄告退,而山水方滋"者也。谢灵运《登池上楼》云:"初景革绪风,新阳改故阴。池塘生春草,园柳变鸣禽。"《登江中孤屿》云:"江南倦历览,江北旷周旋。怀新道转迥,寻异景不延。乱流趋正绝,孤屿媚中川。云日相辉映,空水共澄鲜。"灵运出自名门,《宋书》本传说他的祖父是谢玄,他"因父祖之资,生业甚厚"。"寻山陟岭,必造幽峻,岩嶂千重,莫不备尽。登口蹑常著木履,上山则去前齿,下山去其后齿。"他的山水诗和这种生活是分不开的。

李白诗云:"蓬莱文章建安骨,中间小谢又清发。"又云:"解道澄江净如练,令人长忆谢玄晖。"小谢、谢玄晖都是谢朓。《之宣城郡出新林浦向板桥》诗云:"江路西南永,归流东北骛。天际识归舟,云中辨江树。"《晚登三山还望京邑》云:"余霞散成绮,澄江静(净)如练。喧鸟覆春洲,杂英满芳甸。"《和刘西曹望海壹》云:"沧波不可望,望极与天平。往往孤山映,处处春云生。"至"大江流日夜,客心悲未央",慷慨淋漓,"才思文情之壮,太白、杜、韩无以尚之"。

《隋书·经籍志》云:"宋、齐之世,下逮梁初,灵运高致之奇,延年错综之美,谢玄晖之藻丽,沈休文之富溢,辉焕斌蔚,辞义可观。梁简文之在东宫,亦好篇什,清辞巧制,止乎衽席之间,雕琢蔓藻,思极闺闱之内。后生好事,递相放习,朝野纷纷,号为宫体。"昔日之言齐梁文学者,均以宫体诗概括之。宫体诗亦即所谓艳诗。

鲍照(?—466年),字明远,东海(今江苏灌县)人。杜甫称赞李白的诗,说其:"清新庾开府,俊逸鲍参军"。其诗之清新如庾信,俊逸如鲍照。

鲍照《学公干体五首》之三云:“胡风吹朔雪,千里度龙山。集君瑶台上,飞舞两楹前。兹晨自为美,当避艳阳天。艳阳桃李节,皎洁不成妍。”《拟行路难》十八首是杂言,有三字句、五字句,也有七字句。其第五首云:“君不见,河边草,冬时枯死春满道。君不视,城上日,今暝没山去,明朝复更出。……人生苦多欢乐少,意气丰腴在盛年。且愿得志数相就,床头恒有沽酒钱。功名竹帛非我事,存亡贵贱付皇天。”

《宋书·临川烈武王道规传》有鲍照附传,说他“文辞赡逸”,元嘉时他作河清颂,序中以为:“善谈天者,必徵象于人,工言古者,先考绩于今。”从思想方面来说,是很高明的。

《玉台新咏》,陈徐陵编。其中有简文诗,湘东王(即梁元帝萧绎)诗,简文《杂句春情一首》云:“蝶黄花紫燕相追,杨低柳合路尘飞。已见垂钩挂绿树,诚知淇水沾罗衣。两童夹车问不已,五马城南犹未归。莺啼春欲驶,无为空掩扉。”

湘东王《春别应令》之一云:“昆明夜月光如练,上林朝花色如霰。花朝月夜动春心,谁忍相思不相见。”这些诗,当然都是情诗,和李后主一样,“罗袜度香阶,手提金绣鞋”,不过是以词言情了。

《玉台新咏》中,也有何逊、阴铿和庾信的诗。

何逊(?—518年),字仲信,和江淹并称梁朝代表作家。他的诗写闺怨、舞伎、倡家和新妇,亦委婉有致。

阴铿,他的诗已有近体的味道,如《和樊晋丧妾》云:“忽以千金笑,长作九原悲。”《南征闺怨》云:“逢人憎解佩,幽居懒听音。”

庾信(513—581年),字子山,被扣留在北方的南朝使臣。早年出入萧梁王朝宫廷,诗文绮丽著名当世。四十二岁出使西魏被扣,屈辱和痛苦,使他感伤身世,怀念故土,诗文转为苍凉沉重。杜甫说“庾信文章老更成,凌云健笔意纵横”,他的《燕歌行》、《乌夜啼》就完全像是唐人的七古了。

《南齐书》、《梁书》、《陈书》都有文学传,《南齐》列十一人,《梁书》列二十六人,《陈书》列十七人。他们的著作都收在《汉魏六朝百三名家集》中了。

《文选》,世称《昭明文选》。南朝梁萧统(昭明太子)编选,选录自先秦至梁以前诗文辞赋,唐人极重视此书,有李善注、六臣注,清梁章钜复作《文选旁证》,颇有名。由唐至清,这一部文学选本,俱为世所重。

《昭明文选》这部书,唐朝的文士,几乎家家有,杜甫说“熟精《文选》理”,清代也极重视这部书。有句话:“文选烂,秀才半”,可见这部书值得通读,从中也可以知道我国六朝以前文学的特点,同时也看到这部书对唐以后文学的影响是巨大的。

唐宋是我国诗歌发展的一个高峰。在我国古代文学史上留下的瑰宝就是唐诗宋词。

唐诗宋词之所以在中国文学史上登峰造极,那是因为有着悠久的文学传统和伟大的民族精神奠基和支撑。

热爱祖国,热爱人民,坚持国家统一,反对国家分裂,保卫祖国山河,抗击异族入侵几乎是唐诗之魂宋词之心!

诚然,这也与中国古代历史的大背景密切相关。我们看,隋统一中国为 589 年,但统治时间很短暂。618 年,唐王朝建立。唐朝统一三百多年,907 年,五代十国开始。北宋于 960 年代周,1127 年金国占领北方,宋在南方建立国家,至 1279 年,为蒙古所灭。

自隋至宋亡,一共六百九十年,国家由统一至分裂,又由分裂至统一。在这样的情况下,忠君爱国就成为这一个时期文学的突出特点,唐代的大诗人杜甫和南宋大诗人陆游的诗篇中,这个色彩就特别浓郁。

金诗人元好问,其作品眷怀故国深情,亦感人至深。如:“西风白发三千丈,故国青山一万重。”“自恨不如云际雁,南来又得过中原。”

这一个时期社会经济的变化也是很大的,高门巨族的统治日薄西山,渐由科举出身的士大夫所代替;明经、进士两科,始终是进士占上风,其间虽亦有许多变化,但诗赋总居首座。地主阶级出身的士大夫和生长在镇市中的书生,在仕途坎坷的人生道路上,唱出了“朱门酒肉臭,路有冻死骨”这样的人民的声音。

七百年来,文学上的成就是丰富的,但我们不能忘记时代所给予的刺激!

唐初有四杰,王勃、杨炯、卢照邻、骆宾王。他们把诗从宫廷的狭小圈子里解放了出来,扩大了诗的范围,向精工的律诗的道路上走,奠定了五律的基础。但还没有摆脱齐梁的遗风。

王勃(649—676年),字子安。年纪很轻就做了一篇流传千年至今还使人惊慕不已的《滕王阁序》,结尾时,有诗曰:“滕王高阁临江渚,佩玉鸣銮罢歌舞。画栋朝飞南浦云,珠帘暮卷西山雨。闲云潭影日悠悠,物换星移几度秋。阁中帝子今何在,槛外长江空自流。”齐梁的色彩相当浓重。

《送杜少府之任蜀川》:“城阙辅三秦,风烟望五津。与君离别意,同是宦游人。海内存知己,天涯若比邻。无为在歧路,儿女共沾巾。”

杨炯(650—693年?),陕西华阴人。《从军行》:“烽火照西京,心中自不平，牙璋辞凤阙，铁骑绕龙城。雪暗雕旗画，风多杂鼓声，宁为百父长，胜作一书生。”书生读到此处，心中感到震撼！

骆宾王(640？—684年)，婺州义乌(浙江义乌)人。他的《在狱闻蝉》是一首五言律诗，诗云：“西陆蝉声唱，南冠客思深。不堪玄鬓影，来对白头吟。露重飞难进，风多响易沉。无人信高洁，谁为表予心。”这首诗以吸风饮露的蝉自比，以示其品格高洁，发抒悲愤，其作诗技巧高超，已是一首完全的近体诗了。

后来有些浅薄之人瞧不起初唐四杰，杜甫以诗回复道：“王杨卢骆当时体，轻薄为文哂未休。汝曹身与名俱灭，不废江河万古流。”

陈子昂(661—702年)，字伯玉，梓州射洪(四川射洪县)人。武后临朝，他曾受到武则天重视。陈子昂在仕途上并不得意，在文学上却一扫齐梁之气，树起诗歌革命的大旗，提倡汉魏风骨，给唐诗以极大影响。韩愈赞扬他，说：“国朝盛文章，子昂始高蹈。”

子昂最著名的诗，为感遇诗三十八首。

《登幽州台歌》云：“前不见古人，后不见来者。念天地之悠悠，独怆然而涕下。”

这首诗气势雄浑，慷慨悲凉，读来使人想到宇宙的苍茫和时间的流逝，因此要奋发以不虚度光阴。同时也告诉我们，一个伟大的人，处于历史断层、青黄不接的时代，他的孤独、寂寞、不被理解，是必然的。这真正是一种超群出众的“高蹈”。

李白(701—762年)，字太白，祖籍陇西成纪(今甘肃天水附近)人。

李白不仅是中国文学史上“集汉魏六朝之大成”的人物，而且深受盛唐王朝思想开放、多元文化的影响，儒、侠、佛、老的思潮，在他的诗中，此起彼伏。他是酒徒，是诗仙，是侠客，是狂人，就是在皇帝面前也不肯低下自己高贵的头颅。他爱饮酒，爱击剑，爱歌舞，爱美女，爱音乐，爱游览名山大川。他侠骨柔肠，慷慨激昂，重义轻财，好勇尚武。得意时，热衷为国家建功立业。失意时，则梦幻着骑白鹿，访神仙。他所作的《将进酒》、《蜀道难》、《梦游天姥吟留别》、《宣州谢朓楼饯别校书叔云》都是突显他奇特思想的名篇。

“君不见黄河之水天上来，奔流到海不复回。”

“噫吁戏，危乎高哉，蜀道之难，难于上青天。”

“天姥连天向天横，势拔五岳掩赤城。天台四万八千丈，对此欲倒东南倾。”

“弃我去者昨日之日不可留，乱我心者今日之日多烦忧。长风万里送秋雁，对此可以酣高楼。”都是人们百读不厌的。

李白还有一些短短五言诗，如《春思》：“燕草如碧丝，秦桑低绿枝。当君怀归日，是妾断肠时。春风不相识，何事入罗帷？”

《子夜吴歌》云：“长安一片月，万户捣衣声。秋风吹不尽，总是玉关情。何日平胡虏，良人罢远征。”

李白的近体诗、律诗有时仍不守平仄音韵的规格，如《送友人》：“青山横北郭，白水绕东城。此地一为别，孤蓬万里征。浮云游子意，落日故人情。挥手自兹去，萧萧班马鸣。”但却是古今绝唱。

至于《朝发白帝城》、《望天门山》，家家户户的小孩子都能琅琅成诵。

杜甫的祖父杜审言五言律诗《早春游望》云：“独有宦游人，偏惊物候新。云霞出海曙，梅柳渡江春。淑气催黄鸟，晴光转绿苹。忽闻歌古调，归思欲沾巾。”

沈佺期、宋之问、张九龄、孟浩然、王之涣、王昌龄、崔颢、王维都是杜甫的前辈。

宋之问(？—712 年)，字延清，虢州弘农(河南灵宝)人。《题大庾岭北驿》云："阳月南飞雁，传闻至此回。我行殊未已，何日复归来？江静潮初落，林昏瘴不开。明朝望乡处，应见陇头梅。"

孟浩然(689—740 年)，襄阳人。《与诸子登岘山》云："人事有代谢，往来成古今。江山留胜迹，我辈复登临。水落鱼梁浅，天昏梦泽深。羊公碑尚在，读罢泪沾巾。"

王之涣(688—742 年)，《凉州词》的作者，《凉州词》云："黄河远上白云间，一片孤城万仞山。羌笛何须怨杨柳，春风不度玉门关。"

王昌龄(698—757 年)，字少伯，长安人。《闺怨》云："闺中少妇不知愁，春日凝妆上翠楼。忽见陌头杨柳色，悔教夫婿觅封侯。"

王维(701—761 年)，字摩诘，太原祁(山西祁县)人。经历了开元之盛和天宝的丧乱，官做得不小，后来又失节于安禄山。他的诗内容还是很丰富的。写边塞，如"大漠孤烟直，长河落日圆"，非亲至者不能道。"江流天地外，山色有无中"，没有过面临浩浩江声和朦朦山色的人，也是想不出来的。

《山居秋暝》云："空山新雨后，天气晚来秋。明月松间照，清泉石上流。竹喧归浣女，莲动下渔舟。随意春芳歇，王孙自可留。"

唐代长安的南面，有很多贵人的别墅。那时候，关中的山水，仿佛江南。王维在辋川也有别墅，据说原来是宋之问的，后来归了他。辋川是一条小河的名字，在终南山下，别墅是盖在山上的。

唐宋时，东自徐州，西至宝鸡，和现在的南方一样，竹树随处点缀着如画的江山。

杜甫(712—770年),字子美,生于河南巩县的瑶湾。比以上的诗人要晚一些。他比李白要小十一岁。

文学史说他“开后今体之荜路”,近体诗到了他手里,就完全成熟了。

杜甫是代表儒家思想的大诗人。他自称少年时“读书破万卷,下笔如有神”。他有高尚的抱负,自比稷与契,要“致君尧舜上,再使风俗醇”。“安史之乱”后,他逃出贼窟,历尽艰危,过着流离失所的生活。理想与现实的冲突,是杜甫诗歌创作的源泉。杜甫以时事入诗,他的诗是时代的一面镜子。杜诗反映了唐代玄宗、肃宗、代宗三朝的事迹和人民的生活,同时浸透了作者的思想感情,因此,杜诗又号称“诗史”。

杜甫作诗苦吟。“新诗改罢自长吟”,“语不惊人死不休”!他“不薄今人爱古人,清词丽句必为邻,窃攀屈宋宜方驾,恐与齐梁作后尘”。杜甫作诗的功夫,全在杜家的两句诗诀:一句是“熟精《文选》理”,一句是“应须饱经术”。杜甫又称他的作诗之法来自儒家:“法自儒家有。”

又,杜甫何以被尊称为“诗圣”呢?

“穷年忧黎元,叹息肠内热”,此孔子之心也;“朱门酒肉臭,路有冻死骨!”此孟子之心也。

《三吏》、《三别》、《自京赴奉先县咏怀五百字》都是他的名篇,但都是古风。“朱门酒肉臭”就出自《奉先咏怀》。“白水暮东流,青山犹哭声”,即出于《三吏》中的《新安吏》,《羌村》和《北征》也极著名,人们以为这些都是诗史。

其近体诗五律、七律,思想上和艺术上都臻极境。

《春夜喜雨》云:“好雨知时节,当春乃发生。随风潜入夜,润物细无声。野径云俱黑,江船火独明。晓看红湿处,花重锦官城。"《喜雨》一首,观察细微,是哲学,也是诗。

《江汉》云:"江汉思归客,乾坤一腐儒。片云天共远,永夜月同孤。落日心犹壮,秋风病欲苏。古来存老马,不必取长途。"《江汉》一首,写孤独的归心,说壮心不已的暮年,景与情会,读着它自然是低徊不已的。

《咏怀古迹》五首,是杜甫从四川沿江东下时的作品,《咏明妃》一开始就牢牢地抓住读者的心:"群山万壑赴荆门,生长明妃尚有村。"写明妃的一生,只说"一去紫台连朔漠,独留青冢向黄昏",哀怨不言而自明。

《闻官军收河南河北》:"剑外忽传收蓟北,初闻涕泪满衣裳。却看妻子愁何在?漫卷诗书喜欲狂。白日放歌须纵酒,青春作伴好还乡。即从巴峡穿巫峡,便下襄阳向洛阳。"情感、文字痛快淋漓之至。

杜甫对李白的友情极深。"落月满屋梁,犹疑照颜色","渭北春天树,江东日暮云","世人皆欲杀,吾意独怜才",都表现了他对李白真挚的深情。

他在《饮中八仙歌》中说道:"李白斗酒诗百篇,长安市上酒家眠。天子呼来不上船,自称臣是酒中仙。"他赞美李白的作品,说:"白也诗无敌,飘然思不群。清新庾开府,俊逸鲍参军。渭北春天树,江东日暮云。何日一樽酒,重与细论文。"后人说李白是诗仙,说杜甫是诗圣。

李白是一个永远不能满足的人,他永远在那里追求,他说:"人生在世不称意,明朝散发弄扁舟。"他极大部分的诗,都作于开元盛世,他是不满足于这个盛世的。他以古风为题的五十九首五言诗,写理想、抱负,写对现实的不满,是值得研究一番的。

杜甫在乱离之际,怀念的却是这个为李白所不满足的开元盛世。这就是在诗的创作上代表盛唐之音的人们。

元和、长庆之时,元稹、白居易、韩愈、柳宗元、孟郊、刘禹锡都是极为著名的。

李贺(790—816 年),字长吉,河南昌谷(今宜阳)人。少年时,才能出众,可惜只活到二十七岁。他幼年就有文名。韩愈皇甫湜亲自面试,李贺当场赋诗《高轩过》,二人大惊。他每天骑驴出门游览,一书童背书袋随后,越是走进荒坟旧墓、萧瑟凄凉处,越是诗兴大发。如《秋来篇》:

“秋坟鬼唱鲍家诗,恨血千年土中碧。”他喜用鬼、泣、死、血这些字来写诗。

他的《南园》诗云:“寻章摘句老雕虫,晓月当帘挂玉弓。不见年年辽海上,文章何处哭秋风。”末一句是说文章无用,即使像宋玉那样,辽东的战地上,哪里用得着呢?昌谷(河南宜阳县)是李贺的家所在,这里有南园,也有北园,其《北园新笋》诗说:“斫取青光写楚辞,腻香春粉黑离离。无情有恨何人见?露压烟啼千万枝。”

白居易(772—846 年),字乐天,晚居香山,自号香山居士。是新乐府的作者和提倡者,又同为长庆体。他们摹仿杜甫的《三吏》、《三别》,写新事,标新题。

白居易的《卖炭翁》,极言宫市之横;《盐商妇》,描写了锦衣玉食的一位盐商的妻子之后,转把矛头刺向主管盐政的盐铁尚书。他的诗敢为人民鼓与呼!

所谓“长庆体”,如白居易的《长恨歌》、《琵琶行》和元稹的《连昌宫词》,在过去,是学生人人必读必背诵的。

人们说白居易是人民的诗人,他的新乐府,也真是“老妪都解”。近体诗中,元稹的《遣悲怀》,白居易的《钱塘湖春行》,在唐诗中也是难得的。“几处早莺争暖树,谁家新燕啄春泥。”不是把西湖的春天写得有声有色了吗?

白居易的诗在唐代极负盛名,从王公贵族到歌女仆夫广为吟咏,从官府大家到茶楼驿站到处题写,而且远播国外,日本等国都把白诗视作珍品。

韩愈(768—824年),字退之,河阳(河南孟县)人。唐古文运动的首领,宋人诗话说他开“以文为诗”的先河。韩诗与古文一样,笔力雄健才思富赡,浩浩荡荡,如长江大河。其《酬张籍诗》云:“天街小雨润如酥,草色遥看近却无。最是一年春好处,绝胜烟柳满皇都。”却是诗意盎然。他在《调张籍》诗里,叙述了自己学李白杜甫的心得:“我愿生两翅,捕逐出八荒。精诚忽交通,百怪入我肠。刺手拔鲸牙,举瓢酌天浆。腾身跨汗漫,不著织女襄。顾语地上友,经营无太忙。”

“郊寒岛瘦”,孟郊、贾岛都善苦吟。

柳宗元(773—819年),字子厚,河东(今山西永济县)人。是一位杰出的思想家,文学成就亦最卓越。他的诗作不多,却首首动情。“海畔群山似剑芒,秋来处处割愁肠。若为化得身千亿,散上峰头望故乡。”这是和一位和尚在柳州看山寄怀长安的亲戚朋友的。

他的山水诗明丽清秀,意境深远,勾画出一幅幅优美的画面:《江雪》:“千山鸟飞绝,万径人踪灭。孤舟蓑笠翁,独钓寒江雪。”

其《渔翁诗》云:“渔翁夜傍西岩宿,晓汲清湘燃楚竹。烟销日出不见人，欸乃一声山水绿。回看天际下中流，岩上无心云相逐。”既是诗，又是画又是音乐。

刘禹锡（772—842年），字梦得，洛阳（河南洛阳市）人。他和柳宗元一道参加永贞改革的。思想上、文学上和柳宗元有很多相同。他的怀古诗，如《石头城》、《乌衣巷》，读之真令人无限低徊。

他和白居易相遇于扬州，正是贬放被征回返京师之时，有诗云："巴山楚水凄凉地，二十三年弃置身。怀旧空吟闻笛赋，到乡翻似烂柯人。沉舟侧畔千帆过，病树前头万木春。今日听君歌一曲，暂凭杯酒长精神。"

不论是艺术性，或者是思想性，在我国诗史中，无疑地都是第一流。

晚唐诗人，杜牧、温庭筠、李商隐最为杰出。他们是同时的人，主要活动于唐文宗、武宗之时，也就是宪宗削平藩镇后而外患内忧接踵而至之时。高棅《唐诗品汇序》中说："开成以后，能有杜牧之豪纵、温飞卿之绮靡、李义山之隐僻，……此晚唐变态之极，而遗风余韵犹有存者焉。"

杜牧（803—853年），字牧之，京兆万年（今陕西长安）人。杜牧曾经注过《孙子兵法》，是很想有一番作为的士大夫。他写了不少的古体诗，和其他两位作家一样，最好的诗还是近体。他的诗，于典丽之中，出以豪纵。七绝尤为富有情致。

有《过华清绝句》："长安回望绣成堆，山顶千门次第开。一骑红尘妃子笑，无人知是荔枝来。"

有《赤壁》："折戟沉沙铁未销，自将磨洗认前朝。东风不与周郎便，铜雀春深锁二乔。"

温庭筠（813—870年），字飞卿，太原人。才思艳丽，长于诗赋。

李商隐(813—858 年),字义山,号玉溪生,怀州河内(今河南沁阳)人。李商隐与杜牧被称为小李杜。他忧虑国事,渴望有作为。他的诗对政治关心,痛斥宦官专权,暴露灰暗政治。他的诗想象丰富,形象优美,语言清丽,感情丰富。

如《无题》:"相见时难别亦难,东风无力百花残。春蚕到死丝方尽,蜡炬成灰泪始干。晓镜但愁云鬓改,夜吟应觉月光寒。蓬莱此去无多路,青鸟殷勤为探看。"

又如:《夜雨寄北》:"君问归期未有期,巴山夜雨涨秋池。何当共剪西窗烛,却话巴山夜雨时。"真正可说是唐音。

这三位作家都有咏史诗,杜牧的《赤壁》、《泊秦淮》,温庭筠的《过陈琳墓》、《经五丈原》,李商隐的《贾生》、《隋宫》,和刘禹锡的咏史诗一样,都是近体咏史诗的精华。

《唐诗三百首》至今还是一个好的选本。唐诗选有好几种。清人沈德潜编著的《唐诗别裁》,至今还没有超过他的。

清代辑集《全唐诗》,始于康熙四十四年三月,迄于四十五年十月,共收诗四万八千九百多首,作者二千二百余人,总九百卷。宋人计有功作《唐诗纪事》,共八十一卷,一千一百五十家。这是研究唐诗的基本资料。

五代十国时,南唐两位皇帝,中主和后主(李璟、李煜)都是著名的词人。"细雨梦回鸡塞远,小楼吹彻玉笙寒","问君能有几多愁,恰似一江春水向东流",就是他们的名句。

唐代在近体诗成熟之后,已经有人对诗的形式尝试创新。到了南唐,这种新形式就成熟了。

宋代诗词,后人做了很多工作。《全宋词》录入作者一千三百三十余人,作品近二万。诗人数目,达三千八百十二人,这是乾隆十一年厉鹗(樊榭)的统计。宋以外,还有辽、金,作者大大地超过了唐朝,可能一倍还不止。

词,实际上也是诗,讲平仄,讲用韵,只不过是杂言而已。

北宋时,词作已多,政治家如寇準、范仲淹,也留下了好词。

寇準,有阳关引一首:"寒草烟光阔,渭水波声咽。春朝雨霁,轻尘敛,征鞍发。指青青杨柳,又是轻攀折。动黯然,知有后会,甚时节?更尽一杯酒,歌一阕。叹人生里,难欢聚,易离别。且莫辞沉醉,听取阳关车彻。念故人千里,自此共明月。"

范仲淹(989—1052年),北宋政治家,庆历四年作《岳阳楼记》。有《渔家傲》:"塞下秋来风景异,衡阳雁去无留意。四面边声连角起。千嶂里,长烟落日孤城闭。浊酒一杯家万里,燕然未勒归无计,羌管悠悠霜满地,人不寐,将军白发征夫泪。"《苏幕遮》:"碧云天,黄叶地。秋色连波,波上寒烟翠。山映斜阳天接水。芳草无情,更在斜阳外。黯乡魂,追旅思。夜夜除非,好梦留人睡。明月楼高休独倚,酒入愁肠,化作相思泪。"

宋诗和唐诗不同,不仅是因为时代不同,而且是因为宋人刻意求新,"好对仗,引奇字,考据"三点而成,"以文为诗"。人们以为北宋的大家为苏轼、黄庭坚。

其实,王安石、陈俊山(师道),是不亚于苏、黄的。

王安石(1021—1086年),字介甫,江西临川人。思想甚高,诗中七绝以形象作高度的概括。其《北山》云:"北山输绿涨横陂,直堑回塘滟滟时。细数落花因坐久,缓寻芳草得归迟。"《夜直》云:"金炉香烬漏声残,翦翦轻风阵阵寒。春色恼人眠不得,月移花影上栏杆。"《六言绝句》云:"柳叶鸣蜩绿暗,荷花落日红酣。三十六陂春水,白头相见江南。"陈衍认为"绝代销魂",细数落花之句,不也是写的与众不同的寂寞么!

苏轼(1037—1101 年),字子瞻,号东坡居士,四川眉山人。人们也叫他做诗仙。"竹外桃花三两枝,春江水暖鸭先知"(《惠崇春江晚景》),"长江绕郭知鱼美,好竹连山觉笋香"(《初到黄州》),这都是脱口而出的细微的体察,在困境中旷达心胸的写照。写西湖之美,以西施为喻,"若把西湖比西子,淡妆浓抹总相宜";写庐山的云雾却充满了哲理:"不识庐山真面目,只缘身在此山中。"

像《念奴娇》:"大江东去,浪淘尽,千古风流人物,故垒西边,人道是:三国周郎赤壁。乱石崩云,惊涛拍岸,卷起千堆雪。江山如画,一时多少豪杰! 遥想公瑾当年,小乔初嫁了,雄姿英发,羽扇纶巾,谈笑间,樯橹灰飞烟灭。故国神游,多情应笑我,早生华发。人间如梦,一樽还酹江月。"

有四字句、五字句、六字句、九字句。《念奴娇》是词牌名,用这个词牌写作,就得按照这个模式,不能改变。

《临江仙》云:"夜饮东坡醒复醉,归来仿佛三更。家童鼻息已雷鸣。敲门都不应,倚杖听江声。长恨此身非我有,何时忘却营营? 夜阑风静縠纹平。小舟从此逝,江海寄余生。"每句的字数排列为七、六、七、五、五。更、鸣、声、营、平、生都押韵。

黄庭坚(1045—1105 年),字鲁直,号山谷道人。江西分宁(修水)人。强调活法,提倡奇崛拗峭、清新瘦硬,要求字字有来历,所谓"夺胎换骨"、"点铁成金"之说,均见其刻意为诗,为江西诗派之祖。

山谷(黄庭坚)寄黄几复诗云:"我居北海君南海,寄雁传书谢不能。桃李春风一杯酒,江湖夜雨十年灯。"

以“桃李春风”之句，写往日相聚之乐，以明怀想之深。他写秋天，说：“落木千山天远大，澄江一道月分明。”完全是一幅秋日的图画。杜甫也写秋天，“无边落木萧萧下，不尽长江滚滚来”，就完全是音乐。这也许就是唐诗和宋诗的区别。

黄山谷出，开江西诗派之源。黄学老杜，开场两句必对仗，是他们的规律，此派诗无足取。

陈师道（1053—1101 年）受黄庭坚影响，一生清贫自守，以苦吟著名。其绝句云：“书当快意读易尽，客有可人期不来。世事相违每如此，好怀百岁几回开。”《和江子之相别》说：“平日甚豪今潦倒，少年最乐晚崎岖。故人鼎贵甘相绝，别后君须寄一书。”这样言世情，似乎是江西派诗人的特色。

婉约派之特征是隐约含蓄，风流蕴藉，缠绵悱恻，清新明丽，多写男女爱情和离仇别恨。

柳永、晏殊、欧阳修、秦观、周邦彦都是婉约派词风的代表人物。

柳永（987—1053 年），原名三变，字耆卿，崇安（福建崇安）人。是婉约派词人的大家。人们说有水井处就有人歌唱他的作品。“念去去千里烟波，暮霭沉沉楚天阔。多情自古伤离别，更那堪冷落清秋节。今宵酒醒何处？杨柳岸，晓风残月。”这都是《雨霖铃》中的名句。

晏殊（991—1055 年），北宋前期词人。有诗：“一曲新词酒一杯，去年天气旧亭台，夕阳西下几时回？无可奈何花落去，似曾相识燕归来，小园香径独徘徊。”（《浣溪沙》）

欧阳修（1007—1072 年），字永叔，庐陵（江西吉安）人。著名古文大家和文坛领袖。有词云：“庭院深深深几许？杨柳堆烟，帘幕无重数。玉勒雕鞍游冶处，楼高不见章台路。雨横风狂三月暮，门掩黄昏，无计留春住。泪眼问花花不语，乱红飞过秋千去。”(《蝶恋花》)主张诗文革新。他的诗文与韩愈一脉相承。

秦观(1049—1100年)，字少游，扬州高邮人。

有诗：“雾失楼台，月迷津渡。桃源望断无寻处。可堪孤馆闭春寒，杜鹃声里斜阳暮。驿寄梅花，鱼传尺素。砌成此恨无重数。郴江幸自绕郴山，为谁流下潇湘去。”(《踏莎行》)

在这些词中，我以为可以窥见词和诗不仅是形式上的不同，而且在内容上也有广狭之分了。

宋室南渡，李清照、辛稼轩、刘过、姜夔、史达祖、高观国、吴文英、刘克庄都极有名。

李清照(1084—1155年)，号易安居士，山东济南人。有“帘卷西风，人比黄花瘦”(《醉花阴》)的名句。世乱流离，她南迁江南，对故乡的怀念，便唱出了像《武陵春》那样的名篇：“风住尘香花已尽，日晚倦梳头，物是人非事事休，欲语泪先流。闻说双溪春尚好，也拟泛轻舟。只恐双溪舴艋舟，载不动许多愁。”

金人占领北方，对文学创作的影响是很大的。

辛弃疾(1140—1202年)，字幼安，号稼轩。“豪放派”自苏轼领军开头以来，到南宋又出了辛弃疾、陆游、陈亮、张孝祥等人物，尤其是辛弃疾，以慷慨激昂之词，抒发其力主抗战的爱国主义精神。辛弃疾自少年时便参加耿京领导的反金斗争。起义失败渡江而南，做了几任官，时时想着要恢复中原。“醉里挑灯看剑，梦回吹角连营。八百里分麾下炙，五十弦翻塞外声，沙场秋点兵。马作的卢飞快，弓如霹雳弦惊。了却君王天下事，赢得生前身后名，可怜白发生。”这首的词牌叫《破阵子》，是寄给南宋的思想家陈亮的。

其《永遇乐》,写京口北固亭怀古,上阕云:“千古江山,英雄无觅孙仲谋处。舞榭歌台,风流总被、雨打风吹去。斜阳草树,寻常巷陌,人道寄奴曾住。想当年,金戈铁马,气吞万里如虎。”用历史事实,来表达他的抗金决心,沉郁苍凉。这首词结句云:“廉颇老矣,尚能饭否?”

作者此时,已六十六岁,任镇江知府。

姜夔(1155—1221 年),字尧章,别号白石道人。白石词别具风格,《暗香》、《疏影》是他的名篇。《疏影》云:“客里相逢,篱角黄昏,无言自倚修竹。昭君不惯胡沙远,但暗忆江南江北。想环佩月夜归来,化作此花幽独。”《扬州慢》有句曰:“自胡马窥江去后,废池乔木,犹厌言兵。渐黄昏,清角吹寒,都在空城。”《踏莎行》中亦有绝唱:“淮南皓月冷千山,冥冥归去无人管”,将一个终生飘泊江湖的文人的黍离之悲、落寞之情,表现得清冷空朦,令人回肠荡气。

南宋诗,旧称尤、杨、范、陆。尤是尤袤,号延之,杨是杨万里,范是范成大,陆是陆游。

四家之前,有陈与义和曾幾,他们的诗是属于江西诗派的。

陈与义(1090—1138 年),字去非,洛阳人。北宋徽宗时,为太学博士符宝郎,靖康之难后,辗转抵临安,任吏部侍郎,累官至参知政事。

南渡后,国破家亡,颠沛流离,激发了他的爱国思想,写了不少感怀家国的诗篇:“庙堂无策可平戎,坐使甘泉照夕烽。初怪上都闻战马,岂知穷海看飞龙!孤臣霜发三千丈,每岁烟花一万重。稍喜长沙向延阁,疲兵敢犯犬羊锋。”

所存词仅十八首。《四库全书提要》说:“吐言天拔,不作柳亸莺娇之态,亦无疏简之气,殆于首首可传。”

“客子光阴诗卷里,杏花消息雨声中”,是陈与义的名句。

曾[redacted](1084—1166年),字吉甫,江西赣县人。自号茶山居士。他是陆游所师事的爱国诗人,他在赠陆游的诗中曾说:“问我居家谁暖眼?为言忧国只寒心!”赵庚父评他的诗“新于月出初三夜,淡比汤煎第一泉”,像《三衢道中》的“绿阴不减来时路,添得黄鹂四五声”,《登宜兴》的“观水观山都废食,听风听雨不妨眠”,真是又清又淡。

这两位诗人都是官于北宋,历尽靖康之难的。

陆游(1125—1210年),字务观,号放翁,越州山阴(浙江绍兴)人。南宋四大家中,陆游是一位大家。和辛弃疾一样,是当时爱国士大夫的代表。

如《秋夜将晓出篱门迎凉有感》:

“三万里河东入海,八千仞岳上摩天。遗民泪尽胡尘里,南望王师又一年。”

又如《十一月四日风雨大作》:

“僵卧孤村不自哀,尚思为国戍轮台。夜阑卧听风吹雨,铁马冰河入梦来。”

又《示儿》:

“死去元知万事空,但悲不见九州同。王师北定中原日,家祭无忘告乃翁。”

字字句句,渴望祖国统一,一片爱国之心。

诗人从青年时期,就无限向往:“楼船夜雪瓜洲渡,铁马秋风大散关。”

陆游也还有柔情似水的一面,对其前妻一往情深。

《沈园》诗云:“城上斜阳画角哀,沈园非复旧池台。伤心桥下春波绿,曾是惊鸿照影来。”“梦断香消四十年,沈园柳老不吹绵。

此身行作稽山土,犹吊遗踪一泫然。”

元好问(1190—1257 年),字裕之,号遗山。太原秀容(山西忻县)人。他是金末元初大诗人。所作绝句《论诗三十首》纵论文坛的兴衰成败,对建安以来的诗歌作了系统论述,表明他的文学主张。他赞美《敕勒歌》所表现的“中州万古英雄气”,李白的“笔底银河落九天”,韩愈的“江山万古潮阳笔”,不满孟郊的穷愁苦吟。

“曹刘坐啸虎生风,四海无人角两雄,可惜并州刘越石,不教横槊建安中。”

蒙古军南下,他从家乡流亡到河南。金亡后,他的诗转深沉,写了不少反映现实的诗篇。

其《卫州感事》诗云:“神龙失水困蜉蝣,一舸仓皇入宋州。紫气已沉牛斗夜,白云空望帝乡秋。动前实地三千界,梦里琼枝十二楼。欲就长河问遗事,悠悠东注不还流。白塔亭亭白佛祠,往年曾此走京师。不知江令还家日,何似湘累去国时。离合兴亡遽如此,栖迟零落竟安之。太行千里青如染,落日栏干有所思。”

元明两代,诗甚衰,少有佳作。原因是诗的天才都走入戏曲。

明“前七子”以李梦阳、何景明为首,倡言“文必秦汉,诗必盛唐”,主张复古模拟。

“后七子”以李攀龙、王世贞为首,继承前七子的复古主张,甚至说:“文必西汉,诗必盛唐,大历以后书勿读。”①

高启(1336—1374 年),字季迪,号青丘,江苏苏州人。他性格疏放,不拘于礼法,对官场生活有一定反感。朱元璋给他做户部侍郎,他拒绝,朱元璋诏修元史,后因魏观上梁文,被腰斩于南京,死

① 《明史·文苑传》。

时才三十九岁。也有人说他被杀的原因,是做了一首《题宫女图》诗,内有“小犬隔花空吠影,夜深宫禁有谁来?”故遭朱元璋之恨。

他的诗很有特色,明代二百年,只有他可与群星并列,是后来学李白诗最好的一人。

袁枚创“性灵说”。袁氏兄弟为公安人,又称公安派。

袁枚反对复古,主张诗要随着时代而变化。他说:“双眼自将秋水洗,一生不受古人欺。”

袁枚的“性灵说”主张诗“独抒性灵,不拘格套”,写诗要有真实的感情和鲜明的个性。他对他的弟弟说:“非从自己胸臆中流出,不肯下笔”。但他的诗并没有实践他的理论,多是个人的消闲之作。

如《十二月十五夜》:“沉沉更鼓急,渐渐人声绝。吹灯窗更明,月照一天雪。”确是一派清静幽冷的雪夜月色的意境。

竟陵派是天启、崇祯间的一个著名诗派。以钟惺、谭元春为首。他们不欲循七子途径,不欲复蹈公安覆辙,他们也主张独抒性灵,但更多的是乞灵古人。

明中期以后,李贽,字卓吾,提出个性解放,在文学上倡“童心说”。

明末清初,钱谦益、吴伟业、龚鼎孳,世称江左三大家。他们都是贰臣,始因易代,感慨遂深。

钱谦益(1582—1664 年),字受之,号牧斋,江苏常熟人,他的诗多用典,辞藻华丽,陈文述称他“沈郁藻丽,原本杜陵。逸情高致,远在梅村祭酒之上”①。

---

① 陈文述:《颐道堂集》卷十。

吴伟业(1609—1671 年),字骏公,号梅村,江苏太仓人。明崇祯四年进士,曾参加复社,明亡之后,尚苟且新朝,内心充满了矛盾。其所作《怀古兼吊侯朝宗》一诗云:

“河洛风尘万里昏,百年心事向夷门。气倾市侠收奇用,策动宫娥报旧恩。多见摄衣称上客,几人刎颈送王孙。死生总负侯嬴诺,欲滴椒浆泪满樽。”

由此可见,吴伟业晚年深为自己仕清失节而痛悔。

吴伟业以《圆圆曲》出名,人称诗史。写的是吴三桂为了夺回爱妾,不惜叛国投敌,诗开头说:“恸哭六军皆缟素,冲冠一怒为红颜。”篇末又写:“妻子岂应关大计,英雄无奈是多情。全家白骨成灰土,一代红装照汗青。”

《四库总目提要》评论说:“其少作大抵才华艳发,吐纳风流,有藻思绮合、清丽芊眠之致。及乎遭逢丧乱,阅历兴亡,激楚苍凉,风骨弥为遒上。暮年萧瑟,论者以庾信方之。其中歌行一体,尤所擅长。格律本乎四杰,而情韵为深,叙述类乎香山,而风华为胜。韵协宫商,感均顽艳,一时尤为绝调。”

清朝中叶,王士祯创“神韵说”。他主张写诗要“兴会”、“神到”,追求“得意忘言”。如唐司空图所云:“不着一字,尽得风流”,“羚羊挂角,无迹可求”。

沈德潜创“格调说”。主张写诗要“温柔敦厚”。他选辑的《古诗源》、《唐诗别裁》流传很广。

清末,鸦片战争时期出现了龚自珍、魏源、林则徐等爱国诗人。

龚自珍(1792—1841 年),字璱人,号定盦,浙江仁和(杭州)人。他在政治社会学术文学上具有特殊的敏感,由乾嘉之学转公羊之学。既尊经尊史,又主张以公羊的进化观看待世界。他的诗是诗人和史官的统一，其根基是宋诗，但笔致雄奇哀艳，独树一帜。虽渊源两宋，实开宋人未有之境。七言绝句，富丽深峻，才气横及，古人中无有能及之者。总而言之，他的诗是富有创造性的。龚诗现存六百多首。

《己亥杂诗》是他的代表作："九州生气恃风雷，万马齐喑究可哀。我劝天公重抖擞，不拘一格降人才。"

又有《咏史》："金粉东南十五州，万重恩怨属名流。牢盆狎客操胜算，团扇才人踞上游。避席畏闻文字狱，著书都为稻粱谋。田横五百人安在，难道归来尽封侯？"

龚自珍一生坎坷屡遭打击，但晚年不减斗志："西墙枯树态纵横，奇古全凭一臂撑。烈士暮年宜学道，江关词赋笑兰成。"

黄遵宪（1848—1905年），字公度，广东嘉应人（今梅县）。光绪年间，任日本使馆参赞，旧金山总领事。所著有《日本国志》《人境庐诗草》。他是梁启超极力赞扬的诗界革命的一面旗帜，也是龚自珍以后的最杰出的一个诗人。他作诗主张"以我之手，写我之口"。

他的《己亥杂诗》："我是东西南北人，平生自是风波民。百年过半洲游四，留得家园五十春。"

他的诗有"诗史"之称。

附：梁启超《国学入门书要目及其读法》

序

两月前《清华周刊》记者以此题相属，蹉跎久未报命。顷独居翠微山中，行箧无一书，而记者督责甚急，乃竭三日之力，专凭忆想所及草斯篇。漏略自所不免，且容有并书名篇名亦忆错误者，他日当更补正也。

中华民国十二年四月二十六日，启超作于碧摩岩揽翠山房。

（甲）修养应用及思想史关系书类

○《论语》《孟子》

《论语》为二千年来国人思想之总源泉。《孟子》自宋以后势力亦与相埒。此二书可谓国人内的外的生活之支配者，故吾希望学者熟读成诵。即不能，亦须翻阅多次，务略举其辞，或摘记其身心践履之言以资修养。

《论语》《孟子》之文，并不艰深，宜专读正文，有不解处方看注释。注释之书，朱熹《四书集注》为其生平极矜慎之作，可读。但其中有堕入宋儒理障处，宜分别观之。清儒注本，《论语》则有戴望《论语注》，《孟子》则有焦循《孟子正义》最善。戴氏服膺颜习斋之学，最重实践，所注似近孔门真际；其训诂亦多较朱注为优。其书简洁易读。焦氏服膺戴东原之学，其《孟子正义》在清儒诸经新疏中为最佳本,但文颇繁。宜备置案头,遇不解时或有所感时则取供参考。

戴震《孟子字义疏证》,乃戴氏一家哲学,并非专为注释《孟子》而作。但其书极精辟,学者终须一读。最好是于读《孟子》时并读之,既知戴学纲领,亦可以助读《孟子》之兴味。

焦循《论语通释》,乃摹仿《孟子字义疏证》而作,将全部《论语》拆散,标举重要诸义如言仁言忠恕……等列为若干目通观而总诠之,可称治《论语》之一良法,且可应用其法以治他书。

右两书篇页皆甚少,易读。

陈澧《东塾读书记》中读《孟子》之卷,取孟子学说分项爬梳,最为精切。其书不过二三十页(?),宜一读以观前辈治学方法,且于修养亦有益。

○《易经》

此书为孔子以前之哲学书。孔子为之注解,虽奥衍难究,然总须一读。吾希望学者将《系辞传》《文言传》熟读成诵;其《卦象传》六十四条,则用别纸抄出,随时省览。

后世说《易》者言人人殊。为修养有益起见,则程颐之《程氏易传》差可读。

说《易》最近真者,吾独推焦循。其所著《雕菰楼易学》三书(《易通释》,《易图略》,《易章句》),皆称精诣。学者如欲深通此经,可取读之。否则可以不必。

○《礼记》

此书为战国及西汉之"儒家言"丛编,内中有极精纯者,亦有极破碎者。吾希望学者将《中庸》《大学》《礼运》《乐记》四篇熟读成诵。《曲礼》《王制》《檀弓》《礼器》《学记》《坊记》《表记》《缁衣》《儒衣》《大传》《祭义》《祭法》《乡饮酒义》诸篇多浏览数次,且摘录其精要语。若欲看注解,可看《十三经注疏》内郑注孔疏。《孝经》之性质与《礼记》同,可当《礼记》之一篇读。

○《老子》

道家最精要之书。希望学者将此区区五千言熟读成诵。注释书未有极当意者。专读白文自行寻索为妙。

○《墨子》

孔墨在先秦时两圣并称,故此书非读不可。除《备城门》以下各篇外,余篇皆宜精读。注释书以孙诒让《墨子间诂》为最善,读《墨子》宜即读此本。《经上下》《经说上下》四篇,有张惠言《墨子经说解》及梁启超《墨经》两书可参观,但皆有未精惬处。《小取篇》有胡适新诂可参观。梁启超《墨子学案》,属通释体裁,可参观助兴味;但其书为临时讲义,殊未精审。

○《庄子》

《内篇》七篇及《杂篇》中之《天下篇》最为当精读。注释有郭庆藩之《庄子集释》差可。

○《荀子》

《解蔽》《正名》《天论》《正论》《性恶》《礼论》《乐论》诸篇最当精读。余亦须全部浏览。注释书王先谦《荀子注》甚善。

○《尹文子》《慎子》《公孙龙子》

今存者皆非完书。但三子皆为先秦大哲,虽断简亦宜一读;篇帙甚少,不费力也。《公孙龙子》之真伪,尚有问题。三书皆无善注。《尹文子》《慎子》易解。

○《韩非子》

法家言之精华。须全部浏览。(其特别应精读之诸篇,因手边无原书,胪举恐遗漏,他日补列。)注释书王先慎《韩非子集释》差可。

○《管子》

战国末年人所集著者,性质颇杂驳,然古代各家学说存其中者颇多,宜一浏览。注释书戴望《管子校正》甚好。

○《吕氏春秋》

此为中国最古之类书。先秦学说存其中者颇多,宜浏览。

○《淮南子》

此为秦汉间道家言荟萃之书,宜稍精读。注释书闻有刘文典《淮南鸿烈集解》颇好。

○《春秋繁露》

此为西汉儒家代表的著作。宜稍精读。注释书有苏舆《春秋繁露义证》颇好。康有为之《春秋董氏学》,为通释体裁,宜参看。

○《盐铁论》

此书为汉代儒家法家对于政治问题对垒抗辩之书,宜浏览。

○《论衡》

此书为汉代怀疑派哲学,宜浏览。

○《抱朴子》

此书为晋以后道家言代表作品,宜浏览。

○《列子》

晋人伪书,可作魏晋间玄学书读。

右所列为汉晋以前思想界之重要著作。六朝隋唐间思想界著光采者为佛学,其书目当别述。以下举宋以后学术之代表书。但为一般学者节啬精力计,不愿多举也。

○《近思录》 朱熹著 江永注

读此书可见程朱一派之理学其内容何如。

○《朱子年谱》，附朱子《论学要语》，王懋竑著。

此书叙述朱学全面目，最精要有条理。

若欲研究程朱学派，宜读二程《遗书》及朱子《语类》。非专门斯业者可置之。

南宋时与朱学对峙者尚有吕东莱之文献学一派，陈龙川、叶水心之功利主义一派，及陆象山之心学一派。欲知其详，宜读各人专著。若观大略，可求诸《宋元学案》中。

○《传习录》　王守仁语　徐爱钱德洪等记

读此可知王学梗概。欲知其详，宜读《王文成公全书》。因阳明以知行合一为教，要合观学问事功，方能看出其全部人格。而其事功之经过，具见集中各文。故《阳明集》之重要，过于朱、陆诸集。

○《明儒学案》　黄宗羲著

○《宋元学案》　黄宗羲初稿　全祖望王梓材两次续成

此二书为宋元明三朝理学之总记录，实为创作的学术史。《明儒学案》中姚江、江右、王门、泰州、东林、蕺山诸案最精善。《宋元学案》中象山案最精善，横渠、二程、东莱、龙川、水心诸案亦好。晦翁案不甚好。百源（邵雍）、涑水（司马光）诸案失之太繁，反不见其真相。末附（王安石）《荆公新学略》最坏。因有门户之见，故为排斥。欲知荆公学术，宜看《王临川集》。

此二书卷帙虽繁，吾总望学者择要浏览，因其为六百年间学术之总汇，影响于近代甚深。且汇诸家为一编，读之不甚费力也。

清代学术史可惜尚无此等佳著。唐鉴之《国朝案小识》以清代最不振之程朱学派为立脚点，褊狭固陋，万不可读。江藩之《国朝汉学师承记》《国朝宋学渊源记》，亦学案体裁，较好。但江氏学识亦凡庸,殊不能叙出各家独到之处。万不得已,姑以备参考而已。启超方有事于《清儒学案》,汗青尚无期也。

○《日知录》《亭林文集》 顾炎武著

顾亭林为清学开山第一人。其精力集注于《日知录》,宜一浏览。读文集中各信札,可见其立身治学大概。

○《明夷待访录》 黄宗羲著

黄梨洲为清初大师之一。其最大贡献在两《学案》。此小册可见其政治思想之大概。

○《思问录》 王夫之著

王船山为清初大师之一。非通观全书,不能见其精深博大。但卷帙太繁,非别为系统的整理,则学者不能读。聊举此书发凡,实不足以代表其学问之全部也。

○《颜氏学记》 戴望编

颜习斋为清初大师之一。戴氏所编学记,颇能传其真。徐世昌之《颜李学》,亦可供参考。但其所集《习斋语要》,《恕谷(李塨)语要》,将攻击宋儒语多不录,稍失其真。

顾黄王颜四先生之学术,为学者所必须知,然其著述皆浩博,或散殊,不易寻绎。启超行将为系统的整理记述以饷学者。

○《东原集》 戴望著

○《雕菰楼集》 焦循著

戴东原、焦理堂为清代经师中有精深之哲学思想者。读其集可知其学并知其治学方法。

启超所拟著之《清儒学案》《东原理学》两案正在属稿中。

○《文史通义》 章学诚著

此书虽以文史标题,实多论学术流别,宜一读。胡适著《章实斋年谱》,可供参考。

○《大同书》 康有为著

南海先生独创之思想在此书。曾刊于《不忍杂志》中。

○《国故论衡》 章炳麟著

可见章太炎思想之一斑。其详当读《章氏遗书》。

○《东西文化及其哲学》 梁漱溟著

有偏宕处,亦有独到处。

○《中国哲学史大纲上卷》 胡适著

○《先秦政治思想史》 梁启超著

将读先秦经部子部书,宜先读此两书。可引起兴味,并启发自己之判断力。

○《清代学术概论》 梁启超著

欲略知清代学风,宜读此书。

(乙)政治史及其他文献学书类

○《尚书》

内中惟二十八篇是真书,宜精读。但其文佶屈聱牙,不能成诵亦无妨。余篇属晋人伪撰,一浏览便足。(真伪篇目,看启超所著《古书真伪及其年代》,日内当出版。)此书非看注释不能解,注释书以孙星衍之《尚书今古文注疏》为最好。

○《逸周书》

此书真伪参半。宜一浏览。注释书有朱右曾《逸周书集训校释》颇好。

○《竹书纪年》

此书现通行者为元明人伪撰。其古本，清儒辑出者数家。王国维所辑最善。

○《国语》《春秋左氏传》

此两书或本为一书，由西汉人析出(?)，宜合读之。《左传》宜选出若干篇熟读成诵，于学文甚有益。读《左传》宜参观顾栋高《春秋大事表》，可以得治学方法。

○《战国策》

宜选出若干篇熟读。于学文有益。

○《周礼》

此书西汉末晚出。何时代人所撰，尚难断定。惟书中制度，当有一部分为周代之旧；其余亦战国秦汉间学者理想的产物。故总宜一读。注释书有孙诒让《周礼正义》最善。

○《考信录》 崔述著

此书考证三代史事实最严谨，宜一浏览，以为治古史之标准。

○《资治通鉴》

此为编年政治史最有价值之作品。虽卷帙稍繁，总希望学者能全部精读一过。若苦干燥无味，不妨仿《春秋大事表》之例，自立若干门类。标治摘记，作将来著述资料。(吾少时曾用此法，虽无成书，然增长兴味不少。)

王船山《读通鉴论》，批评眼光，颇异俗流，读《通鉴》时取以并读，亦助兴之一法。

○《续资治通鉴》 毕沅著

此书价值远在司马光原著之下，自无待言；无视彼更优者，姑以备数耳。或不读《正续资治通鉴》，而读《九种纪事本末》亦可。要之非此则彼，必须有一书经目者。

○《文献通考》《续文献通考》《皇朝文献通考》

三书卷帙浩繁。今为学者摘其要目:《田赋考》、《户口考》、《职役考》、《市糴考》、《征榷考》、《国用考》、《钱币考》、《兵考》、《刑考》、《经籍考》、《四裔考》,必须读。《王礼考》、《封建考》、《象纬考》,……绝对不必读。其余或读或不读随人。(手边无原书,不能具记其目,有漏略当校补。)各人宜因其所嗜,择类读之。例如欲研究经济史财政史者,则读前七考。余仿此。马氏《文献通考》,本依仿杜氏《通典》而作,若尊创作,应举《通典》。今舍彼取此者,取其资料较丰富耳。吾辈读旧史,所贵者惟在原料,炉锤组织,当求之在我也。

《两汉会要》《唐会要》《五代会要》,可与《通考》合读。

○《通志二十略》

郑渔仲学识史才,皆迈寻常。《通志》全书卷帙繁,不必读。《二十略》则其精神所聚,必须浏览。其中与《通考》门类同者或可省。最要者《氏族略》《六书略》《七音略》(校雠略)等篇。

○《二十四史》

《通鉴》《通考》,已浩无涯矣,更语及庞大之《二十四史》,学者几何不望而却步!然而《二十四史》终不可不读。其故有二:(一)现在即无满意之通史,不读《二十四史》,无以知先民活动之遗迹。(二)假令虽有佳的通史出现,然其书目自有别载,《二十四史》之原料,终不能全行收入。以故《二十四史》终久仍为国民应读之书。

书既应读,而又浩繁难读,则如之何?吾今试为学者拟摘读之法数条。

一曰就书而摘。《史记》、《汉书》、《后汉书》、《三国志》,俗称《四史》。其书皆大史家一手著述,体例精严;且时代近古,向来学人诵习者众,在学界之势力与六经诸子埒。吾辈为常识计,非一读不可。吾希望学者将此《四史》之列传，全体浏览一过，乃摘出若干篇稍为熟诵以资学文之助。因《四史》中佳文最多也。（若欲吾举其目亦可，但手边无原书，当以异日）。《四史》之外，则《明史》共认为官修书中最佳者，且时代最近，亦宜稍为详读。

二曰就事分类而摘读志。例如欲研究经济史财政史，则读《平准书》、《食货志》；欲研究音乐，则读《乐书》、《乐志》；欲研究兵制，则读《兵志》；欲研究学术史，则读《艺文志》、《经籍志》，附以《儒林传》；欲研究宗教史，则读《魏书·释老志》（可惜他史无之）。……每研究一门，则通各史此门之志而读之，且与《文献通考》之此门合读。当其读时，必往往发见许多资料散见于各传者，随即跟踪调查其传以读之。如此引申触类，渐渐便能成为经济史宗教史……等等之长篇，将来荟萃而整理之，便成著述矣。

三曰就人分类而摘读传。读名人传记，最能激发人志气，且于应事接物之智慧增长不少，古人所以贵读史者以此。全史各传既不能遍读（且亦不必），则宜择伟大人物之传读之，每史亦不过二三十篇耳，此外又可就其所欲研究者而择读：如欲研究学术史，则读《儒林传》及其他学者之专传；欲研究文学史，则读《文苑传》及其他文学家之专传。……用此法读去，恐只患其少，不患其多矣。

又各史之《外国传》、《蛮夷传》、《土司传》等，包含种族史及社会学之原料最多，极有趣，吾深望学者一读之。

○《二十二史札记》　赵翼著

学者读正史之前，吾劝其一浏览此书。记称"属辞比事，《春秋》之教"，此书深得"比事"之诀，每一个题目之下其资料皆从几十篇传中零零碎碎觅出，如采花成蜜，学者能用其法以读史，便可养成著述能力。（内中校勘文学异同之部约占三分一，不读亦可）。

○《圣武记》　魏源著

○《国朝先正事略》　李元度著

清朝一代史迹,至今尚无一完书可读,最为遗憾。姑举此二书充数。魏默深有良史之才,《圣武记》为《纪事本末》体裁,叙述绥服蒙古、戡定金州、抚循西藏……诸役,于一事之原因结果及其中间进行之次序,若指诸掌,实罕见之名著也。李次青之《先正事略》,道光以前人物略具,文亦有法度,宜一浏览,以知最近二三百年史迹大概。

日本人稻叶君山所著《清朝全史》尚可读(有译本)。

○《读史方舆纪要》　顾祖禹著

此为最有组织的地理书。其特长在专论形势,以地域为经,以史迹为纬,读之不感干燥。此书卷帙虽多,专读其叙论,(至各府止)亦不甚费力,且可引起地理学兴味。

○《史通》　刘知幾著

此书论作史方法,颇多特识,宜浏览。章氏《文史通义》,性质略同,范围较广,已见前。

○《中国历史研究法》　梁启超著

读之可增史学兴味,且知治史方法。

(丙)韵文书类

○《诗经》

希望学者能全部熟读成诵;即不尔,亦须一大部分能举其词。注释书,陈奂《诗毛氏传疏》最善。

○《楚辞》

屈、宋作，宜熟读，能成诵最佳。其余可不读。注释书，朱熹《楚辞集注》较可。

○《文选》

择读。

○《乐府诗集》 郭茂倩编

专读其中不知作者姓名之汉古辞，以见魏六朝乐府风格。其他不必读。

魏晋六朝人诗宜读以下各家：曹子建、阮嗣宗、陶渊明、谢康乐、鲍明远、谢玄晖。无单行集者。可用张溥《汉魏百三家集》本或王闿运《八代诗选》本。

○《李太白集》

○《杜工部集》

○《王右丞集》

○《孟襄阳集》

○《韦苏州集》

○《高常侍集》

○《韩昌黎集》

○《柳河东集》

○《白香山集》

○《李义山集》

○《王临川集》(诗宜用李壁注本)

○《苏东坡集》

○《元遗山集》

○《陆放翁集》

以上唐宋人诗文集。

○《唐百家诗选》 王安石选

○《宋诗钞》 吕留良抄

以上唐宋诗选本。

○《清真词》 周美成

○《醉翁琴趣》 欧阳修

○《东坡乐府》 苏轼

○《屯田集》 柳永

○《淮海词》 秦观

○《樵歌》 朱敦儒

○《稼轩词》 辛弃疾

○《后村词》 刘克庄

○《白石道人歌曲》 姜夔

○《碧山词》 王沂孙

○《梦窗词》 吴文英

以上宋人词集。

○《西厢记》

○《琵琶记》

○《牡丹亭》

○《桃花扇》

○《长生殿》

以上元明清人曲本。

本门所列书,专资学者课余讽诵陶写情趣之用,既非为文学专家说法,尤非为治文学史者说法,故不曰文学类而曰韵文类。文学范围,最少应包含古文(骈、散文)及小说。吾以为苟非欲作文学专家,则无专读小说之必要。至于古文,本不必别学。吾辈总须读周秦诸子《左传》《国策》《四史》《通鉴》及其关于思想关于记载之著作，苟能多读，自能属文。何必格外标举一种名曰古文耶？故专以文鸣之文集不复录（其与学问有关系之文集散见各门）。《文选》及韩、柳、王集聊附见耳。学者如必欲就文求文，无已，则姚鼐之《古文辞类纂》，李兆洛之《骈体文抄》，曾国藩之《经史百家杂抄》可用也。

清人不以韵文见长，故除曲本数部外，其余诗词皆不复列举。无已，则于最初期与最末期各举诗词家一人，吴伟业之《梅村诗集》与黄遵宪之《人境庐诗集》，成德之《饮水词》与文焯之《樵风乐府》也。

（丁）小学书及文法书类

○《说文解字》 段玉裁著

○《说文通训定声》 朱骏声著

○《说文释例》 王筠著

段著为《说文》正注。朱注明音与义之关系。王著为《说文》通释。读此三书，略可通《说文》矣。

○《经传释词》 王引之著

○《古书疑义举例》 俞樾著

○《文通》 马建忠著

读此三书，可知古人语法文法。

○《经籍纂诂》 阮元编

此书汇集各字之义训，宜置备检查。

文字音韵，为清儒最擅之学，佳书林立。此仅举入门最要之数种。若非有志研究斯学者，并此诸书不读亦无妨耳。

（戊）随意涉览书类

学问固贵专精，又须博涉以辅之。况学者读书尚少时，不甚自知其性所近者为何。随意涉猎，初时并无目的，不期而引起问题，发生趣味，从此向某方面深造研究，遂成绝业者，往往而有也。吾故杂举有用或有趣之各书，供学者自由翻阅之娱乐。读此者不必顺页次，亦不必求终卷也。（各书亦随忆想所及杂举，无复诠次。）

○《四库全书总目摘要》

清乾隆间四库馆，董其事者皆一时大学者，故所作提要，最称精审，读之可略见各书内容（中多偏至语，自亦不能免）。宜先读各部类之叙录，其各书条下则随意抽阅。有所谓存目者，其书被屏，不收入四库者也。内中颇有怪书，宜稍注意读之。

○《世说新语》

将晋人谈玄语分类纂录，语多隽妙，课余暑假之良伴侣。

○《水经注》　郦道元撰　戴震校

六朝人地理专书。但多描风景，记古迹，文辞华妙，学作小品文最适用。

○《文心雕龙》　刘勰撰

六朝人论文书。论多精到，文亦雅丽。

○《大唐三藏慈恩法师传》　慧立撰

此为玄奘法师详传。玄奘为第一位留学生，为大思想家，读之可以增长志气。

○《徐霞客游记》

霞客晚明人，实一大探险家。其书极有趣。

○《梦溪笔谈》 沈括

宋人笔记中含有科学思想者。

○《困学纪闻》 王应麟撰 阎若璩注

宋人始为考证学者，顾亭林《日知录》颇仿其体。

○《通艺录》 程瑶田撰

清代考证家之博物书。

○《癸巳类稿》 俞正燮撰

多为经学以外之考证，如考棉花来历，考妇人缠足历史，辑李易安事迹等。又多新颖之论，如论妒非妇人恶德等。

○《东塾读书记》 陈澧撰

此书仅五册，十余年乃成。盖合数十条笔记之长编乃成一条笔记之定稿，用力最为精苦，读之可识搜集资料及驾驭资料之方法。书中论郑学，论朱学，论诸子，论三国诸卷最善。

○《庸盦笔记》 薛福成

多记清咸丰同治间掌故。

○《张太岳集》 张居正

江陵为明名相，其信札益人神智，文章亦美。

○《王心斋先生全书》 王艮

吾常名心斋为平民的理学家。其人有生气。

○《朱舜水遗集》 朱之瑜

舜水为日本文化之开辟人，唯一之国家输出者，读之可见其人格。

○《李恕谷文集》 李塨

恕谷为习斋门下健将，其文劲达。

○《鲒埼亭集》　全祖望

集中记晚明掌故甚多。

○《潜研堂集》　钱大昕

竹汀为清儒中最博洽者，其对伦理问题，亦颇有新论。

○《述学》　汪中

容甫为治诸子学之先登者，其文格在汉晋间，极遒美。

○《洪北江集》　洪亮吉

北江之学长于地理，其小品骈体文描写景物，美不可言。

○《定盦文集》　龚自珍

吾少时心醉此集，今颇厌之。

○《曾文正公全集》　曾国藩

○《胡文忠公集》　胡林翼

右二集信札最可读，读之见其治事条理及朋友风义。曾涤生文章尤美，集桐城派之大成。

○《苕溪渔隐丛话》　胡仔

诗话中资料颇丰富者。

○《词苑丛谈》　徐釚

唯一之词话，颇有趣。

○《语石》　叶昌炽

以科学方法治金石学，极有价值。

○《书林清话》　叶德辉

论刻书源流及藏书掌故，甚好。

○《广艺舟双楫》　康有为

论写字，极精博，文章极美。

○《剧说》 焦循

○《宋元戏曲史》 王国维

二书论戏剧，极好。

既谓之涉览，自然无书不可涉，无书不可览。本不能胪举书目；若举之非累数十纸不可。右所列不伦不类之寥寥十余种，随杂忆所及当坐谭耳。若绳以义例，则笑绝冠缨矣。

（附录一）最低限度之必读书目

右所列五项，倘能依法读之，则国学根柢略立，可以为将来大成之基矣。惟青年学生校课既繁，所治专门别有在，恐仍不能人人按表而读。今再为拟一真正之最低限度如下：

《四书》《易经》《书经》《诗经》《礼记》《左传》《老子》《墨子》《庄子》《荀子》《韩非子》《战国策》《史记》《汉书》《后汉书》《三国志》《资治通鉴》（或《通鉴纪事本末》）《宋元明史纪事本末》《楚辞》《文选》《李太白集》《杜工部集》《韩昌黎集》《柳河东集》《白香山集》。其他词曲集随所好选读数种。

以上各书，无论学矿、学工程学……皆须一读。若并此未读，真不能认为中国学人矣。

（附录二）治国学杂话

学生做课外学问是最必要的，若只是求讲堂上功课及格，便算完事，那么，你进学校，只是求文凭，并不是求学问。你的人格，先已不可问了。再者，此类人一定没有“自发”的能力，不特不能成为一个学者,亦断不能成为社会上治事领袖人才。课外学问,自然不专指读书。如试验,如观察自然界……,都是极好的。但读课外书,最少要算课外学问的主要部分。

一个人总要养成读书趣味。打算做专门学者,固然要如此。打算做事业家,也要如此,因为我们在工厂里在公司里在议院里在……里做完一天的工作出来之后,随时立刻可以得着愉快的伴侣,莫过于书籍,莫便于书籍。

但是将来这种愉快得着得不着,大概是在学校时代已经决定。因为必须养成读书习惯才能尝着读书趣味。人生一世的习惯,出了学校门限,已经铁铸成了。所以在学校中不读课外书以养成自己自动的读书习惯,这个人简直是自己剥夺自己终身的幸福。

读书自然不限于读中国书,但中国人对于中国书,最少也该和外国书作平等待遇,你这样待遇他,他给回你的愉快报酬,最少也和读外国书所得的有同等分量。

中国书没有整理过,十分难读,这是人人公认的。但会做学问的人,觉得趣味就在这一点。吃现成饭,是最没有意思的事,是最没有出息的人才喜欢的。一种问题,被别人做完了,四平八正的编成教科书样子给我读,读去自然是毫不费力。但从这不费力上头结果便令我的心思不细致不刻入。专门喜欢读这类书的人,久而久之,会把自己创作的才能汩没哩。在纽约芝加哥笔直的马路崭新的洋房里舒舒服服混一世,这个人一定是过的毫无意味的平庸生活;若要过有意味的生活,须是哥仑布初到美洲时。

中国学问界,是千年未开的矿穴,矿苗异常丰富。但非我们亲自绞脑筋绞汗水,却开不出来。翻过来看,只要你绞一分脑筋一分汗水,当然还你一分成绩,所以有趣。

所谓中国学问界的矿苗，当然不专指书籍。自然界和社会实况，都是极重要的。但书籍为保存过去原料之一种宝库，且可以为现在实测各方面之引线。就这点看来，我们对于书籍之浩瀚，应该欢喜感谢他，不应该厌恶他。因为我们的事业比方要开工厂，原料的供给，自然是越丰富越好。

读中国书，自然像披沙拣金，沙多金少。但我们若把他作原料看待，有时寻常人认为极无用的书籍和语句，也许有大功用。须知工厂种类多着呢。一个厂里头还有许多副产物哩。何止金有用，沙也有用。

若问读书方法，我想向诸君上一个条陈：这方法是极陈旧极笨极麻烦的，然而实在是极必要的。什么方法呢？是抄录或笔记。

我们读一部名著，看见他征引那么繁博，分析那么细密，动辄伸着舌头说道：这个人不知有多大记忆力，记得许多东西，这是他的特别天才，我们不能学步了。其实那里有这回事。好记忆的人不见得便有智慧；有智慧的人比较的倒是记性不甚好。你所看见者是他发表出来的成果，不知他这成果原是从铢积寸累困知勉行得来。大抵凡一个大学者平日用功，总是有无数小册子或单纸片，读书看见一段资料觉其有用者，即刻抄下。（短的抄全文，长的摘要记书名卷数页数。）资料渐渐积得丰富，再用眼光来整理分析它，便成一篇名著，想看这种痕迹，读赵瓯北的《二十二史札记》，陈兰甫的《东塾读书记》，最容易看出来。

这种工作，笨是笨极了，苦是苦极了。但真正做学问的人，总离不了这条路。做动植物的人，懒得采集标本，说他会有新发明，天下怕没有这种便宜事。

发明的最初动机在注意。抄书便是促醒注意及继续保存注意的最好方法。当读一书时,忽然感觉这一段资料可注意,把他抄下,这件资料,自然有一微微的印象印入脑中,和滑眼看过不同。经过这一番后,过些时碰着第二个资料和这个有关系的,又把他抄下,那注意便加浓一度,经过几次之后,每翻一书,遇有这项资料,便活跃在纸上,不必劳神费力去找了。这是我多年经验得来的实况。诸君试拿一年工夫去试试,当知我不说谎。

先辈每教人不可轻言著述。因为未成熟的见解公布出来,会自误误人,这原是不错的。但青年学生"斐然有述作之誉",也是实际上鞭策学问的一种妙用。譬如同是读《文献通考》的《钱币考》、各史《食货志》中钱币项下各文,泛泛读去,没有什么所得。倘若你一面读一面便打主意做一篇中国货币沿革考,这篇考做的好不好另一个问题,你所读的自然加几倍受用。

譬如同读一部《荀子》,某甲泛泛读去,某乙一面读一面打主意做部荀子学案,读过之后,两个人的印象深浅,自然不同。所以我很奖励青年好著书的习惯。至于所著的书,拿不拿给人看,什么时候才认成功,这还不是你的自由吗?

每日所读之书,最好分两类:一类是精读的,一类是涉览的。因为我们一面要养成读书心细的习惯,一面要养成读书眼快的习惯。心不细则毫无所得,等于白读;眼不快则时候不够用,不能博搜资料。诸经诸子《四史》《通鉴》等书,宜入精读之部,每日指定某时刻读他,读时一字不放过,读完一部才读别部。想抄录的随读随抄。另外指出一时刻,随意涉览。觉得有趣,注意细看;觉得无趣,便翻次页。遇有想抄录的,也俟读完再抄,当时勿窒其机。

诸君勿因初读中国书勤劳大而结果少,便生退悔。因为我们读书,并不是想专向现时所读这一本书里头现钱现货的得多少报酬，最要紧的是涵养成好读书的习惯和磨练出善读书的脑力。青年期所读各书，不外借来做达这两个目的的梯子。我所说的前提倘若不错，则读外国书和读中国书当然都各有益处。外国名著，组织得好，易引起趣味；他的研究方法，整整齐齐摆出来，可以做我们的模范，这是好处。我们滑眼读去，容易变成享现成福的少爷们，不知甘苦来历，这是坏处。中国书未经整理，一读便是一个闷头棍，每每打断趣味，这是坏处。逼着你披荆斩棘，寻路来走，或者走许多冤枉路，（只要走路断无冤枉，走错了回头，便是绝好教训。）从甘苦阅历中磨练出智慧，得苦尽甘来的趣味，那智慧和趣味却最真切，这是好处。

还有一件，我在前项书目表中，有好几处写"希望熟读成诵"字样。我想诸君或者以为甚难，也许反对说我顽旧。但我有我的意思，我并不是奖励人勉强记忆。我所希望熟读成诵的有两种类。一种类是最有价值的文学作品；一种类是有益身心的格言。好文学是涵养情趣的工具，做一个民族分子，总须对于本民族的好文学十分领略。能熟读成诵，才在我们的"下意识"里头，得着根柢，不知不觉会"发酵"。有益身心的圣哲格言，一部分久已在我们全社会上形成共同意识，我既做这社会的分子，总要彻底了解它，才不至和共同意识生隔阂。一方面我们应事接物时候，常常仗它给我们的光明。要平日摩得熟，临时才用得着。我所以有些书希望熟读成诵者在此。但亦不过一种格外希望而已，并不谓非如此不可。

最后我还专门向清华同学诸君说几句话：我希望诸君对于国学的修养比旁的学校学生格外加功。诸君受社会恩惠，是比别人独优的。诸君将来在全社会上一定占势力，是眼看得见的。诸君回国之后对于中国文化有无贡献,便是诸君功罪的标准。

任你学成一位天字第一号形神毕肖的美国学者,只怕于中国文化没有多少影响。若这样便有影响,我们把美国蓝眼睛的大博士抬一百几十位来便够了,又何必诸君呢?诸君须要牢牢记着;你不是美国学生,是中国留学生。如何才配叫做中国留学生,请你自己打主意罢。

参考书目

《诗经》《尚书》《礼记》《周易》《春秋三传》《大学》《中庸》《论语》《孟子》《诸子集成》《史记》《汉书》《后汉书》《资治通鉴》《文史通义》。

章太炎:《国学讲演录》,华东师范大学出版社 1995 年版。

章太炎:《国学略说》,上海文艺出版社 2001 年版。

章太炎:《国学概论》,上海古籍出版社 1997 年版。

朱自清:《经典常谈》,上海古籍出版社 1999 年版。

胡道静:《国学大师论国学》,东方出版中心 1998 年版。

赵吉惠:《国学沉思》,浙江人民出版社 1998 年版。

程应镠:《流金集·国学讲演录》,上海古籍出版社 1995 年版。

羊春秋:《领略传统学术的魅力——大学生的国学修养》,湖南师范大学出版社 1998 年版。

张岱年:《国学丛书》,辽宁教育出版社 1991 年版。

罗志田:《国家与学术:清季民初关于国学的思想论争》,三联书店 2003 年版。

冯天瑜:《中华元典精神》,上海人民出版社 1994 年版。

陈引驰:《梁启超国学讲录二种》,中国社会科学出版社 1997 年版。

马宗霍:《中国经学史》,上海书店 1984 年影印出版。

朱维铮:《周予同经学史论著选集》,上海人民出版社 1983

年版。

杨成孚:《经学概论》,南开大学出版社 1994 年版。

夏传才:《十三经概论》,天津人民出版社 1998 年版。

陈克明:《群经要义》,东方出版社 1996 年版。

文史知识编辑部:《经书浅谈》,中华书局 1984 年版。

姜广辉:《中国经学思想史》,中国社会科学出版社 2003 年版。

刘起釪、王钟翰等:《经史说略——十三经说略》,北京燕山出版社 2002 年版。

李思敬:《五经四书说略》,商务印书馆 1996 年版。

王元化主编,雪克、卢向前标校:《王国维学术论著》,浙江人民出版社 1998 年版。

班固编撰、顾实讲疏:《汉书艺文志讲疏》,上海古籍出版社 1987 年版。

蒋伯潜:《十三经概论》,上海古籍出版社 1983 年版。

陈其泰:《清代公羊学》,东方出版社 1997 年版。

蒋伯潜:《诸子通考》,浙江古籍出版社 1985 年版。

蒋伯潜、蒋祖怡:《诸子与理学》,上海书店出版社 1997 年版。

王定璋:《"尚书"之迷》,四川教育出版社 2000 年版。

章行:《尚书·原始的史册》,上海古籍出版社 1997 年版。

王世舜:《尚书译注》,四川人民出版社 1982 年版。

张善文:《周易入门》,华东师范大学出版社 1998 年版。

杨伯峻译:《论语译著》,中华书局 1980 年版。

钱穆:《中国史学名著》,三联书店 2000 年版。

梁启超:《中国历史研究法》,华东师大出版社 1995 年版。

瞿林东:《中国史学史纲》,北京出版社 1999 年版。

张孟伦:《中国史学史》,甘肃人民出版社 1983 年版。

刘起釪、王钟翰等:《经史说略——二十五史说略》,北京燕山出版社 2002 年版。

苏渊雷:《读史举要》,黑龙江人民出版社 1981 年版。

范文澜:《中国通史简编》,人民出版社 1964 年版。

王健群:《二十四史提要》,黑龙江人民出版社 1979 年版。

戴扬本:《史笔春秋》,北京语言文化大学出版社 1998 年版。

钱穆:《中国史学名著》,生活·读书·新知三联书店 2000 年版。

毕素娟、熊国祯:《中国古代著名史籍》,商务印书馆 1997 年版。

刘麟生:《中国文学八论》,北京市中国书店 1985 年版。

陈伯海:《唐诗学引论》,东方出版中心 1988 年版。

中国科学院文学研究所、中国文学史编写组:《中国文学史》,人民文学出版社 1979 年版。

初版后记

我自幼喜好古书,前半生命运坎坷,在那个谈古色变、横扫一切的时代里,我冒着受批判的风险,十数年如一日,不论是酷热的夏天,还是严寒的冬天,白天总在田头地间、晚上总在蚊帐里,啃着自己偷偷保存的经史诸子残本。我从先圣孔子的教诲中获取生命智慧,寻找人生真谛,支撑自己活了下来。

党的十一届三中全会后,我平反回沪进华东师大工作,我又十数年如一日,继续攻读国学经典。

退休后,我在讲授《国学概论》和编写教材时,从图书馆收集和研读了自民国初年至 1949 年前内地及港台地区多种国学教材,感觉这些教材都比较艰深而又有一种隔世之感。可是要将我中华文化的典籍精华汇集一书,深入浅出地表述出来,又谈何容易!五年来,我凭着蚂蚁啃骨头的精神,总算完成此书。

我感到要写好这本书,既要辨章学术,考镜源流;还要博古通今,慎思明辨;更要在重建中华民族的精神文明方向上,温故知新、推陈出新。为了满足国人的需求,在撰写本书时,我努力尝试,通过对经典意义的诠释,寻找古今相通的,即使在今天依然鲜活而有生命力的思想,感到国学看似古老,但又离我们那么近!那么贴近当代人的生活!

今天研究国学,不仅是对文献及史料的分类与整理;就其文化的核心价值与现实意义而言,是对中华五千年文明之传承与创新,是对中华民族精神植根树魂承前启后的伟大工程！

在本书即将出版之际，我忙着查阅文献，核对引文出处，斟酌章节、字句，整个春节，家里满地、满桌尽是书本……我为此几乎精疲力尽。对于古圣前贤留下的著述，就我个人所知而言，只是一孔之见，只不过做了一些“条理”与“普及化”的工作。

最后，我要感谢我的妻子黄河清，她陪伴我经历了许多，包括对本书的思考、写作和修改。

2006年元月

图书在版编目(CIP)数据

国学入门/孔祥骅著.—4版.—上海:上海人民出版社,2018
ISBN 978-7-208-14923-6

Ⅰ.①国… Ⅱ.①孔… Ⅲ.①国学-基本知识 Ⅳ.①Z126

中国版本图书馆CIP数据核字(2017)第298889号

责任编辑 罗俊华
封面装帧 小阳工作室

国学入门(第四版)
孔祥骅 著

出　　版 上海人民出版社
(200001 上海福建中路193号)
发　　行 上海人民出版社发行中心
印　　刷 上海商务联西印刷有限公司
开　　本 890×1240 1/32
印　　张 13.5
插　　页 2
字　　数 297,000
版　　次 2018年1月第4版
印　　次 2019年3月第2次印刷
ISBN 978-7-208-14923-6/Z·205
定　　价 42.00元